KB211121

허공의 주인공

허공의 주인공

1판 1쇄 펴낸 날 2012년 5월 28일
1판 2쇄 펴낸 날 2015년 12월 2일

엮은이 청봉 전근홍
발행인 김재경
기획·편집 김성우
디자인 김현민
마케팅 권태형
제작 대명인쇄

펴낸곳 도서출판 비움과소통·서울시 구로구 구로동로 206(구로동 487-36) 1층
전화 02-2632-8739
팩스 02-2068-0178
이메일 buddhapia5@daum.net
트위터 @kjk5555
페이스북 ID 김성우
홈페이지 http://blog.daum.net/kudoyukjjung
출판등록 2010년 6월 18일 제318-2010-000092호

ⓒ 전근홍, 2012
ISBN 978-89-97188-10-9 03220

정가 10,000원

'한국의 유마, 백봉거사 선어록

허공의 주인공

청봉 **전근홍** 엮음

비움과소통

생사문제를 해결하는 길이 여기 있다

어린 시절 나는 두 번 죽음의 고비를 넘긴 적이 있었다.

한번은 집 근처에 기찻길이 하나 나 있었는데 하루에도 몇 번씩 화물열차가 지나 다녔다. 기차가 지나가면 온 동네 아이들이 재미로 기차에 매달려 가다가 동네를 빠져 나갈 때쯤이면 뛰어 내리곤 했는데, 그날도 나는 여느 때와 같이 아이들과 같이 기차에 매달려 가다가 열차가 덜컹하자 나도 모르게 순간적으로 발을 디딘다는 것이 기차바퀴에 발이 얹어졌고 어찌 해보지도 못하고 바퀴 속으로 발이 딸려들어가기 시작했다. 다행히 그 순간 지나가던 사람이 보고는 확 잡아당

겨 주어 겨우 살아난 적이 있었다.

또 한번은 광안리 앞바다에 작은 바위섬이 하나 있었는데, 하루는 형의 권유로 그곳을 가게 되었다. 헤엄을 잘 치는 사촌형이 자기 목에 매달리면 거기까지 헤엄쳐 갈 수 있다고 해서 목에 매달려 가던 도중 사촌형이 장난으로 물속으로 살짝 가라앉자 깜짝 놀란 나는 나도 모르게 형의 목에 바짝 매달린다는 것이 목을 졸라매게 되어 형은 거의 실신 상태가 되었고, 견디다 못한 형은 나를 물속에 뿌리친 채 겨우 헤엄쳐 나가 목숨을 건졌다. 헤엄을 칠 줄 모르던 나는 발버둥치다 세번 째 물속으로 가라앉는 것을 느꼈을 때쯤 멀리서 보고 있던 사람이 어느새 헤엄쳐 와서 나를 구해주어 겨우 살아난 적도 있었다. 지금 생각해보면 누군지 모르는 두 사람이 내 생명을 구해 준 것은 사실이겠지만 엄격히 말한다면 단지 생명을 연장해 준 것에 불과한 것이다.

국민(초등)학교 시절, 친구의 죽음으로 인해 처음으로 나는 어느 누구도 면할 수 없는 죽음이 있다는 사실을 알게 되었다. 나는 어린 시절 내내 죽음에 대한 공포 속에서 살았으며 또한 죽음을 벗어 날 수는 없는 걸까 무수히 고민하고 벗어날 방법을 연구 하였으나 도저히 방법을 찾을 수가 없었다.

너무나도 죽음에 대한 문제 해결에 절실해 있을 때 친구를 통하여 백봉 김기추 선생님을 만남으로 해서, 죽음에 대한 문제를 해결하는 것이 바로 불교공부라는 사실을 알게 되었고 선생님의 설법과 수행방편을 통하여 사람은 누구나 죽지 않는 법신을 가지고 있음을 실감하게 되었으니 백봉 선생님이야 말로 영원한 생명을 구해 준 그야말로 생명의 은인이라 아니 할 수가 없다.

"생명이 끝이 없으니 공부도 끝이 없다"는 선생님 말씀대로 끝없는 공부 과정에 있는 내가 금번 글을 쓰게 된 동기는, 가장 감명 깊게 들었고 불교공부에 대한 확신을 주셨던 설법 내용을 소개함으로써 한사람이라도 바른 법을 알리고자 했던 선생님의 은혜를 조금이라도 갚고자 함이다. 은혜를 갚는다 함은 선생님의 뜻을 조금이나마 짐작하고 그 뜻을 받들어 행하고자 함이다. 선생님의 뜻은 오직 생사문제를 해결하고자 하나 스님들처럼 출가 할 수도 없고, 세속의 인연을 맺은 관계로 시간과 여건이 허락치 않아 길을 잃고 헤매는 현대의 수많은 재가 불자들에게 그들의 입처에 맞는 수단과 방편을 설법을 통하여 제시해 줌으로써 스스로 생사문제를 해결할 수 있도록 길을 제시해 주고자 하심에 있다.

| 허공의 주인공 |

따라서 이 책을 통하여 죽음이라는 문제에 부딪혀 절망적이었던 내가 백봉 선생님의 설법과 수행 방편을 통하여 문제를 해결해 나가는 과정에서 직접 듣고 느꼈던 법문 내용을 소개하여 현재 나와 같은 과정을 겪고 있는 분들에게 조금이나마 도움이 되고자 글을 쓰게 되었으니, 비록 표현은 부족하더라도 알리고자 하는 마음을 헤아려 독자들께서는 넓은 이해와 편달을 바랄 뿐이다. 아울러 이러한 법문을 정리할 수 있도록 백봉 선생님 법문 녹취를 끊임없이 해주고 계시는 대도성 보살님, 그리고 책을 정리 할 때 마다 바쁘신 가운데도 교정뿐 아니라 물심 양면으로 끝까지 도와주시고 계시는 남학현[月下] 거사님께 다시 한번 감사드린다.

2012년 입춘, 보림선원 서울선원에서

청봉 합장

누리의 주인으로 사는 법

❈ 백봉 김기추 거사 진영.

'한국의 유마' 백봉 김기추 거사 행장(行狀)

백봉 김기추(白峰 金基秋, 1908~1985) 거사는 20세기 '한국의 유마 거사'로 추앙받는 불교계의 큰 산맥이다. 그는 50세를 훌쩍 넘겨 불교에 입문했지만 용맹정진으로 단기간에 큰 깨달음을 얻었고, 이후 20여 년간을 속가(俗家)에 머물면서 거사풍(居士風) 불교로 후학지도와 중생교화에 힘쓴 탁월한 선지식이다. 많은 지식인들이 그를 따랐으며, 그의 자비심에 넘치는 열정적인 설법은 많은 사람에게 인생의 존엄성을 알게 하였다. 그리하여 닫힌 마음이 열리고 눈에서 분별의 비늘이 떨어졌으며 망상을 내려놓아 참다운 자유와 안심을 얻은 제자들이 적지 않았다.

1908년 부산 영도에서 한의원집의 아들로 태어난 백봉 거사는 1923년 부산 제2상업학교에 입학, 뒤늦게 설립한 일본계 학교를 '부산 제1상업학교'라고 부르는데 반발해 동맹휴학을 주도하다 퇴학당했다. 이후 본격적인 수난의 세월이 시작된다. 20세 때 부산청년동맹 3대 위원장직을 맡아 독립운동을 하다가 1931년 형무소에 수감되고, 만기출소 후에도 일경의 감시가 끊이질 않자 만주로 망명, 동만산업개발사를 설립해 운영하던 중 다시 구금됐다.

당시 만주는 일제의 잔학이 극에 이른 곳이었다. 백봉 거사가 살아생전 고백했던 것처럼 아무런 죄 없는 사람들을 고문과 폭력으로 반죽음을 만들거나 칼로 머리를 자르는 잔혹한 일들이 비일비재했다. 이런 상황에서 독립운동 전력이 있던 백봉 거사가 만주의 감옥에서 살아나온다는 것은 도저히 불가능해보였다. 당시 불자는 아니었지만 그는 사방의 벽에 빈틈이 없을 정도로 '관세음보살'의 명호를 쓰고 염송했다. 그 때문일까. 기적이 일어났다. 불자였던 일본 간수의 도움을 받아 구사일생으로 목숨을 건질 수 있었던 것이다.

그렇게 힘겹게 맞이한 해방. 그러나 조선건국준비위원회 간사장을 맡았던 그는 극빈자들에게 쌀을 무상으로 배급하다 또다시 감옥 생활을 하게 된다.

　이런 백봉거사가 수행에 힘 쓴 것은 1963년 6월, 그의 나이 56세 때다. 백봉 거사는 충남 심우사 주지스님에게 "요술이나 좀 가르쳐달라"고 할 만큼 불법엔 무지했다. 그러나 그는 마음이 순수했고, 무엇을 하든지 철저하게 했다. 주지스님으로부터 '무자(無字)' 화두를 받고 용맹정진을 하던 그는 1964년 1월, 도반들과 함께 보름간 정진하기로 하고 다시 심우사로 갔다. 이때는 밥도 먹지 않고 잠도 자지 않았다. 백봉 거사에게 어떤 변화가 생기고 있음을 감지한 도반들이 몰래 그를 돌보기 시작했다.

　도반들이 법당에서 예불하고 참선하는 사이 백봉 거사는 남몰래 나와 눈 내리는 바위 위에서 좌선에 들었다. 시간이 얼마나 흘렀을까. 4~5리쯤 떨어진 아랫마을 사람들이 어느 집 사랑방에서 놀다 집으로 가던 중 암자가 있는 곳에서 불빛이 솟구치는 것을 보았다. 마을 사람들은 그런 광명이 솟는 곳엔 금광이나 금불상이 있다는 속설을 들었기에 삽과 곡

팽이를 들고 올라갔다. 그 빛이 나는 곳에 가보니 정작 바위 위엔 눈에 싸인 사람의 코만 빼끔히 나와 있었다. 살펴보니 온 몸이 얼어붙은 채 숨소리만 가늘게 내뿜고 있었다. 사람들이 꽁꽁 언 그를 방으로 옮겨 뉘어 주물렀다. 한 도반이 선사의 어록을 가져와 읽어주었다.

"마음도 아니고, 부처도 아니다[非心非佛]."

그 순간 백봉 거사가 깜짝 놀라며 벌떡 일어섰다. 그 때 그의 몸이 눈부시게 빛나기 시작하였다. 또다시 방광이었다. 바로 그 때 암자 아랫마을로부터 예배당의 새벽 종소리가 울려 퍼졌다. 그 순간 백봉의 몸이 텅 비고 욕계, 색계, 무색계도 비고, 천당과 지옥마저 비어 툭 터져 버렸다. 몸이라는 감옥에서 벗어나 일체가 허공인 경지를 체득한 것이다.

홀연히도 들리나니 종소리는 어디서 오나
까마득한 하늘이라 내 집안이 분명허이
한 입으로 삼천계를 고스란히 삼켰더니
물은 물은, 뫼는 뫼는, 스스로가 밝더구나

忽聞鐘聲何處來
寥寥長天是吾家
一口吞盡三千界
水水山山各自明

　백봉 거사는 깨달음을 이렇게 읊었다. 56세에 화두를 잡은
이래로 1년도 되지 않아 '확철대오'를 함으로서 거사는 육조
혜능 선사처럼 돈오(頓悟)를 체현한 것이다. 한 도반이 바로
백봉 거사에게《금강경》을 한 구절씩 들려주자 단 하루만에
이를 명쾌하게 풀어냈다. 이것이 백봉의《금강경 강송》이다.
그 때까지 백봉 거사는《금강경》한번 읽어본 적이 없었다.
혜능 대사가 행자인 거사의 신분으로 깨달았듯이 백봉 거사
역시 재가자의 신분으로 선종(禪宗)의 맥을 충실히 잇는 전
승자가 된 셈이다.

　백봉 거사가 대오(大悟)했다는 소식은 승가에까지 전해졌
다. '욕쟁이 도인'으로 유명한 춘성 선사는 백봉을 가리켜 출
가자가 아닌 거사의 몸으로 무상대도를 이룬 유마 거사에 빗
대 '이 시대의 유마 거사'라고 불렀고, 탄허 스님은 '말법시

대의 등불'이라고 칭송했다. 백봉 거사를 달마와 육조의 후신으로 믿는 묵산 선사는 보림선원을 개설해 백봉의 선풍 선양에 앞장섰다. 이때 거사에게 출가를 권유한 청담 등의 스님과 재가 설법을 권유한 혜암 등의 스님으로 갈렸는데, 백봉 거사는 "불법(佛法)이 머리를 깎고 안 깎고에 있지 않다"고 하면서 재가에서 법을 펴기로 하고, 이후 재가수행단체인 보림회를 결성해 85년 열반에 들 때까지 쉼 없는 설법으로 중생들을 제도함으로써 거사로서 한국불교에 커다란 발자취를 남겼다.

백봉 거사는 "눈이란 기관을 통해서 보는 놈이 누구냐, 귀라는 기관을 통해서 듣는 놈이 누구냐?"며 "빛깔도 소리도 없는 바로 그 자리, 허공이 본바탕이고 법신"이라 강조하며 거사풍(居士風)의 수행가풍을 드날렸다.

백봉 거사는 경전이나 선어록에 대해 자구(字句) 해석이나 전통적인 해설보다는 철저히 자신의 살림살이를 토대로 종횡으로 막힘없이 설법했다. 특히 자신이 살았던 전통시대와는 패러다임이 전혀 다른 현대인들을 위해 불법의 정수를 알리기 위해 늘 고심하면서 법문을 베풀었다. 예를 들면, 종래의 소극적이고 수동적인 이해에 머물던 공리(空理)의 방편을

| 허공의 주인공 |

보다 적극적이고 창조적으로 개진해서 '허공으로서의 나'를 모든 상대성을 넘어선 절대적이고 주체적인 근원으로 제시했으며, 이 '허공으로서의 나'가 근본적인 바탕이기 때문에 태어나고 죽는 것도 우리의 권리로서 주체적으로 하는 것이라고 설했다.

특히 백봉 거사는 이 '허공으로서의 나'를 근간으로 삼아서 전통적인 화두의 방편을 개혁하여 새로운 화두라는 뜻의 '새말귀'를 제창했다. 전통적인 화두 수행이 승려를 위한 것이라면 새말귀는 일상생활 속에서 바쁘게 일하는 재가 수행자를 위해 창안된 것이다. 즉 '허공으로서의 나'를 철저히 이해하면 밥을 먹든, 세수를 하든, 운전을 하든 일상생활 전부를 화두로 들 수 있다는 것이 새말귀의 이념인데, 이는 전통적인 화두를 대체했을 뿐 아니라 바쁜 현대인에게 적합한 새로운 수행 방법에 대한 토대를 제시했다.

아울러, 백봉 거사 시대의 변화에 부응해서 재가수행자에게 어울리는 계율과 수행 방법을 제시했다. '열 가지 하지 말아야 할 계율'이란 뜻을 가진 〈십물계(十勿戒)〉에서 "비록 아내와 자식이 있다 해도 쏠려보는데 떨어지지 말라", "비록 가업을 이어가더라도 잘못된 이익을 탐하지 말라", "비록 세상의 법도와 함께 해도 대도(大道)를 버리지 말라", "비록 천하에 노닐면서도 법성(法性)을 무너뜨리지 말라"등 열 가지의 계율을 통해 재가에서 생활하는 거사로서 가져야 할 기본적인 자세를 설하기도 했다.

　20여 년간 수많은 사람들을 교화했던 그는 1985년 8월 2일(음력 7월 15일) 지리산 산청 보림선원에서 여름 철야정진 해제 법어를 마치고 당신의 방에서 제자들이 지켜보는 가운데 마침내 '모습놀이'를 거두고 적멸에 들었다. 백봉 거사가 하얀 천 위에 써서 선원 입구 대나무 장대 위에 걸어둔 당신의 게송 '최초구(最初句)'가 열반송이 된 셈이다.

　　　　　　　　　　　　　　｜ 허공의 주인공 ｜

가이없는 허공에서 한구절이 이에 오니

허수아비 땅 밟을새 크게 둥근 거울이라.

여기에서 묻지 마라 지견풀이 가지고는

이삼이라 여섯이요 삼삼이라 아홉인 걸.

無邊虛空一句來

案山踏地大圓鏡

於此莫問知見解

二三六而三三九

누리의 주인으로 사는 법

우주에 대한 호기심
죽음의 공포와

나는 6·25 한국전쟁이 일어난 지 두 해가 지난 1952년, 대구에서 3남 2녀의 장남으로 태어났다. 전쟁 당시 개성이 고향인 어머니는 개성에 있었고 아버지는 모직공장에 기술을 배우러 대구에 내려가 계셨다. 어머니는 외할아버지 외할머니의 만류와 한강다리가 폭격으로 이미 끊어진 상태임에도 불구하고 한 살 먹은 누나를 업고 남편을 찾아 피난길에 나섰다. 피난 나올 때 지닌 패물로 배를 빌려 한강을 건너고 보따리장사를 해가며 걸어서 대구까지 가서 기적같이 아버지를 만날 수 있었다. 생활력이 강한 어머니는 피난 시절에도 학교 앞에서 매점 등 장사를 하여 비교적 큰 어려움 없이 생활하였다. 특히 옛날 어른들이 그랬듯이 장남인 나를 귀하게 여기며 정성을 쏟았고, 따라서 어린 시절을 별 어려움 없이 지낼 수 있었다.

그러다 국민(초등)학교 6학년 때였다. 같은 반 책상 앞자리에 앉았던 홍홍표라는 친구가 있었다. 나와는 앞뒤로 앉은 사이라 자주 장난도 치고 친하게 지냈던 친구였다. 한번은 특별한 이유도 없이 며칠간 결석을 하여 다들 궁금해하였다. 4~5일쯤 지났을까 담임선생님이 방과 후 교실을 나가는 우리를 다시 불러 앉히고는 그 친구가 장티프스 병에 걸려서 앓다가 죽었다고 알려 주셨다. 처음 그 말씀을 듣고는 깜짝 놀랐으며 순간 친구가 불쌍하다는 생각이 들었다. 그리고 며칠간은 친구가 불쌍하기도 하고 보고 싶기도 하였다. 그런데 한 일주일쯤 지나자 나도 언젠가는 죽게 된다는 생각이 문득 들었다.

어찌된 일인지 그날 이후부터는 '내가 죽는다'는 생각이 머리에서 떠나질 않았다. 그 당시 생각에 지금 내 나이가 이제 13살 밖에 안됐지만 친구처럼 병들어 죽지 않고 늙어서 70~80살까지 산다 해도 죽는다는 것만은 틀림없다는 생각이 들게 되니, 겁이 덜컥 난 것이다. 그러자 더욱 죽는다는 생각이 지워지지 않아 하루에도 몇 번이고 생각을 하곤 했다. 더구나 아무리 생각해보아도 일년이란 시간조차도 그다지 긴 것 같지 않아 보였다. 하루하루가 금방 지나가니 일년도, 70~80년도 금방 갈 것 같았다. 그리고 얼마 안되어 다 늙어 죽음을 기다리고 있는 나의 모습이 저절로 그려지기도 했다. 그러다 보니 도대체 하루라는 시간이 얼마나 되는지 궁금하였다. 어느 날은 시계를 갖다 놓고 하루종일 하루라는 시간이 얼마나 되는가를 확인해보았는데 정말 순식간에 지나가는 것이 아닌가.

그렇게 느껴지기 시작하자 더욱 절실하게 앞으로 닥쳐올 죽음에 대해 공포가 느껴졌고 정말 벗어나고 싶었으나 어찌해볼 방법이 없었으며, 내 의지와 상관없이 죽으면 어떻게 되나 하는 생각이 자꾸 일어나서 억지로 그 생각을 지워 보려 해도 지울 수가 없었다.

얼마 뒤 중학교를 들어가서도 이런 생각은 머리에서 떠나질 않았다. 심지어 학교 수업시간에도 앉으면 선생님의 말씀이 귀에 들어오지 않았다. 뿐만 아니라 자주 교실에 앉아 있는 것도 잊어버리고 끊임없이 생각에 잠기곤 하였다. 그때쯤

학교에서 과학시간에 가도 가도 끝이 없는 우주에 대해 배우게 되었는데, 이것 또한 죽음에 대한 문제 못지않게 놀라운 사실이었다. 실지로 밤중에 무수한 별들이 하늘 가득 차있는 것을 보면서 이렇게 생생한 가도 가도 끝이 없는 우주가 존재하고 있다는 사실을 생각하니 너무나 놀랍고 무서웠다. 사람에게 죽음이 있다는 것과 가도 가도 끝이 없는 우주가 있다는 사실을 알게 되자 그리고 번갈아 생각하다 보니 막연하게나마 이 우주와 죽음은 깊은 연관관계가 있는 것 같았다. 내가 죽는다는 것만 무섭다고 생각해 왔었는데 가도 가도 끝 없는 이 우주가 존재하고 있으며 이 호호 막막한 우주에 속해 있는 지구 위에 한 점과 같은 나의 존재를 느꼈을 때 아무리 생각해보아도 과연 죽음이란 무엇이고 우주란 어떤 것인가를 도저히 알 수 있을 것 같지 않아 더욱 기가 막혔다.

그러다 보니 날이 갈수록 앉기만 하면 학교공부는 뒷전이고 죽음과 우주에 관한 생각만 하게 되었다. 자꾸 생각을 하다 보니 몸으로는 어떻게 할 수가 없지만 생각으로는 얼마든지 우주를 날아다니며 가도 가도 끝없는 우주의 끝이 어떻게 생겼을까 관찰할 수 있을 것만 같았고, 그렇게 해서 만약 우주를 밝힌다면 죽음의 문제도 해결되리라 생각이 들었다.

그리고는 어느 때 부턴가 나도 모르게 비몽사몽간에 상상으로 우주의 끝이 어딜까 하고 위로 가도 끝이 없고 아래로 가도 끝이 없고 옆으로 가도 가도 끝이 없는 우주를 날아다녀 보기 시작했다. 그러나 아무리 계속 시도해 봐도 좀체 우주의 끝을 알 수가 없었고 그런 가운데 자꾸 생각만을 거듭하다 보니 어떤 때에는 문득 죽음이란 아무도 없는 캄캄한 우주에 혼자 둥둥 떠다니는 상태가 아닌가 하는 생각이 들기도 했다.

그뒤 고등학교를 가서도 앞으로 닥쳐올 죽는다는 엄연한 사실에 대한 공포와 죽음을 벗어날 방법은 도저히 찾을 수 없었고 따라서 그것이 해결되기 전에는 무엇을 하던지 삶의 의미가 없어 보였다.

또 한때는 자고 일어나면 내가 죽지 않았을까, 혹 죽을병에는 걸리지 않았을까 노이로제에 시달리기도 했다. 그리고 수 없이 밤마다 죽는 꿈을 꾸다가 놀라 일어나기도 하였다. 그러다 보니 죽음을 벗어나기 위해 무엇인가 새로운 방법을 더 절실히 찾을 수밖에 없었다.

그 당시 부모님이 교회를 다녔기에 나는 일곱 살 되던 해부터 부모님을 따라 매주 일요일 교회를 다니고 있었다. 그

❀ 83년 동계 철야정진 중에 죽비를 잡은 저자.

러다 보니 누구보다도 하나님이라면 죽음의 문제를 해결해
주지 않을까 하는 생각이 들기 시작했다. 하나님 말씀에서
해답을 찾기 위해서 목사님의 설교를 계속 열심히 들었으나
그 당시 나로서는 도무지 이해가 되지 않았다.

하나님을 믿으면 천당에 간다고 하는데 천당이 어떤 곳인
지 현실적으로 실감도 가지 않을뿐더러 적어도 전지전능한
하나님이라면 불쌍한 사람들을 무조건 구제해 줄 수 있어야
지 하나님을 믿어야만 구제를 받을 수 있다는 사실이 납득이
가지 않았다. 그리고 아무리 하나님말씀 일지라도 내가 사실
로 받아들여지지 않는다면 정말로 안심할 수가 없었기 때문
이다. 뿐만 아니라 아무리 생각하여도 주위의 선생님, 부모
님, 누구도 거기에 대한 해답을 줄 수 있는 분이 없겠구나 생
각이 들었을 뿐만 아니라 그분들이 어떻게 어느 누구도 면할
수 없는 죽음이라는 문제를 놔두고 저렇게들 걱정없이 살 수
있는 지 의아스럽기도 하고 또 한편으로는 죽음의 문제에 대
해 고통을 받지 않고도 살수 있다는 사실이 너무나 부럽기도
하였다.

그런 가운데 나름대로 생각으로 죽음과 가도 가도 끝없는
우주가 연관이 있다는 생각은 더욱 깊어지게 되었고 이 문제

| 허공의 주인공 |

를 해결할 방법은 내가 직접 천체학자가 되어 우주를 연구하여 우주의 실체를 밝히고 따라서 죽음의 문제도 해결할 수 있으리란 생각이 들게 되자 반드시 천체학자가 되어야겠다고 결심했다.

그 당시 나는 공부는 별로 열심히 못했어도 다니던 학교 내에서는 성적이 상위권이었던지라 담임선생님은 학교 실적을 감안해 공대 전자과를 지원하도록 권하였다. 그러나 나는 기어코 문리대 물리학과를 지원하였다. 생각하기에 죽음이라는 문제가 해결되지 않는다면 어떠한 학문이나 기술을 배우더라도, 그리고 아무리 훌륭한 직업을 가진다 해도 아무런 의미가 없어 보였기 때문이었다.

그러나 막상 교양과정부 과정을 마치고 물리학 공부를 시작해보니 학교에서 배우는 물리학 공부로서는 내가 생각하던 죽음의 문제를 해결할 수 없다는 것을 알았다. 그때만 해도 어디서나 앉으면 주위의 모습 즉, 현상보다는 생각 속에 잠기는 경우가 많았고 생각을 가라앉혀 정신을 집중하는 방법으로 이 문제를 해결할 수밖에 없겠다는 생각이 들었다. 그러다 보니 당시 유행하던 최면술에 관심을 가지게 되었고 최면술로 정신집중을 하여 우주와 죽음에 대한 문제를 해결

코자 무척 노력하였다. 그러니 대학 생활에서도 공부보다는 우주와 당면한 죽음에 대한 문제를 해결하기 위해서 정신적인 수련방법이나 그 방법에 따라 집중하는데 더 관심을 가졌다.

그즈음 중학교 단짝 친구가 2년 늦게 같은 대학에 들어와 다시 친하게 지내게 되었다. 이 친구는 자기 형님의 영향을 받아 불교공부를 하고 있던 친구였다. 매일 학교에서 그 친구를 만나 같이 다녔다. 그러다 보니 어느 날은 그 친구가 절에 한번 가보지 않겠냐고 물었다. 당시까지만 해도 기독교 집안인데다 일요일마다 교회를 다니고 있었을 때였다. 그러나 종교보다는 죽음의 문제에 대해 관심이 더 크고 나름대로 해결책으로 정신적인 수련 방법을 찾고 있던 나로서는 선뜻 마음이 내켰다.

이유는 절에 가면 참선을 한다고 들었는데 나는 참선 대신에 정신집중을 하면 된다고 생각한 것이다. 그래서 친구를 따라서 절을 가게 되었다. 그런데 절을 가는 도중에 갑자기 얼마 전 까지도 맑았던 하늘에 갑자기 점점 구름이 덮히더니 천둥이 치고 빗방울이 떨어지기 시작하는 것이 아닌가.

순간 속으로 내가 절에 가니 하나님이 벌을 내리나 보다 하는 생각이 스쳐 지나가고 겁이 덜컥 났다. 그러나 그 생각도 잠깐이었고 어느새 도착한 곳은 금강사라는 절이었다. 법당에 들어가 친구가 하는 대로 좌선하는 자세로 정신집중을 하다 보니 어느새 마음이 가라앉고 아주 편안함을 느꼈다. 나중에 나와 보니 하늘은 구름 한 점 없이 맑았고 정신이 아주 맑아졌음이 느껴져 과연 절이란 곳이 정신집중 하기에는 아주 좋은 장소구나 하는 생각이 들었다.

만나다
생명의 은인을

또 며칠이 지나자 친구가 자기가 어떤 도인에게 공부하러 다니는데 같이 가지 않겠느냐고 물었다. 얼마 전에 절에 갔을 때 생전 처음 마음이 아주 편안함을 느꼈었고 절이 낯설지 않았던 터라 선뜻 따라 나섰다. 사직동 파출소 앞에 내려 골목길을 따라 한 작은 집으로 들어갔다. 아담한 가정집에 작은 방 2개를 문짝을 떼어내고 사람들이 바싹 붙어 20여명쯤 앉아 있었다. 얼마 후 머리가 유난히 흰 노인 한분이 들어오시면서 "거지들 왔나?"하시는 것이었다. 이곳에서 백봉 김기추 선생님을 뵐 수 있었고 처음으로 불교 설법을 듣게 되었다.

그날 한 시간 가량 설법을 들었는데 설법 내용 중에 제일 먼저 귀에 들어온 것은 불교공부란 죽고 사는 문제를 해결하는 것이라는 것이었다.

것이 불교공부다

생사 문제를 해결하는

백련화 보살 알겠죠? '내일 허공' 봤죠? 이제 아시는 분들이 많습니다. 혹 모르시는 분들도 있을 겁니다. 있거든 의심을 하세요. 내일 허공은 아직 오질 않았는데 어째 내일 허공 봤다 하느냐. 이렇게 의심을 가져가는 것이 공부입니다. 왜 그러느냐. 이 불교라 하는 것이 여러분들 다 아시는 거겠지만 누리의 진리, 누리의 본체…….

이 우주라면 우주 속에 저 북두칠성도 있고 숱한 별도 있고 태양도 있고 달도 있고 우리가 걸어다니는 땅덩어리도 있거든요. 하니까 우주의 본체를 알아야 돼요. 그러면 이 땅덩어리가 어디서 왔느냐. 이걸 알아야 됩니다. 극히 쉬운 겁니다. 땅덩어리가 어디서 왔다든지, 태양이 어디서 왔다든지, 별이 어디서 왔다든지, 이거 그리 어려운 거 아닙니다. 극히 쉬운 겁니다. 불교이론을 조금 알면은 이걸 알게 됩니다. 이걸 알게 되면 내가 어디서 왔는지 알게 됩니다. 내가 어머니 뱃속에서 나기 전에 이 세상에 떨어지기 전에 나는 무엇이더라… 이걸 훤히 알아버립니다. 이걸 알아야 우리가 죽고 사는 문제가 해결이 되는 거라요.

불교는 무엇이냐?

죽고 사는 문제를 해결하는 것이 불교공부입니다.

그럼 허공부터 또 설명하겠습니다. 아는 분은 물론 계신데 모르는 분을 위해서…….

여러분들, 허공 속에서 살면서 허공 생각해 본 적이 있습니까? 우리 불자들은 생각을 합니다. 그러나 불교를 안 믿는 사람들은 전혀 생각을 안 합니다. 어떻게 된 일이죠? 육신이 허공 속에 살고 있어요. 허공을 여의지 않고 있어요.

그런데도 허공을 그만 무시하고 있거든…. 또 허공 뿐 아니라 이 땅덩어리도 무시하고 있어요. 땅도 이거 생긴 지 오십육억 년 밖에 안 됐는데 땅에 대해서는 연구를 안 해. 이건 내 밭이다, 이건 내 논이다, 이건 내 산이다, 이런 것은 하나의 관념에서 이건 내 거다, 니 거다, 법적으로 하는 것이지만 이 지구덩어리가 허공에 둥둥 떠 있는데 도대체 어디로 흘러가느냐 이거 하나도 생각 안 해.

왜 그러냐? 바로 내가 바로 허공에 있거든. 그래서 내가 여러분에게 하는 말이 "색신(色身)으로서인 여러분이 아니고 허공으로서인 여러분이다" 하는 말이 그 말이에요. 그런데 이 참 중요한 일인데 허공을 그만 무시해 버려. 우리가 허공으로 더불어서 같이 나가는데 허공을 무시를 하니 말이지, 도대체 이건 상식 밖의 일이에요. 그러니 우리가 가만히 생각해 봅시다. 참말로 인간 이상 어리석은 것이 없습니다. 축생들은 말할 것이 없어요. 그걸 갖다 비유한다면 그건 말이 안돼요. 축생들의 성품을 우리가 같다 할지라도 그건 말할 것 없고 대개 인간은 만물 중의 영장이다 하면서도 참 어리석어요.

왜 어리석냐? 허공 속에 있으면서 허공을 무시해 버려. 땅에 발을 거닐고 있으면서 집도 짓고 하면서 무시해 버리거든. 어떻든지 이 땅덩어리 오십육억 년 되는데, 우리가 직접 관계가 있는 엄연한 사실…. 이 허공, 이거 엄연한 사실이거든. 엄연한 사실을 무시해 버리고 어찌 우리의 생사 문제가 해결이 되겠냐 말이야.

결국 이것이 해결 못되니까 "아 그렇구나! 결국은 적혈구 백혈구가 하나의 가죽주머니로서 이럭저럭 살아가다가 나중에 늙으면 흙구덩이나 불구덩이로 가는구나." 이렇게 체념하는 사람들도 있고, "아이고 그렇지 않구나. 하느님이 우리를 만들고 우주를 만들었으니까 이 색신을 버리면 우리는 하느님 앞으로 가는구나." 이런 분들도 있고, 또 어떤 분들은 "부처님이 마련해 놓은 극락세계가 있으니 어떻든지 좋은 마음씨를 가지고서 극락세계에 간다." 이런 분들도 있어요. 다 타당한 말이라고 봅니다. 지견으로 봐서 다 타당한 말이에요. 극락세계니 하느님이니 이건 차차차차 얘기하기로 하고 허공에 대해서 우리가 생각 안 해볼 도리가 없거든요.

구체적으로 얘기해 봅시다. 아는 분은 아시니까 그대로 들어주시고 주의해서 단단히 이거 명심해야 됩니다. 지금 우리가 허공 속에 있어요. 지금 이 자리가 허공이에요. 알고 보면. 이 집은 허공성 아닌가? 지구 이건 또 허공성 아닌가? 또 우리 몸뚱이는 허공성 아닌가? 우리 몸뚱이도 허공성이기 때문에 자꾸 변하는 거예요. 어머니 뱃속에서 떨어져서 나중에 한 살 두 살 세 살 네 살, 이래서 국민학교에 가고 대학도 가고 사업도 하고 흰 머리털도 나고 쭈글쭈글 해서 나중에 흙구덩이로 가고 불구덩이로 가는 거예요. 허공성이기 때문에 그래요.

이것이 허공성이 아니고 그대로 있다면 어린애는 영원히 어린애, 늙은 사람은 영원히 늙은 사람, 변하는 것이 없어요. 눈도 뜬 대로 가만히, 바람도 불다가 가만히, 구름도 가다가 가만히, 손도 이래 든 채로 가만히… 손 이래 이래 하는 것도 전부 변하는 도리 아니에요? 눈 깜빡 깜빡 하는 것. 내가, 성품이 없는 이 허공성이 지금 얘기하고 있거든요. 어떤 사람들은 이 입이 얘기한다 이리 하고 있어요. 허나 입이 어떻게 얘기를 하느냐 말이에요. 혓바닥이 무슨 성품이 있던가요? 이 입이 성품이 있던가요? 이거는 무형무색인 '진짜 나'. 진짜 나는 법신(法身)자리이기 때문에 아무것도 없어요. 그 놈이 들어서 눈이라는 기관을 통해서 뭘 보고, 귀라는 기관을 통해서 뭘 듣고, 입이라는 기관을 통해서 허공이 생각한 것을 의사 발표할 뿐이지. 이거 내가 말하는 건 아니거든.

보고 듣고 말하는 이놈, 이놈이 말이지 지금 우리가 허공

중에 있어요. 우리가 늘 그릇된 생각으로 이거 내(나)다 할 때 여기 있는 것 같지만 여기 어디 있나요? 어디 있나요 있기를….

자, 뇌에 있다든가 눈에 있다든지 코에 있다든지 가슴에 있다는데 어디에 있나요. 없어요. 없어. 없으면서 이걸 여의지 않을 따름이에요. 그런데 이러한 허공이 어느 정도 크냐. 구체적으로 말해서 가도 가도 끝없는 거예요. 위로 가도 가도 끝없는 거예요. 밑으로 가도 가도 끝없는 거예요.

그러나 여러분들이 생사문제를 해결하기 위해서 불법공부를 하는데 이 허공 문제를 해결 안 하면 생사문제가 해결이 안돼. 그러기 때문에 허공 말을 하는 거여. 이리로 가도 끝이 없고 저리로 가도 끝없는데 자 이걸 어떻게 처리해야 되겠느냐 말이여. 여러분들이 허공을 처리할 권리가 있어.

색신은 여러분이 아니에요. 처리고 뭣이고 할 거 뭐 있어요?

"보고 듣고 말하는 진짜 여러분, 하늘과 땅이 생기기 전의 여러분, 태양계가 부서지고 욕계 색계가 막 부서져서 다 날아간 후에도 뚜렷하게 있는 여러분."

이 여러분이 허공을 처리할 문제거든. 이러한 그 자리를 여러분이 가지고 있어요.

가지고 있기 때문에 여러분이 허공을 처리하려면 어떻게 하겠느냐. 그래서 내가 묻는 거예요. 자, 가도 가도 끝없는데 어떻게 처리하죠? 여러분이 어떻게 하죠? "여러분이 허공의 주인공"이라. 이 다음부터 여러분이 허공의 주인공이란 것이 과학적으로 딱 드러나. 과학적으로. 지옥이니 극락이니 있을 수 없어요. 몇 푼어치 안돼. 여러분이 진짜 여러분의 그것 인식하면 극락 그거 몇 푼어치나 돼? 지옥 고생이 많아. 몇 푼어치 되나 말이야. 어떤 모습놀이 하는 사람의 문제지 실제 그 보고 듣고 생각하는 그 놈은 말이지 아무 모습이 없어. 꼭 허공이나 한가지여.

허공이 가도 가도 끝없으니 여러분의 생각, 불성 이것도 가도 가도 끝없거든. 그러면 어떻게 여러분들이 이걸 처리하겠느냐 말이여. "아, 그렇구나. 보고 듣고 말하는 내가 진짜로구나. 아, 이놈은 참말로 하늘과 땅이 생기기 전부터 있었고, 욕계 색계 무색계 태양계뿐만 아니라 은하계까지라도 전부 가루가 된다 할지라도 그 까짓거 문제가 아니다"라고 이렇게 여러분들이 생각할 때 어찌 여러분들이 허공에 대해서 무관심하며 허공에 대한 처리를 안 하겠느냐 말이여.

자, 이 허공을 어떻게 처리하죠? 가도 가도 끝없다는 거만
오늘 저녁에 압시다. 가도 가도 끝없어. 위로도 가도 가도 끝
없어. 밑으로도 가도 가도 끝없어. 도대체 이거 어떻게 되지?
동서남북도 없어. 여러분들 이건 아실 거여. 동서남북이란
것은 이 허공중에 어떠한 모습을 두어서 이쪽이 동이다, 저
쪽이 동이다 이런 식으로 해 놓은 거예요. 진짜 동서남북이
어디 있나요? 용두산 쪽이 만약 서쪽이라면 일본에서 보면
남쪽아니여? 만약 이 산에서 이곳이 동쪽이라 하면 저쪽 산
에서 볼 때 남쪽이지 뭣이여. 끝이 있을 수가 없어. 또 위아
래가 있을 수가 없어. 이 허공이란 것이 참 굉장한 자립니다.
무엇을 보고 위라 하죠?

　우리가 빛을 의지해 사니까 억지로 태양 쪽을 위라 하자
말이여. 지구가 태양 쪽에 반듯하게 올 때 그때는 태양 쪽이
위라 말이여. 지금은 어찌 되어 있느냐. 어디가 위지? 위아래
가 없어요.

　사람들이 편의상 이 머리 쪽을 위라 하고 태양을 중심 삼
아 지구를 보면, 태양을 위라 하면 자구가 삥 하룻밤 이십사
시간 돌거든요. 태양 쪽을 위라 하면 그 반대쪽은 밑이 되거
든. 태평양도 물도 그 밑으로 가. 배도 거꾸로 가. 통통통 거

꾸로 가. 태양 쪽을 위라 하면 자동차 같은 거 전부 거꾸로 가요. 우리도 거꾸로 돌아다니는 거라. 젊은 사람들 술 먹고 다녀도 거꾸로 다니는 거라.

허공이란 위아래가 없어요. 동서남북이 없어요. 이건 곧 납득 갈 겁니다. 간단하게 납득 갈 겁니다. 다만 위다, 아래다 하는 것은 머리 쪽을 위라 하고 있거든. 태양을 위라고 가정을 한다면 거꾸로 있으니까 발쪽이 위가 돼요. 우리는 맨날 머리 쪽만 위라 하고 있거든. 위다 아래다, 동이다 서다 고집하는 사람들은 전부 뒤바뀐 사람이다 이런 결론이 나는 거여. 그러니까 이 허공중엔 위아래가 끊어졌어. 없어. 동서남북도 없어. 가도 가도 끝이 없어. 이런 자리여. 크다고도 할 수 없어. 우리가 상상 밖의 일이라 이불을 덮고 생각해도 몸서리가 쳐져.

왜냐하면 맨날 모습놀이만 했거든. 어느 사람이 어떻다, 이 몸뚱이가 어떻다. 맨날 모습놀이만 했기 때문에 진짜 우리의 성품자리는 몰랐거든. 그래서 자꾸 뒤바뀐 생각만 하는 건데 좌우간 어쨌든지 이 허공이란 것은 가도 가도 끝없는 것입니다.

그러니까 이 허공을 누가 관리를 하느냐 이것이 문젠데.

| 허공의 주인공 |

이렇게 말하면 여러분들 깜짝 놀랄 거여. 여러분들이 관리를 하고 있어. 그런데 이 가도 가도 끝없는 허공, 위도 없고 아래도 없어. 그래서 위도 없고 아래도 없는데 위란 말을 두고, 아래란 말을 두고, 동서남북이란 말을 두고, 가짜로 이름자를 두어서 여러분들이 관리를 하고 있습니다. 우리가 관리하고 있으니 이 허공을 확실히 파악을 해야 돼요. 관리를 하고 있으니 이 허공이 누구의 허공이냐? 여러분들의 허공이기 때문에 문제가 되는 거여. 여러분이 아무 상관이 없다면 이 바쁜 시기에 언제 허공 같은 거 생각할 겨를이 있어요.

아닌 게 아니라 이 허공이 바로 내 허공이라. 허공으로 더불어서 내 수명이 같아. 같기 때문에 부득이 이 허공을 걷어잡고 이 허공 문제를 논의해야 될 입장에 있어요. 이 관리하고 있는 것이 나타나고 있어요. 이 허공이 바로 내 허공이라. 허공으로 더불어서 내 성품이 같아. 같기 때문에 이 허공을 걷어잡고 우리는 논의해야 되는 입장에 있어요. 이 허공을 여러분이 관리하고 있어요.

참으로 충격적이었다. 선생님의 확신에 찬 설법을 들으

면서 '이제껏 죽음에 대한 문제와 우주가 어떻게 생겼을까 알려고 발버둥쳐 왔던 사실이 혼자만이 가졌던 괜한 생각은 아니었구나.' 그리고 이와 같이 나와 같은 생각을 가지고 더구나 확실히 알아서 이야기해 주시는 분이 있다는 것이 놀라웠다.

불교공부가 내가 그토록 고민해 왔던 죽음에 대한 문제를 해결하기 위한 것이며 이와 함께 우주의 본체를 밝혀야만 죽음의 문제를 해결할 수 있다는 말씀이 너무나 가슴에 와 닿았다. 실감이 쉽게 나지는 않았지만 그동안 몸뚱이만을 난줄 알고 다른 생각을 해보지 못했으나 설법을 듣고 처음으로 허공과 같은 법신이 나에게 있었구나 하는 생각이 들었다. 그리고 만약 이것이 실감이 난다면 충분히 죽고 사는 문제를 해결할 수 있겠구나 생각이 들었다.

더구나 선생님은 죽음에 대한 문제와 우주에 대한 문제를 확실하게 해결하신 분으로 짐작 되었다. 그러자 오랫동안 가져왔던 죽음의 공포가 사라지는 것 같았다. 비로소 불교공부를 하게 되면 반드시 죽음에 대한 문제를 해결할 수 있겠다는 생각이 든 것이다.

그날 이후 나는 매일같이 저녁으로 설법을 들으러 다녔

⚙ 백봉 거사님 설법 모습(1982년 남천동).

으며 토요일 철야정진에도 빠짐없이 참석하게 되었다. 그렇게 매일 법문을 듣게 되자 나도 모르게 불교공부에 바탕이 마련되어 가는 것 같았다.

공부를 할 수 있다
허공성을 알아야

우리 허공 이야기 한번 해보자.

허공 안에서 우리가 위로라든지 아래로라든지 옆으로라든지 우리가 구만리 갔다 말이지… 거기에 철벽이 쌓여져 있다라고 우리 생각해 봅시다. 그러면 그놈의 철벽이 허공성이든 아니든 이것도 말할 것 없이 그러면 요 안이 허공이다 말이지 그러면 철벽이 쌓여져 있으면 철벽을 뚫어보잔 말이지. 철벽이라 하면 하나의 모습이거든. 하나의 모습이기 때문에 뚫고 갈 수가 있다 말이지. 그러면 자 십리도 좋고 백리도 좋다 말이지, 그 철벽을 다 뚫고 나가면 뭣이 있지.

그 뭐꼬?

"허공입니다."

그렇지 허공이지! 사실 이 허공이 내 속에 살고 있는데 이것도 그만두고, 우리가 육신으로서 말해보면, 허공 속에서 살면서 허공에 대한 관심이 도무지 없다 말이지. 그러니까 지금 묘덕이 대학생이 "철벽을 뚫고 나가면 바로 허공이 있다"하네….

"어떻노? 전군(청봉 거사)!"

"맞습니다."

맞제 허공이 있겠제. 그럼 거기서 구만리 또 가자 말이지 가면 또 철벽이 있고 또 뚫고 나가면 또 허공이 있겠제. 또 거기서 구만리 갔다 말이지. 이래서 몇천 억만번을 갔다 말이지 또 가면 철벽이 있다고 가정을 한다면 또 허공이 있겠지. 도대체 이거 어떻게 되노. 겁이 나서 살 수가 있나. 무슨 놈의 허공이라도 뭐 딱 한정된 데가 있어야 안심을 하지 않나. 우리가 죽든지 살든지 고생을 하든지 별 문제야. 아 이놈의 허공이 옆으로 가도 가도 끝이 없으니 도대체 어떻게 되지? 누굴 믿고 우리가 살지? 사람이란 믿는 힘으로 사는 거야. 육신을 가질 때는 이거 인생문제를 근본적으로 해결하

　　　　　　　　| 허공의 주인공 |

는데 있어서 중대한 문제입니다. 왜 그러냐?

"허공은 나를 여의지 안했어. 허공은 나를 여의지 아니하고 나는 허공을 여의지 아니하고…."

이러니 이거 어떻게 돼요. 그런데 색신 요놈은 한정이 있어 허공, 그놈은 한정이 없다 말이지. 아까 철벽이니 뭣이니 가짜로 구만리 장천이라 해서 하는 말인데 사실은 철벽이 없지만은 어떻게 말하더라도 납득이 간다 말이요. 이 색신 이거는 한정이 있어. 법신은 물론 한정이 없으니 말할 것도 없고 허공은 한정이 없다 말이야. 철벽이 있어도 그것을 뚫고 나가면 허공이 있다 말이에요. 구만리 아니라 구억만리를 뚫고 나가도 또 허공이 있다 말이에요.

우리는 우선 믿고 살아. 우선 가죽주머니를 믿어. 어릴 때 같으면 부모를 믿어. 또 그 다음에는 사회도 믿어. 그런데 제일 믿는 것이 땅을 믿고 살거든. 사실은 땅을 믿고 살아. 태양을 믿고 살아. 달을 믿고 살아. 산하대지를 우리는 믿고 살아. 바다든지 뭐든지 뭣이든지 믿고 살아. 물을 우리가 마시고 이런 거 이렇게 믿고 사는 판인데. 우리는 허공을 여의지 않았어. 허공은 나를 여의지 않았어. 그러면 도대체 어떻게 되지? 그러면 허공은 아무 모습이 없기 때문에 무관심 했다 말이지.

그러나 알고 보니 나는 허공 속에 있고 서로서로 허공은 나를 여의지 않았으니, 그러면 "우리는 누구를 믿어야 되겠느냐, 전부 믿고 사는 판인데 허공을 안 믿고 누굴 믿겠느냐" 말이야. 자 우리가 땅덩어리 믿듯이 허공을 믿어야 되겠다 말이여. 허공은 모습이 없기 때문에 무관심 해버렸어.

참말로 허공문제 알고 보면 겁나요. 나는 고생을 하더라도 한정이 있어야 되겠는데, 자, 광속으로 억만년을 가도 허공이라. 억조년을 가도 또 허공이라. 위로 가도 뭣이 있으면 또 뚫고 들어가면 또 허공이라. 위로도 그렇고 아래로도 그렇고 옆으로 가도 그렇고….

자, 여러분들 이거 한번 생각해보세요. 여러분들 허공에 무관심 했을 거예요. 절대 무관심해서는 안될 이 자리에 무관심 했을 거라 말이에요.

그러나 이제부터 생각을 일으키자 말이여. 가도 가도 끝이 없어, 위로 가도 가도 끝이 없어, 밑으로 가도 가도 끝이 없어, 옆으로 가도 가도 끝이 없어, 이런데 믿을 수가 있나. 그러나 나는 또 허공 속에 있네. 요 색신이 허공 속에 있다 말이야.

| 허공의 주인공 |

"그 허공은 나를 여의지 않았고 나도 허공을 여의지 않았어. 고기가 물속에 있는 것처럼… 자 물고기가 물을 여의지 않고 물은 고기를 여의지 않았고… 꼭 이거 한가지이에요."

자 이러하면은 어찌 하겠노? 누굴 믿고 사느냐 말이지. 이 지구덩어리 해봤자 생긴지 50억년 밖에 안됐거든. 없던 것이 이루어져 됐다 말이지. 태양도 5십 몇 억년 이상 됐겠지… 아마 지구보다 오래 됐을꺼야. 몇 억년 더 오래 됐는지 모르지. 그러니 태양도 없었던 거라. 태양도 모습이 있고 땅덩어리도 모습이 있거든. 한데 이것도 장차 없어질 것이 사실일 거라. 모습이 있으면 반드시 없어지는 법이라. 모습이 있으면 반드시 없어져야 돼. 반드시 없어져야 될 이유가 있어. 이것도 나중에 설법하기로 하고….

우리 색신은 또 좋아요. 도대체 지구는 무엇을 의지하고 있느냐 말이죠. 태양은 무엇을 의지하고 있느냐 말이야. 배는 무엇을 의지하고 있느냐 말이야.

왜 그러냐?

모습이 있으니까 의지하는 것이 없으면 존립이 안돼. 이거 여러분들 생각해 봐요. 그러니까 가도 가도 끝없는 이것이 허공인데, 자 이놈을 여러분이 가지고 있다 말이여!

그동안 내가 항상 '우주의 끝이 어떻게 생겼을까?" 끝없이 의심하였어도 도저히 알지 못했다는 사실을 마치 미리 알고 계시듯이 대중을 향해 하는 설법이었지만 꼭 나의 의문을 풀어주기 위해 일부러 하시는 것처럼 느껴졌고, 그 당시는 우연의 일치라 생각이 들면서도 하루 하루 하시는 법문이 점점 가슴에 와 닿았다. 따라서 매일 같이 듣는 설법에 나도 모르게 심취되어 하루도 빠지지 않고 다녔다.

성품이 없다
몸뚱이에

우리 몸에 성품이 없잖아요? 왜 성품이 없느냐면 팔이면 팔, 떼내서 내버리면 말이지 여기 있을 때 내 마음대로 하지, 내버리면 그만이라요. 썩어 버려요. 아픈 줄도 모르고. 팔도 그렇고 다리도 그렇고 우리의 눈도 성품이 없거든. 눈도 떼서 집어던져 버리면 보지도 못해.

여기 있을 때 눈이 뭘 봐? 무형무색인 우리의 법신, 허공으로서의 내가 이 기관을 통해서 뭘 봐요? 그런데 빼서 집어던져 버리면 그 눈이 어디 봅니까?

또 이 귀가 나한테 있을 땐 허공으로서의 내가 이 귀라는 기관을 통해서 모든 것을 듣지만 이거 끊어서 집어던져 버리면 어디 말 듣습니까? 또 내가 입을 갖다가 입에서 말한다 하면 입을 끊어서 집어던져 버리면 입이 어디 말 하는가요?

그러하니, 여러분이 지금 이 몸뚱어리가 있다 할지라도 성품이 없거든요. 이것(죽비)도 성품이 없는 것 아니라요? 죽비 이것도 성품 없는 것. 꽃 이것도 성품 없습니다. 그러나 성질은 있어요. 이것 말이 좀 어렵지만… 이건 법칙에 의해서 성질, 고우면 곱다 달면 달다 쓰면 쓰다 이 성질은 있어요. 있지만, 우리가 생각하고 보고 듣고 하는 이런 성품 없는 것이거든요.

그러하니 여러분이 지금 가지고 다니는, 끌고 다니는 이 몸뚱어리 이것이 꼭 이거(죽비, 꽃)와 다른 것이 하나도 없습니다. 왜 그러냐? 성품이 없거든요. 어떻든지 여러분이 그것만 납득을 하면 됩니다. 그것만 여러분들이 납득을 하면 이거는 성품이 없기 때문에 볼 줄도 몰라, 들을 줄도 몰라, 생각할 줄도 몰라.

"우리의 몸뚱어리, 성품이 없기 때문에 볼 줄도 몰라 들을 줄도 몰라. 그럼 눈이 보는 것은 눈이라는 기관을 통해서 보는 놈이 따로 있거든요. 법신, 다시 말하자면 허공으로서의

나. 다시 말하자면 절대성자리."

성품이라고 해도 좋고 마음이라고 해도 좋고. 이렇게 여러분들 단정을 해 버리세요. 단정을 해야 진짜 여러분을 찾아냅니다.

"여러분의 이 몸뚱어리는 성품이 없는 거니까 진짜 내가 아니다."

이것이거든요. 몸뚱어리가 진짜 내가 아니라는 것은 어머니 뱃속에 떨어질 때는 주먹만 했는데 차차 자라서 젊은 청년이 되고 장년이 되고 나중에 노년이 되고 나중에 불구덩이나 흙구덩이로 가는 거 아니라요? 진짜라면 그리 되나요? 이것도 아침부터 꽃이 피기 시작했습니다. 법칙에 의해서 피었다가 내일쯤 싹 질 겁니다. 또 싹 사그라질 겁니다. 우리의 몸뚱어리도 법칙에 의해서 굴려지는 겁니다. 늙기도 하고 그러는 거예요. 법칙에 의해서.

그 다음에 "내가 쓰긴 쓰는데 내 것이 아니라"는 결론이 나는 것입니다. 또 이것이 내 것이 아니기 때문에 코가 좀 비뚤어지더라도 이것이 성품이 있다면 내가 바로 서라고 하면 바로 서야 하겠는데, 바로 서라면 바로 섭니까? 절대 내 말 듣는 거 아니에요.

왜 그러냐? 성품이 없기 때문에. 다만 내가 이걸 쓰고 있을 따름이란 말이죠. 그러니까 줄곧 성품이 없으면서 법칙에 따라서 변하는 거예요. 이것도 줄곧 변하기 때문에 꽃이 피는 거여. 꽃이 핀다는 건 변하는 도리거든. 상대성 도리거든. 그렇죠? 처음엔 봉오리가 이만치 하던 거, 곯아 떨어져. 떨어지는 것도 변하는 도리거든. 우리 몸뚱어리도 나이가 먹어. 그리고 늙어. 그리고 나중에 불구덩이나 흙구덩이로 가. 이게 변하는 도리거든요.

잊어버리지 마라
허공으로서의 '나'를

이거 참 어려운 말이다. 이거 납득이 잘 안 갈 거여. 우리가 이 색신에만 들어앉지 않으면 납득이 가. 우리가 아상 인상 중생상 수자상에 딱 들어앉아 여기 딱 얽매어 놓으니 말이지. 전부 그때는 나를 인정하는 거거든. 내가 있으니 남이 있어. 이거 맞서는 것이거든. 그러나 우리의 이 본성 자리. "이건(색신) 전부 가짜거든. 이것은 스스로 변하는 것이라 말이지, 또 우리의 마음 씀씀이도 경계에 따라서 마음이 일어나는 거니까 우리의 마음도 스스로 변해. 그러나 원래 본래의 마음이 있기 때문에 이 몸도 나투고 마음도 나투는 것인데,

그러기 때문에 우리가 아상 인상 중생상 수자상 이걸 다 버려버려. 경계에 머물지 안 해."

그러하면 이 "색신으로서인 내가 아니라 허공으로서인 내"가 된단 말이여. 허공으로서인 내가 되면 내 몸뚱이는 어떻게 되느냐?

"바로 이 허공이 내 몸"이라. 그러면 산이 높고 물이 낮고 해 봤든 내 속에 있는 것이거든. 그거 내 손발이지 뭣이여. 이런 거야. 그런데 이거 실감이 잘 안 와요. 그러나 여러분이 "허공으로서인 내"라는 걸 딱 인정을 해 버리면, 또 과학적으로 사실 그렇거든.

"지금 말하고 보고 듣고 설명하고 냄새 맡고 하는 이거 허공이거든. 지금 눈이라는 기관을 통해서 보는데 이건 하나의 기관이지 보는 놈 따로 있거든. 코라는 기관을 통해서 냄새를 맡는데 이 맡는 놈은 따로 있거든요. 허공이 맡고 있거든. 내가 지금 말을 하고 있지만 이거 허공이 말하지 내가 말하는 거 아니거든."

이렇게 하면 여러분들이 알 거란 말이여.

입에 성품이 없어. 물론 내 몸에 성품이 없어. 이거 허공이

| 허공의 주인공 |

이렇게 시키고 있거든. 허공, 허공신, 법신. 내가 허공 허공 하는 것은 법신이라는 걸 인식시키려고 하는 말인데, 허공이라고 해도 돼. 허공신이라고 해도 상관이 없어. 이 법신이란 허공성에다가 슬기를 둔 것이 법신이거든. 그러니까 이걸 여러분이 가만히 생각을 해보면 '아 진짜 내가 허공이구나…' 이렇게만 생각하면 금새 하는 말이 납득이 가요.

그러나 그런 말 들으면서도 '아, 내가 듣는다' 이렇게 생각을 한다 말이야. 이거 안돼요. 사실 여러분이 듣는 거 아니에요. 여러분의 육신이 듣는 거 아니거든. 육신이 어떻게 듣느냐 말이야. 육신이 무슨 성품이 있는 거 아니거든. 여러분이 가지고 있는 귀라는 기관을 통해서 듣기는 허공이 듣고 있거든요.

그러면 "여러분의 허공과 내 허공이 어디 둘인가요? 이거 하나거든."

그러니까 "말하는 사람도 없고 듣는 사람도 없어."

"말하는 사람은 말하는 사람이 없이 말하고, 듣는 사람은 듣는 사람이 없이 듣는 거여."

이 이치를 알아야 그만 "내가 허공신이 되면서 욕계 색계 무색계가 내 손발이 돼버려."

이 머리털 내 꺼지 남의 것 아니거든. 이 손 내 꺼지 남의 것 아니거든. 이 손톱 내 꺼지 남의 것 아니거든. 이 머리털은 머리털대로 따로 있고, 코는 코대로, 귀는 귀대로, 눈은 눈대로, 손은 손대로, 발은 발대로 있긴 있어요. 근데 내가 있으니까 네가 있다 말이지. 상대 맞서. 내가 있으니 부처가 있어. 내가 있으니 산하대지가 있어. 산하대지 내 머리털 한가지 아니에요? 내가 있으면 네가 있어. 상대 맞서. 내가 이 손이면 저 사람 건 저 손이거든. 손 이거 상대는 상대라. 그러나 이거 하나지 상대라 할 수 없거든요.

"이 몸뚱어리는 성품이 없는 거다. 제일 첫째. 성품이 없음에도 일 초 동안에 약 삼십만 마리의 적혈구 백혈구가 죽어 나가고 생기고 또 죽어 나가고 생기고, 지금 현재 죽고 살고 죽고 살고 이것이 지금 이 몸뚱이거든요. 이걸 여러분이 확실히 알고. 내가 뭘 하고자 하면 이 몸을 통해서 해. 뭘 보고자 하면 눈이라는 변하는 이 기관을 통해서 보고, 말하려면 이 입이라는 기관을 통해서 말하고, 들으려면 이 귀라는 기관을 통해서 듣는다."

이것만 확실히 여러분들이 생각해 버리면 참말로 여러분

은 색신에 안 들어앉았어요. 색신을 그대로 쓸 따름이지 들어앉진 않거든. 그러니까 진짜는 허공 아니에요? 진짜는. 그런데 이것이 그럴 듯 싶다가도 절대로 납득이 안 가. 납득이 안 가면 여러분 또 이렇게 한번 생각해보세요.

그럼 우리가 이 몸 받기 전에는 무엇이던고? 몸 받기 전에는 말이지. 그때를 한번 생각해봐.

"우리가 전생, 전생이 있기 때문에 어머니의 배를 인연으로 해서 이렇게 났는데 그러면 어머니의 배에 인연을 맺을 땐 그 땐 무엇이던고?"

이걸 생각하면서 또 다시 이거 한번 생각해 봐요.

"본래 우리 소소영영한 자리는 아는 것도 아니고 모르는 것도 아니다."

이렇게 생각해 봐요.

"착한 것도 아니고 악한 것도 아니다."

이거 한번 생각해 봐요. 아는 것도 아니고 모르는 것도 아니다. 알려고 하면 알고 모르려고 하면 모른다. 지금 이 자리에서 여러분들 무슨 문제를 한번 생각해 봐요. 그걸 생각하면 알아. 그거 생각 딱 놓고 다른 거 생각하면 그거 몰라. 아는 것이 없어.

그러하니 여러분들이 이거 의심이 가거든. 옳지 전생에도 우리가 이런 몸 나투었거든. 우리 전생의 그 몸 죽어버렸단 말이지, 우리 몸뚱어리는 불구덩이나 흙구덩이로 갔단 말이야.

'알이', 진짜 여러분의 주인공. 이것이 어머니 배에 인연을 맺었거든. 그래서 이 몸 받은 거 아니에요? 그렇게 한번 생각해보세요. 그렇게 생각하면 "내가 진짜로 어머니의 배로 하여금 인연을 맺게 한 것은 무형무색의, 빛깔도 없고 소리도 없는 진짜 나로구나." 이런 생각이 나지 않아요?

이거 참 실감이 안 와요. 이거 상당히 공부한 사람도 그래도 이거 뭐, 이래 쌌소. 말을 하려고 하면 그 말이 맞다고 해. 그 말에 반대는 안 해. 근데 왜 그런 실감이 안 오나 할 것 같으면 이건 슬기가 모자라서 그렇거든. 또 슬기 슬기 해 봤든 슬기 당처가 빈 거네. 이런 이치를 알아버리면은 실감이 가고 안 가고도 없는데…….

진짜 여러분의 주인은 아무 모습도 없는 거예요. 그렇게만 아세요. 이것이 의심이 나면 전생의 여러분의 몸들은 숨이 넘어가 죽어버렸단 말이지, 초상 치뤘을 거여. 전생의 여러분의 무덤들이 아직도 많이 있을 거여. 아마 백 개는 있을 거여. 우리가 못 찾아서 그렇지. 여러분들 그거 생각 안 해 봤죠. 백련화 보살, 무덤 생각해 봤소? 안 해 봤죠?

"해 봤습니다."

"해 봤소? 거 굉장하구나."

그러니 여러분들 생각해보세요. 만약 우리가 과거를 무시해 버리면 오늘 설법도 필요 없는 거요. 금시 말도 필요 없는 거라. 그러나 그거 아니거든.

"보고 듣고 말하는 놈은 죽을래야 죽을 것이 없어. 살래야 살 것도 없어."

그러하기 때문에 "그거 아는 것도 아니고 모르는 것도 아니다." 이런 말도 나오는 건데. 그러니까 "이놈은 하늘과 땅을 앞 해서 있단 말이지."

왜 그러냐? 아무것도 없으니까.

하늘과 땅은 모습이 있어. 땅은 모습이 있어. 하늘도 둥글둥글해 봬. 우리 눈동자가 둥글기 때문에 그것도 둥글게 봬. 그래서 푸르스름하게 자외선 봬. 이것도 하나의 모습 아니라? 그러니까 하늘과 땅을 앞 해서 있단 말이야.

왜 그러냐. 모습이 없으니 이놈이 언제부터 나왔단 말이

나올 수가 있어야지. 그러하니 하늘과 땅을 앞 해서 있단 말이거든. 또 모습이 없으니 언제 죽는단 말이 성립이 안돼. 죽을 게 있어야 죽지. 아 우리가 그러한 주인공이라. 이러한 주인공인데 하늘과 땅을 앞 해서 있고, 하늘과 땅을 뒤로 해서 허공으로 더불어서 의젓하게 있는 이건데 아무것도 안 보인다 해서 이놈을 무시해 버린단 말이여. 이것 보여 봤든 상대성, 자꾸 변하는 법이라고 말하지 않아? 여기만 쏠리기 때문에 실감이 안와. 그 자리는 실감 올 것도 없고 안 올 것도 없는데.

그러니까 내가 하는 말이 "아상 인상 중생상 수자상 여의어라." 경계 같은 거, 다 여기에 들어가거든.

"일체 경계에 들어앉지 마라. 일체 경계란 헛거다."

"헛것에 들어앉지 않으면 그만 본래로 하늘과 땅이 생기기 전 그 소식에 들어앉느니라."

이 말 아니에요? 그 소식에 턱 들어앉으면 내 몸뚱이 뭣이냐. 이거 허공이 원래 없는 것이거든. 그러면 아무것도 없단 말이지. 그만 허공 아니라? 그러면 허공 속에 있는 태양이니 지구니 돌이니 뭣이니 전부 내 수족 아니라? 이런 결론이 나는 것이여. 어때요?

대각화 보살, 아시겠죠? 웃는 그 놈은 누구요. 나타나기는 이것이 나타났어. 그러나 웃는 그것은 성품이 없거든. 나타나기는 나타났는데. 그러니까 허공이란 것이 묘한 거여. 이거 알고 보면 참말로 무시 못해. 지금 아무 모습도 없는 것이 웃거든. 웃는 것이 여기 나타난단 말이지 여기 성품 없는 데에 나타나.

아무 모습도 없는데 지구를 나투지, 태양을 나투지, 별을 나투지, 구름을 나투지. 구름 같으면 수증기가 올라와서. 수증기는 어디서 나오냔 말이여. 수증기의 앞 소식에 어디 모습이 있던가? 불은 또 어디서 나오느냐 불의 앞 소식에 어디 모습이 있던가?

그러하니 문제는 학생들도 대강 짐작해서 알 거야. 그러하니 어떻든지 진짜 나를 찾으라 그 말이여.

그럼 진짜 나는 무엇이냐? 찾을래야 못 찾는단 말이여. 왜 그러냐. 아무 모습이 없는 거라. 모습도 없고 냄새도 없고 소리도 없는 거라. 그러니 그대로 허공이라. 이거를 '나'로 알자 그 말이여. 이것을 과학적으로 논리적으로 생각을 해보라 말이여. 생각을 해 봐서 딱 맞다고 하면 그걸 믿어야 돼. 믿어야 돼. 그러하면 인생관이 달라져. 실감이 나.

　관념적으로 믿으라는 거 아니여. 어디까지라도 과학적으로, 어디까지라도 논리적으로 생각을 해 봐서 말이지 "아 참말로 말하는 놈은 이놈을 시켜서 말은 하지만 생각하는 그 놈, 참말로 빛깔도 소리도 냄새도 없구나."
　허공에 아무것도 없잖아?
　"허공이나 한가지구나. 옳지 이걸 법신이라 하구나. 이것이 아무 빛깔도 소리도 냄새도 없으니 여기서 여기까지가 나고 여기서 여기까지가 너라는 말이 성립이 안되는 것이거든."

　어째 백운, 어떻나? 납득 가나?
　"완전히 납득 못 하겠습니다."
　"완전히란 말이 여기 들어붙나. 어디. 참 내 죽도록 설명해도… 이거 가죽주머니 여기 들어앉아서 그렇단 말이여. 지구 덩어리 여기 들어앉았고, 집 여기 들어앉았고, 가죽주머니 여기 들어앉아서 그렇단 말이야."
　"거기 대해서 알기는 알고 있습니다."

66　　　　　　　　　　　| 허공의 주인공 |

알기는 알아? 실감이 안 온단 말인가? 실감이 안 오면. 그럼 네가 어머니 뱃속에 들어갈 때 네 전신은 죽었어. 알음알이, 알이, 여김. 이것이 어머니 배와 인연을 맺을 때는 무엇이던고? 아무것도 없어. 어머니 뱃속에 들어가서 비로소 이 몸이 12인연으로 구성된 거야. 그땐 그렇게 생각해 봐. 그럼 과연 그렇구나. 알아져. 내 언젠가 그리 하지 않았어? 손가락을 집에 가서 까딱까딱 해보라구. 이거 해보았는가? 이거 물론 손가락이 이리이리 하지만 손가락 자체에 성품이 없다는 건 너희 알잖아? 성품 없거든. 이거.

이렇게 까딱까딱 시키는 것은 무형무색의 허공이 시키잖나? 허공신이 시키지 않나 말이야. 몸 신자 하나 붙이자 말이야. 그래야 우리가 알아듣거든. 허공이 시키는 거 아니라? 이렇게 해서 차차차차 이렇게도 해보고 저렇게도 해보고 이리 하면 나중에 탁하게 실감이 와요. 이것이 실감이 한번 오기 시작하면 참말로 문제가 커요. 인생관이 달라져요.

어찌 산하대지가 내 수족인고?
허공이 진짜 내 아니라? 허공성, 법성체, 법성신, 여기서 산하대지가 나왔단 말이야. 그거 내 그림자 아니라? 법성신이 법성토를 나투거든. 아무것도 없는 그 모습이 아무것도 없는 그 몸이 모습 있는 국토를 나투는 거야.

그러니까 사바세계도 국토, 장엄세계도 국토, 욕계 색계 무색계도 국토, 천당 지옥도 국토거든. 이것이 법성체에서 오는 거여. 이 법성체는 아무 모습이 없어. 꼭 허공이나 한가지라. 이걸 학생들이 단단히 알아야 됩니다. 단단히 알아서 잘 납득이 안 가거든 자꾸 의심을 해보란 말이여. 생각하면 생각할수록 내가 한 말이 맞아. 법은 옳은 대로 배워야지 옳은 대로 안 배우면 생사 문제가 해결이 되는가? 여기 머리털 하나만 틀려도 생사문제가 해결되는 거 아니거든.

참말로 어떤 큰 신이 있어서 우리가 거기에 의지해서 심부름꾼이라도 된다면 그건 별 문제여. 하지만 부처님 그거 아니거든. 너희는 불교공부 잘해서 내 심부름꾼 되라 해서 팔만대장경에 말씀해 놓은 거 없어. 절대로 없어. 깨친 그 자리가 바로 부처 자리다. 그러니 너희가 그걸 깨쳐서 부처가 되라, 이렇게 말씀했지 너희 공부 잘해서 내 심부름꾼 되라. 이런 거 없어. 될래야 될 수도 없는 거여.

그러하니 다시 말하자면 이걸 잊어버리지 말아야 돼. '허공으로서인 내,' 이걸 잊어버리지 않아야 돼. 묘덕이 알겠지? 허공으로서인 내. 알지?

"네!"

근데 금방 물으니까 네 하고 대답하지만 문 밖에 나가면 '색신으로서인 나'로 돌아가는 거라 말이여.

어째, 알겠소? 보살님. 어떻소? 백련화 보살, 색신으로서인 백련화 보살이요, 허공으로서인 백련화 보살이요? 진짜로 말해보소.

색신, 지금 변하고 있거든. 지금 현재도 변하고 있어요. 지금 생기고 나고 죽고 나고 죽고 하거든. 지금 우리 몸이. 적혈구 백혈구가 일초 동안에 약 삼십만 마리씩 자꾸 변해. 그러니 이거 내라 할 수 없잖아? 그렇잖아요? 일단 이거 성품이 없는 거 아니라요? '예!'하고 대답하는 그 놈은 입을 빌어서 대답하는 그 놈은 무엇이냐 할 것 같으면 법신이거든.

그런데 이것이 잘 납득이 안 가. 박 군, 어떻나? 납득 가나?

"조금 갑니다."

조금 가? 이거는 조금 가고 많이 가고가 없어. 머리털만치만 가면 다 알아버린 거여. 원래 여기는 큰 것도 아니고 적은 것도 아니기 때문에 그런 결론이 되는 거라. 그러니까 우리는 여기서 잔소리하지 말고 넘어갑시다. 어떻든지 여러분은 허공으로서인 여러분으로 알아야 돼. 어쩔 도리가 없어.

그러면 허공으로서인 여러분이라 하면 여러분의 진짜 그 자리, 그 자리는 바로 고요적적한 자리여. 진짜 그 자리는 바로 삼매 자리라. 멸진정 자리라. 그 자리는 아는 것도 없고 모르는 것도 없어. 아는 것도 없고 모르는 것도 없기 때문에 알려면 알아. 잊어버리려면 잊어 버려. 착한 것도 아니고 악한 것도 아니라, 그 자리는. 정도도 아니고 사도도 아니라. 그러기 때문에 정도를 쓰려면 정도를 쓰고 사도를 쓰려면 사도를 쓰거든. 자유자재라. 깨친 자리도 아니고 미한 자리도 아니라.

그러기 때문에 '허공으로서인 나'를 생각하면 이건 깨친 자리고 '색신으로서인 내'다 하면 미한 자리거든. 마음대로 해. 미하려면 미하고 깨치려면 깨치고, 착하려면 착하고 악하려면 악하고, 알려면 알고 모르려면 모르고 그래. 이 자리가. 참 묘한 거여. 참말로 묘한 거여. 그러니까 이걸 사람마다 다 가지고 있거든요. 가지고 있기 때문에 이런 색신을 나눴지만 말이지.

　그러니 우리는 어떻든지 폐일언지 하고, 옳지 "허공으로서인 내다" 이걸 한 달이나 두 달이나 아이들 군말 하듯이 이렇게 해보세요. 남들이 보면 이 사람이 어디 설법 들으러 다니더니 살짝 돌았네. 그 말 듣도록 한번 해보란 말이여. 돌았다 해도 상관없어. 죽어도 내가 죽고 살아도 내가 사는데 남이 돌았다 한들 무슨 상관 있느냐 말이여. 그런 거 개의할 거 없어요. 앞으로 여러분들이 하루 한 백번씩 해봐요. 염주들 있으면 이거 헤아리면서 하루 백번이나 천 번이나 딱 정해놓고 말이죠. 잠잘 때도 이불 속에 드러누워도 좋아요. 백번 천 번 하는 거 문제 아니에요. 내 시키는 대로 하세요.
　'허공으로서인 내, 허공으로서인 내, 허공으로서인 내.'
　의미 몰라도 좋아요. 하루 백번이나 천 번 해보세요. 한 열흘 계속 해보세요. 계속 해보면 실감이 온단 말이에요. 실감이 와. 왜 그러냐. 옳은 건데 왜 실감이 안 오겠나요? 옳은 말인데. 반드시 오는 거예요.

그러니 여기서 실감이 온다면 문제가 달라져. 차차차차 깊은 뜻으로서 들어갈 수가 있는 거예요. '허공으로서인 나'기 때문에 죽을래야 죽는 것이 없고 난 것도 없잖아요. 솔직한 말로 이거 내 거 아닌 것, 가짜, 빌려쓰는 것 이까짓거 죽든 살든 이까짓거 무슨 상관있어요? 세상 사람들 이걸 내라고 해서 막 단장을 하고 야단하지만….

그러나 저러나 이놈이 내가 아닌 것은 내 말을 안 듣기 때문에 내가 아니지 않나 말이여. 이건 내 말 듣는다면 내 늙지 말라면 안 늙어야 되지 않아요? 머리 희지 말라면 희지 말아야 되는데 머리가 허연데 이거 어디 내 말 듣나요? 안 들어요. 어느 모로 보든지 이것이 내가 아니라는 건 여러분들이 알아. 내가 빌려 쓴다는 건 여러분들이 알고 있거든.

그러니까 어느 정도까지 실감이 가는가 모르겠지만 "말하고 보고 듣고 생각하는 이놈, 이놈은 진짜 내다" 하는 걸 알기 시작하면 문제가 달라져. 그렇게 생각하면 차차 슬기(지혜)가 나와. 이거 첫 문제여. 첫 문제. 불교공부하는 사람들은 이거부터 알아야 돼. 이걸 모르고 천년 만 년 공부했자 안된

| 허공의 주인공 |

단 말이여.

왜 그라냐. 이거 모르고 딴 거 해 봤든 지엽 문제밖엔 안되거든. 이건 근본 문제, 뿌리를 다스리는 거 아니랴? 뿌리부터 다스려야 나중에 꽃도 피고 열매도 열지, 가지에 들어앉아서 열매에 들어앉아서… 그거 떨어지면 어떻게 되냐 말이여. 어떻든지 근본 문제를 다뤄야 돼. 근본문제. 생사는 뭣이냐. 생사의 뿌리는 여기 있거든. 근본문제에 달려 있지 줄기나 어디 이파리에 달려 있는 건 아니거든. 이거 절대로 알아야 돼.

여러분들이 허공으로서인 여러분의 입장이 된단 말이지, 이런 기분을 가져 봐요. 지금 우리가 색신으로 보기 때문에 너니 나니 있는데, 허공으로서인 나를 걸어잡지 못해. 아무 빛깔도 없어. 다만 소소한 나, 아는 것, 소소하니 슬기만이 있단 말이지 슬기 해봤든 그것도 허공성이거든. 아무것도 없어. 그렇게 보아 버리면 이 온 누리의 가도 가도 끝없는 누리에 상대할 것이 없어. 그만 내 혼자뿐이라. 아무것도 없어. 이런 기분을 여러분이 가져가야 돼. 아무도 없어요. 그러나 색신으로 돌아오면 있지. 네가 있고 내가 있고 산이 있고 물이 있고 있지.

그러나 산도 허공성, 우리 몸뚱이도 허공성, 그러기 때문에 완전한 슬기 이놈만 딱 가지고 있어. 보는 것, 그만 아는 것 소소 영영하니 아는 것. 경계에 머물지 말고 아는 것. 이놈만 떡 가지고 있으면서, 얼굴 보지 말고 손도 보지 말고 이래서 눈이 여깃다 내 얼굴이 여깃다 이런 생각을 내지 마라 말이여. 이 얼굴, 이 머리가 무슨 생각 한다 이 생각도 하지 말고 전부 방하착(집착을 내려놓음)해 버려. 전부 방하착해서 그만 아는 것, 이놈만 딱 가지고 있으면 온 누리에 그거 하나뿐이에요. 온 누리에 그거 하나뿐이에요. 그런 거예요. 언제라도 그렇게 생각하세요.

이렇게 하면 내 얼굴이 뵈는가, 내 손이 뵈는가? 손 그 까짓거 보나 안 보나 한가지거든. 나는 없어. 이 몸뚱이에 머물지 않으면 몸뚱이도 싹 잊어버려. 아는 것 하나만 환하게 있어. 삼계가 끊어지는 거여. 삼계가. 그래서 이제는 되돌아서 손도 두고 팔도 두고 삼계도 두고 헛거인 줄 알면서 친구도 두고 되돌아서 이런 거여. 다른 거 아니거든.

그러니까 모든 법이 전부 방편이에요. 그러기 때문에 저기 건너가는 데는 뗏목이 필요해. 저기까지 가는 데는 자동차가 필요해. 버스가 필요한데 집에 가면 필요 없어. 집에 가면 버스에서 내릴 줄 알아야 되지 방에 들어가도 맨날 버스 생각만 하고 있으면 어떻게 되지?

좌우간 여러분들 '허공으로서인 여러분' 그거 잊지 마세요. 하루 한 백번이나 천 번 그리 해보세요. 해보면 반드시 공덕이 있습니다. 염불 만 번 하는 것 보다 낫습니다. 하루 만 번 하는 것 보다 낫습니다. 그렇습니다. 절대 과학적입니다.

매일 같이 듣는 법문이지만 너무나 좋아 하루도 빠지지 않고 다녔고 토요일에 이어지는 철야정진 또한 힘든 줄을 몰랐다. 그리고 그렇게 듣는 법문이 나도 모르게 점점 마음속에 자리잡혀 가는 것 같았다. 그리고 언제 들어도 싫지가 않았다.

그렇게 10개월쯤 지났을 때였다. 그동안에 부정기적으로 며칠씩 하던 철야정진을 처음으로 정기적인 1주일 철야정진을 가지기로 하였으나, 당시 선원이 장소가 너무 비좁은 터라 용인에 있는 동도사란 절을 빌려서 하게 되었다. 나는 당연히 제1차 1주일 철야정진에 참석하게 되었다.

그러나 막상 철야정진에 참석은 하였으나 그 동안 설법

⊛ 80년 1월 부산 금정사 법당에서 〈금강경〉 강의하는 모습.

만을 위주로만 들어 왔던 나로서는 따로 좌선하는 방법을 배워 본적이 없어 앉는 자세조차도 제대로 모르고 그냥 앉을 수밖에 없었고 일주일 내내 잠을 자지 않고 화두를 들다 보니 어찌나 잠이 오는지 나중에는 화두는커녕 지금 어디에 있는지조차 모를 정도로 정신이 몽롱하였다. 그리고 계속 며칠 동안 한번도 눕지를 못하니 허리는 끊어지게 아팠다.

3~4일이 지나자 조금씩 정신이 차려지고 마음이 차분해짐을 느꼈다. 정신은 조금씩 맑아지긴 했어도 몸은 끝날 때까지 힘이 들었다. 그러나 처음으로 한번도 일주일 동안이나 등을 붙이지 않고 비록 비몽사몽간이었지만 잠을 자지 않았다. 그렇게 힘들게 일주일 철야를 마친 후에 도반들과 함께 피로도 풀 겸 절 근처에 있는 저수지에 뱃놀이를 가게 되었다.

도반들과 배를 빌려 타고 노를 저어가다가 문득 나는 전혀 움직이지 않는데 배가 가고 오고 하는 것을 확 느꼈다. 처음으로 잠깐이었지만 느낌을 갖게 되자 경이로웠다. 비록 잠은 한숨도 못 잤지만 비몽사몽간에 지내 왔기에 공부를 제대로 하지 못한 것이 아닌가 생각하고 있었는데도 불구하고 막연한 관념으로서가 아니라 '마음이 허공과 같다'는 실감이 오는 것을 보고 그렇게 하는 것도 진짜 공부였구나 하는 생각이 들자, 얼른 절로 돌아와 선생님을 뵙고 그때의 느낌을 말씀 드렸다.

그리고 "일주일 철야정진이 저에게는 크게 도움이 된 것 같습니다"라고 말씀 드렸더니 "그래, 너에게도 크게 도움이 되었지만 다른 사람들에게도 도움이 많이 됐을 거다"시며 앞으로 철야정진을 놓치지 말라고 당부하셨다. 정신없이 보냈던 일주일 철야였지만 마음을 가라앉히는 데는 정말 중요하다는 것을 느낄 수 있었다.

잠깐 동안의 실감이었지만 그동안 들은 법문이 단순히 관념적인 것이 아니라 사실이었구나 느껴졌고 정말 죽음이란 것이 없다는 것이 이런 것을 두고 하는 것이 아닌가 생각이 들었다. 그리고 그러한 느낌을 경험하게 되자 철야정진을 다녀와서는 자연히 더욱더 열심히 저녁 법문을 들으러 다녔으며 매주 토요일에 하는 철야정진 뿐 아니라 일년에 두 번 여름, 겨울 일주일 철야정진을 한번도 빠짐없이 참석하게 되었다.

견성하기 어렵지 않다

이전 어른들은 말씀하시기를, "망심이 본적(本寂)이라."

망녕된 마음이라 할지라도 망녕된 마음이 무서운 결과를 가져와. 상대성으로 우리가 삶을 굴려가는데 무서운 결과를 가져오지만은 그러나 망심의 당처가 공했다 말이여. 본공(本空)한 것이거든. 왜 그러느냐. 우리가 어떤 좋은 생각을 가져서 좋은 일을 한다든지 그릇된 생각으로서 어긋난 행동을 한다 할지라도 그 마음 씀씀이나 알음알이 놀이의 그 당처가 빈 거라. 적적한 거라.

그러하고 경계. 집도 경계요 우리의 색신도 경계요 산도 경계요 나무도 경계요 부는 바람도 경계요. 모든 것을 뚤뚤 뭉쳐서 티끌 경계라. 이전 어른들은 말씀하셨는데 "경계가 본공이라." 비었어. 일체가 비었어. 이것도 여러분들이 아시는 거 아니라요? 아무리 태산준령이 있다 할지라도 그 성품이 빈 거 아니라요? 공성 아니라요? 그러하니 삽으로 푹푹 파지기도 하고 대포알을 집어 던지면 산이 뭉개어지기도 하고 그러잖아요? 빈 성품이라 그런 거예요. 우리의 몸뚱어리 이것도 빈 성품. 적혈구 백혈구로서 모아진 하나의 가죽 주머니라 해도 그러나 그 당처는 또 빈 것이에요.

이러하니 부처님께서 말씀하시기를 너희가 모든 분별을 여의어라. 사상(四相)을 여의어라. 아상 인상 중생상 수자상을 여의라. 그것 전부 헛거니라. 산하대지도 여의어라.

"산하대지를 여의라 해서 없애버리고 빈 걸로 보지 말고 그대로 두고 그걸 빈 성품으로 봐라."

이 말씀을 했거든요. 다시 줄여서 이야기 하면은 우리의 마음 씀씀이, 망심이 본래 적적(寂寂)하고 경계, 티끌의 경계가 본래 비었단 말이여. 이것을 알면 견성을 하느니라. 아마 이전 어른들은 이렇게 말씀했을 거여.

나는 부처님 말씀을 여러 조사님들 말씀을 거꾸로 한번 뒤집어 보고 싶어.

"망념이 본적하고 진경이 본공이니라. 이걸 알면 견성, 성품을 보느니라."

나는 정반대로,

"우선 견성을 하면은 망념이 본적한 줄 알고 진경이 본공한 줄 안다."

난 이렇게 말하겠어요. 부처님 말씀 거꾸로 뒤집는단 말이여.

왜 그러느냐. 다른 데 가서는 이렇게 설법을 안 합니다. 이 자리에서 설법을 해야 됩니다. 왜 그러느냐. 여러분들은 이 누리의 참된 주인공, 색신으로서인 내가 아니고 허공으로서인 법신, 허공으로서인 내라 말이여. 이건 여러분들이 알았거든. 그러면 색신으로서인 내가 아니고 허공으로서인 내란 말이여.

허공은, 이전 어른들이 말한 것처럼 허공이란 말을 써야 알아듣기가 쉽기 때문에 허공이라고 한 건데. 허공 자체에 슬기가 없으면 글자 그대로 허공이지만, 슬기가 있는 허공은 바로 영지(靈智)거든. 법신(法身) 자리거든. 이걸 여러분들이 안단 말이야. 이걸 이름 지어서 성품(性品)이라고도 말할 수 있고, 마음이라고도 말할 수 있고, 영지라고도 말할 수 있고, 요새 우리가 말하는 '절대성자리'라고도 말할 수 있는 것이거든.

여러분들은 절대성자리가 있다는 걸 지금 알았거든. 알았어. 옳지 내가 이 공부하려는 마음도 절대성자리라. 시장에 가서 물건을 사는 것도 절대성자리가 그리 생각을 해서 시장에 이 몸뚱이를 끌고 가서 물건을 사 온다. 혹은 어떨 때는 들뜬 마음으로 미운 생각이 나. 도저히 사람 같지 않단 말이야. 밉단 말이야. 이렇게 생각이 나는 것도 절대성자리가 있기 때문에 밉다는 경계에 휘둘려서 밉다는 생각이 난다는 걸 여러분이 아시거든.

이걸 알면 바로 성품을 본 거여. 견성이여. 견성이라 하면 성품을 본다 하는 건데, 실에 있어서는 이 말 자체가 그릇된 말이여. 어째 그릇된 말이냐. 성품을 본다 하면 보는 놈이 따로 있고 성품이 따로 있어야 돼. 그럼 법이 둘이란 말이야. 그러나 이 견성이라고 말을 안 하면 표현이 안돼. 안되기 때문에 성품을 본다고 이렇게 말씀한 거여. 그러니까 하나도

| 허공의 주인공 |

틀린 말씀이 아니여.

그러하니 여러분은 그 과정을 지났어. 지났으니까 여러분들은 성품을 보고 있어요. 성품을 봤는데 여러분 자신들이 봤다는 생각을 안 하고 있어요. 왜 안하고 있느냐. 견성이란 걸 무슨 별 것 같이 생각한단 말이야. 굉장한 건데… 이전 어른들 일평생 해도 안되는 사람들이 있고 이렇게 어려운데… 이전 어른들은 이런 관념이 있기 때문에 바로 그 자리에서 성품을 환히 보고 있으면서도, 알고 있으면서도 행여 다른 데 어디 더 좋은 것이 있지 않은가 찾고 있거든. 그러하기 때문에 여러분들이 견성을 하고 있으면서도 여러분들 견성한 줄을 모를 따름이에요.

솔직한 말로 견성이란 그리 어려운 것이 아니에요. 이전에는 어려웠어. 그러나 요새는 과학이 발달 돼서 비행기가 달나라를 갔다 온다든지 텔레비전이라든지 전부 설법하고 있단 말이지. 또 과학적으로 딱딱 맞네. 이전 사람들은 십 년 설법을 들어야 될 것을 요새 사람들은 일년만, 한 달만 설법 들으면 돼. 머리 좋은 사람들은 한 시간만 설법 들으면 돼요. 과학적으로 딱딱 맞거든.

우선 견성을 해야 돼요. 견성을 하게 되면 망념이, 망심이 본적하고 진경이 본공하다는 걸 저절로 알게 돼. 이 절대성 자리가 있음으로써 상대성을 굴린다는 이걸 딱 알아 버리면 하루종일 망념을 부려도 망념이 망념이 아니라, 진심이라. 하루종일 경계를 더불어서 좋다 나쁘다 시비를 하더라도 벌써 그 성품자리를 알아 버리면 그 경계가 이미 공성이라는 걸 다 알고 있거든. 그러니까 새삼스럽게 망심이 본적이니 진경이 본공이니 이렇게 생각할 것이 없어. 빤한 거여.

그러하니 나는 부처님 말씀한 거 거꾸로 뒤집은 거여. 부처님이나 조사 어른들은 그것부터 먼저인데, 나는 견성이란 이것부터 먼저 해야 한다 이거여. 여러분들은 말쑥하게 이미 알고 있는데. 다른 데 더 좋은 것이 없는가 싶어서 헤매기 때문에 그런 건데, 여러분들이 다른 데 헤매지 말아요.

여러분, 사실 내 말을 여러분의 귀를 통해서 듣지만 사실 여러분의 귀가 듣는 거 아니라는 거 알고 있잖아요? 귀라는 기관을 통해서 듣는 놈은 따로 있거든요. 따로 있는데 이름 붙여서 마음이라 합시다. 또 다른 말로 성품이라 합시다. 또 하나 다른 말로 하자면 절대성자리인데 절대성자리가 지금 내 말을 듣고 있는데 다른 분별이 없거든. 분별을 쓰지 않고 있어. 순전히 내 말만 듣고 있어. 이 듣는 이놈은 하늘과 땅이 생기기 전부터 있는 거여.

지금 현재 이 내 말을 그대로 받아들이는 이 마음 씀이, 절대성자리, 마음, 성품, 요놈은 태양이 뭉개어지고 지구덩어리가 뭉개어지고 욕계 색계 무색계가 전부 밀가루처럼 다 날아가더라도 이놈은 어디로 가는 게 아니여. 이놈은 죽을래야 죽을 수도 없고 날래야 날 수도 없는 그만 그대로라. 생사니 뭣이니 하는 거 전부 상대성 놀음이거든. 상대성 놀음이란 건 전부 헛거라는 말 아니에요?

그러하기 때문에 여러분들 먼저 견성해야 돼. 견성하기 전에는 책을 암만 읽어도 소용없어. 일단 견성하면 망념이 본공한 걸 알게 돼. 진경이 본적한 걸 저절로 알게 돼. 알면서 나중에는 망념도 상대성, 진경도 먼지의 경계도 상대성. 여러분이 잘 알고 있잖아요? 이렇게만 여러분들이 나간다면 문제는 달라. 이 시각부터 설법 듣는 것도 달라져. 늘 하는 말이지만 여러분이 부처 아니라요? 바로 여러분들이 노사나불의 화신이거든 실에 있어서.

어제 그저께인가 설법한, 보신 화신 진짜인 줄 안다. 그래

서 설산 첩첩 미타불을 백발이 성성미타불이라 이렇게 한번
해서 공부하는 권도로 써 보지 않았어요? 창해가 망망 적멸
궁이구나. 여러분의 눈이 차가워. 환해. 이것이 적멸궁이란
말이여. 딱 깨놓고 하는 말이 안광이 명명 적멸궁이니라. 공
부하는데 실감이 갈 겁니다. 왜 그러느냐. 여러분들이 이미
적멸 중에 있거든요. 적멸. 삼매에 있거든요. 적멸, 멸진정이
고 삼매가 아니면 여러분들이 이 몸뚱이 끌고 있지 못합니
다. 또 내 설법도 듣지 못해. 그러니까 우리가 이 만큼 됐으
니 이젠 솔직한 말로 누리의 진리를 아는 거 아니라요?

누리의 진리 어찌 알았나. 그거 절대성자리 아니라요? 절
대성자리 아무 모습도 없더란 말이지. 냄새도 없더라. 그렇
구나. 꼭 허공 한가지더라. 여기서 공기에서 비료가 나오고,
태평양 바다에서, 여기서, 영도 앞바다에서 파도를 일으키듯
이… 옳지 여기서 상대성 나투었구나. 상대성은 변하는 도리
로구나. 절대성은 변치 않는 도리로구나. 생사 이것도 상대
성이다. 선악도 상대성, 정도니 사도니 상대성, 성인이니 범
부니 상대성, 부처니 중생이니 상대성이거든.

전부 절대성자리에 의젓하게 있으면서 상대성 놀이를 하

기 때문에 아이고 나는 중생이로구나 하지만 이제는 여러분들이 알았으면 이 말 그대로 받아들여. 또 이해가 안되면 집에서 과학적으로 생각해보시란 말이여.

견문각지(見聞覺知)를 동원시켜도 좋아. 견문각지는 금물인데 견문각지 동원시켜서라도 맞는 말에 자신 딱 가져야 됩니다. 솔직한 말로 이 자신 안 가지면 안됩니다.

그러니까 그걸 여러분들이 알았다면 누리의 진리를 안 것 아니에요? 누리의 진리 알았다면 부모 미생전(未生前)에, 어머니의 뱃속에서 나오기 전 소식 알지 않았어요? 어머니 뱃속에서 나오기 전에도 절대성, 지금도 절대성, 나중에 흙구덩이나 불구덩이에 집어넣은 후에도 절대성자리 뚜렷하게 그대로 있단 말이야. 이걸 알아버리면 그만 견성이지 뭣이에요? 견성하기 쉬워요. 옳은 스승 만나면 견성하기 쉬워요. 옳은 스승을 못 만나면 천년 해 봤자 이거 안됩니다. 왜 그러냐면 딴 방향으로 자꾸 가는데 나올 택이 있나요.

우리는 상대성 속에서는 억 년 해도 안돼. 상대성을 걷어잡고 절대성으로 돌아가는 이 소식을 알았단 말이죠. 그 소식 알아보니 별거 아니더라 말이지. 간추려 요새 신식말로 하면 그 바로 절대성이더란 말이여. 이거 여러분들이 알잖아요? 그거 알면 그 이상 여러분들 무엇을 알려 하죠? 그 이상 더 알려 하면 절대성자리에 한점 구정물을 퍼붓는 거나 한가지에요. 그러하기 때문에 제일 첫째, 견성만 해 놓으면 망념도 없어지고 진경이니 뭐니 전부 우리가 손바닥 위에서 올려 놓고 이리 굴리고 저리 굴려도 전부 공성이란 걸 알게 되거든요.

그러기 때문에 나는 부처님이라든지 이전 선사들의 말을 거꾸로 확 뒤집어서 얘기하는 거예요. 뒤집었다 해서 부처님의 뜻을 조금도 어긴 것이 없어. 그 말이 그 말이고 그 말이 그 말이지 어긴 것이 없단 말이죠. 그러하니 온갖 법이 벌어져. 굉장한 법이 벌어져.

그렇게 매년 빠짐없이 여름, 겨울의 1주일 철야정진을 참석하게 되었고 매번 철야정진이 끝나고 나면 항상 이상한 현상들을 경험했다. 집에 와서 잠이 들려하니 방안의 모습과 창문 밖의 장면이 그대로 있으면서 신장(?)이 나타났는데 양복을 입은 두 사람이었다. 그중 한사람은 내 이름

허공의 주인공

을 부르는데 목소리는 내 목소리였다. 또 어느 때는 철야정진을 끝내고 모임이 있어 친구 집에 모여 놀다 잠을 자려 하니 마당에 큰 나무가 크게 확대되어 보이며 거기에 사는 벌레나 곤충들의 움직임을 상세히 볼 수 있었다. 또 철야정진 중에는 참선을 하고 있으면 산도 보이고 물도 보이고 소나무 솔잎까지도 총천연색으로 생생하게 보이기도 했다. 그리고 그러한 것이 마음이 가라앉는 과정이라는 것을 선생님 법문을 통해서 알고 있었다. 그러다 보니 해마다 하는 철야정진에 더욱 더 빠짐없이 참석하게 되었다. 그렇게 2~3년 철야를 하다 보니 언제부턴가 별 힘 안들이고 화두가 순일하게 들리기 시작했다.

그해(77년) 여름 철야정진을 시작해서 좌선 시간이 되어 앉기만 앉으면 화두가 순일하게 들렸다. 선방에 시계가 있었는데 참선을 시작해서 1~2분만 지나면 시계소리 조차 들리지 않고 오직 화두만 들렸다. 그러자 어느 순간 화두가 딱 끊어지면서 어떠한 실감을 경험할 수 있었다. 그때에 심경을 비유해 본다면 포항제철 같은 커다란 공장에서 엄청나게 큰 기계들이 돌아가고 그 소음에 사람 말소리 조차 들을 수 없다가 정전으로 갑자기 기계가 딱 멈췄을 때 순간적으로 느껴지는 적적함이라 할까. 아무튼 생각을 처음으로 쉬어본 것이다.

그때 비로소 사람은 1초도 안 쉬고 생각을 일으키고 있다는 것을 알 수 있었다. 그리고 그 실감은 며칠이고 계속되었다. 철야가 끝나고 광안리 바닷가를 내려갔다. 바닷가에 앉아 파도소리를 듣고 있으니 바닷가에서 파도가 치는지 내마음속에서 파도가 치는지 구분이 되지 않았다. 철야를 마치고 집에 가서도 가족과 대화중에 적적한 자리에서 말하고 생각하는 것이 느껴지곤 했다.

이래서 불교공부는 관념이 아니고 사실이어야 하는구나 생각이 들었고 차차 주위에 사람들을 다시 보게 되자 그 동안 죽음에 대한 공포를 겪어 왔던 나 자신을 돌이켜 볼 때, 이 공부를 모른 채 영원한 삶을 살면서 비록 즐거울 때도 있었겠지만 얼마나 끊임없이 고생이 많을까 생각하니 참으로 불쌍하다는 생각이 저절로 들었다.

그리고 예불시간에 항상 읽었던 〈예불송〉의 네 가지 큰 다짐의 의미를 저절로 느낄 수 있었다.

"가없는 중생을 기어이 건지리다.

끝없는 번뇌를 기어이 끊으리라.

한없는 법문을 기어이 배우리라.

위없는 불도를 기어이 이루리라."

너무나 당연한 자연스러운 다짐이라 생각이 들었다. 그리고 다시 한번 절실하게 내가 이 세상에 온 것은 이 공부를 하러 왔구나, 이 공부를 계속해야겠다는 생각과 많은 사람들이 공부할 수 있도록 도와야겠다는 생각이 저절로 들었다.

그리고 선생님에 대한 존경심과 고마움이 한없이 느껴졌다. 그러한 실감을 하게 되자 선생님의 설법이 정말 그대로 사실을 사실대로 말씀 하셨음을 알게 되었고 선생님의 말씀이 추호의 의심 없이 받아 들여졌다. 지나고 나서 생각이지만 그 당시 몸은 비록 세속에 있어도 마음으로는 정말 출가를 한 것과 같은 생각이었다.

진심

불성, 무엇이 불성이냐?

우선 불성을 얘기하기 전에 여러분이 쓰고 있는 마음! 이걸 얘기합시다. 이걸 얘기해 놔야 불성이 나옵니다. 눈으로 보는 것 또 귀로 들어서 알아. 몸에 닿질려서 알아. 이것이 여러분의 마음입니다. 하지만 이건 진짜 마음이 아닙니다. 왜 진짜 마음이 아니냐. 경계에 닿질려서 미운 놈 보면 '아 밉다', 이 밉다 하는 마음이 생겨. 이거 망심입니다. 나중에 없어지기 때문에 그렇습니다.

진짜는 없어지는 법이 아니에요. 금가락지도 진짜는 변하

| 허공의 주인공 |

지 않아요. 가짜는 변합니다. 좋은 걸 보면 좋다. 경계에 닿질려서 일어나는 이건 하나의 망념된 마음이에요. 세상 사람들은 이 망념된 마음을 진짜 내 마음으로 알고 있거든. 없어지는 건데… 진짜는 없어지는 법이 아니에요.

이 망념된 마음이 어디서 나오느냐. 이것이 진심(眞心)에서 나오는 거예요. 진짜 마음에서 나오는 거예요. 물 위에 거품이 있으면 물이 바로 진심이에요. 여기서 나오는 건데 여러분이 지금 생각하는 마음을 마음이라고 한다면 이거 공부 안됩니다. 진심을 발견해야 됩니다. 진심을 여러분들이 발견 못 하고 있어요. 그만 경계에 닿질려서 좋은 걸 보면 좋다, 나쁜 걸 보면 나쁘다 이런 식이거든요.

눈이라는 것이 봤어. 귀라는 기관이 들어서 내 마음에 맞으면 좋다, 내 마음에 틀리면 나쁘다, 이 망념된 마음인데 전부 중생들은 이 망념된 마음을 진심으로 알아서 세상을 살아가. 염불도 망념된 마음이 하고 기도하는 것도 망념된 마음이 기도를 해. '하느님이 계신다. 아, 기도해야지.' 이런 마음으로 기도를 드려. '부처님이 계신다', 부처님이라는 경계에 쏠려서 이걸 내 진심으로 알아버려. 그러면 어떻게 되지? 이거 중요한 말입니다.

이 망념된 마음이라 하는 것은 경계, 부처님이면 부처님, 산이면 산, 하느님이면 하느님, 나면 나, 엄마면 엄마, 딸이면 딸, 전부 경계에 닿질려서 일어나는 그 마음이에요. 그러면 이 경계에 닿질리는 건 무엇 때문이냐. 안이비설신의, 이 기관이 경계라요. 눈으로 보고 귀로 듣고 몸으로 닿질리고 혀로 맛보고, 여기서 밉다 곱다 좋다 나쁘다 이래 할까 저래 할까, 이렇게 마음이 일어나.

그러기 때문에 여러분들은 망념된 마음을 써. 부모 뱃속에 딱 들어서 늙어 죽을 때까지 한번밖에 못써요. 똑같지 않아. 왜 그러느냐. 경계가 자꾸 변하는 거여. 변하기 때문에 그 경계에 닿질려서 내 마음이 일어나거든. 예를 들어서 알기 쉽게 말하자면은 여러분의 딸, 딸 하나 있는 것 귀여워. 이건 어제 귀여운 거와 지금 변함이 없어. 그 마음도 변하는 거여. 딸의 모습이 변하거든. 그러기 때문에 어제 귀엽다는 생각과 오늘 귀엽다는 생각이 달라져. 왜 다르냐. 시간이 다르고 장단이 다르고 느낌이 다르고 다 달라.

이거 참 어려운 설법입니다. 여기서 천하의 모래알을 다 모아도 똑같은 것이 없는 것이 여기서 나와요. 천하의 솔잎을

다 모아도 똑같지 않은 도리가 여기서 나오는데, 좌우간 여러분의 마음 경계에 닿질려서 딸이면 딸, 아들이면 아들, 손자면 손자, 남편이면 남편, 아내면 아내, 친구면 친구 경계에 닿질려서 일어나기 때문에 한번밖에 못 써 봐. 두 번 못 써. 사랑한다 그건 한가지라 할지라도 그 형태가 그렇게 바뀌어.

물론 이 경계에 닿질려서 일어나는 그 마음 씀씀이는 진심에서 나오는 거예요. 진심에서 나오는 것이지만 보통 사람들, 그만 진심이 있다는 걸 잊어버려. 몰라. 경계에 닿질려서 화가 나면 화가 나고 좋으면 웃고 여기에 쏙 들어앉아 버려. 이 경계는 누가 만들어 내느냐 입이 만들어. 귀가 만들어. 내 눈이 만들어 내.

그러하기 때문에 여러분이 매일 쓰는 그 마음은 진심이 아니라 망념이라 말이지. 망념인데 나중에 여러분이 늙어서 불구덩이로 흙구덩이나 갈 때 기관놀이를 못해. 귀의 기관이… 그러할 때는 망념도 일어날 수가 없거든. 희미해 버려. 나중에 희미하다가 몰라. 늘 여러분이 망념만 쓰고 있다가 이 몸을 버릴 땐 어찌 되느냐? 기관이 능력을 발휘 못하기 때문에 그 마음도 일어나지 않아. 캄캄해 버려. 그러하기 때문에 여러분들은 망념에 머물지 말라 그 말이에요. 망념에 머물지 말고 경계에 머물지 말고, 망념이 진심에서 일어나는 하나의 거짓된 거라는 걸 여러분이 알아야 된다는 말이 그 말이에요.

지금도 여러분의 경계, 내 얼굴에도 머물지 말아야 돼요. 내 말에도 머물지 말아야 돼요. 내 얼굴을 보고 내 말을 듣되 여기 들어앉지 말아. 그러면 망심이 아니고 변하지 않는 불심이거든. 진심이거든 이거. 그래서 여러분들이 경계에 닿질려서 일어나는 마음 쓰지 말라는 거예요.

머물지 말고 그 안 소식인 진심(眞心)을 찾아내야 돼. 늘 진심을 써 보면 나중에 죽을 때 이거 다 뭉개져. 보이지도 않고 들리지도 않고 맛도 몰라도 진심은 환히 그대로 있거든요. 그대로 있어서 내 부처를 만들 수도 있고 만약 부처를 못 이룬다 할지라도 하늘에도 나고 사람으로 다시 태어나도 굉장한 사람이 되어서 태어나는 이유가 거기 있어요. 그런데 대개 축생들 태어나는 것은 보면 탐진치 그걸로 꽉 차 있거든. 아만상, 내 잘났다 니 못났다 이 따위 마음으로 꽉 차 있거든. 그런데 나중에 이것이 다 망해버려. 눈의 역할을 못해. 귀의 역할을 못해. 입의 역할을 못해. 그러면 내가 생각하던 거, 본래 좋아하던 거 그대로 탈을 뒤집어써. 탐하고 미워하고

| 허공의 주인공 |

이런 생각, 이 생각이 가장 쓰기 좋은 탈을 뒤집어 써. 뱀 같은 것, 탐진치, 참 탈을 쓰기 좋거든요. 개미 같은 것, 늑대 같은 것, 쥐 같은 것, 고양이 같은 것. 그러하기 때문에 보통 사람들이 아, 우리 마음. 그렇게 생각하면 큰 오햄니다. 그거 전부 망념된 거예요.

그렇기 때문에 망념된 마음이란 건 경계에 따라서 일어나는 것이기 때문에 똑같은 마음을 못 써 보는 거예요. 지금 여러분들 어항을 보더라도 한 시간 전에 보는 것과 한 시간 뒤에 보는 것이 달라져요. 좋다 하더라도 좋다는 의미가 달라져요. 그러나 이 망념을 떠나서 본래의 진심, 어항(?)이면 어항을 인정을 하긴 하는데 좋다 나쁘다 거기에 들어앉지 않고 그걸 인정을 하면은 그것이 본심이거든. 우리의 본심 찾자는 것 아니에요? 본심, 이것은 무엇이냐 하면 그것은 하늘과 땅이 생기기 전부터 있다는 거예요.

우리가 지금 우리의 본심 찾자는 거예요. 하늘과 땅이 생기기 전부터 있기 때문에 경계에 닿질려서 일어나는 망념된 마음을 말하는 것이 아니고 망념된 마음의 할아버지 아버지 엄마 비유해서 말하면 그거에요. 이거는 변하는 것이 없어.

그러면 여러분 내 얼굴에 들어앉지 말고 내 말에 들어앉지 말고 여러분의 몸에 들어앉지 마라. 여러분의 몸에 들어앉아 봤든 그거 몇 푼어치 안돼요. 성품 없는 것, 가 봤든 불구덩이나 흙구덩이로 가는 것 아니에요?

그러니까 여러분의 몸에도 들어앉지 말고 내 얼굴과 내 말에도 들어앉지 말고, 이웃 사람들이 싸움을 하는구나… 내 자식이 싸움을 할 때는 관심이 가. 거기 들어앉아, 이웃 사람들이 싸움을 할 때는 '아~ 싸움 하나보다' 거기 머물지 않아. 그런 식으로, 다시 말하자면 월남 전쟁에 내 집안사람이 가면 관심이 가. 남의 집 자식이 가면 아~ 갔는가 보다 하고 머물지 않아. 이것이 머물지 않는 거여.

그러니까 내 얼굴에도 머물지 말고 내 목소리에도 머물지 말고 여러분의 몸뚱어리 여기도 머물지 말고 그대로 내 말을 들으세요. 그대로 말을 들으면 이 자리가 바로 불심이에요. 당장의 마음인데 바로 불심인데 이 마음 씀씀이는 하늘과 땅이 생기기 전에 있는 거예요. 또 지구가 뭉개지고 욕계 색계가 뭉개지고 태양이 뭉개진다 할지라도 이 마음 씀씀이는 그대로 호젓하게 그대로 있는 거예요. 그래서 이 씀씀이에다가 지견을 일으켜서 마음대로 이런 몸을 나투려면 이런 몸도 나투고 저런 몸을 나투려면 저런 몸도 나투고. 이 묘용의 도리를 다시 말하자면은 "여러분이 항상 쓰는 이 마음은 진심이 아니구나. 이거 망념된 마음이구나. 이것은 전부 경계에 닿질려서 좋다 나쁘다 감정적으로 일어나는 이거로구나." 이걸 턱 허니 알아서 들어앉지 아니하면 그만 이것이 불심이에요. 진심 쓰는 예에요. 이것 조금 어렵습니다. 그런 줄 모르고 아이고 누가 얘기한다고 막 화가 나. 그러면 망념된 마음의 꼭두 놀음이에요. 허깨비 놀음이에요.

그러하니까 일체 경계에 들어앉지 않는 그 자리. 경계에 들어앉지도 않아. 거기서 마음을 일으키는 것에 들어앉지 않아. 않는 것이 바로 불성이에요. 이 불성은 아무 모습이 없어요. 물론 망념된 마음도 모습이 없는데 무슨 모습이 있겠어요? 빛깔도 없고 소리도 없고 냄새도 없어요. 허공, 가만 보니 빛깔도 없고 소리도 없고 냄새도 없어요. 우리 마음도, 여러분이 가지고 있는 마음도 만약 그것이 좋다 나쁘다 하는 경계에 머물지 않으면 이것이 진심이어요. 머물면 안 돼요.

그해 10월, 정상적인 군 입대가 5년 늦었지만 군에 입대하게 되었다. 6주 기본교육에 13주 후반기 교육을 마치고 군단항공대에 배치 받았다. 그곳에서 세살 아래인 민 거사 (송월 스님)를 만났는데 그때 민 거사는 상병 고참으로 내무반을 통솔하고 있었다. 나는 민 거사와 가까워 졌으며 자연히 불교이야기를 많이 하게 되었다. 당시 불교신자는 아니었지만 민 거사는 언젠가부터 밤에 침상에 앉아 참선을 하게 되었다. 병 고참이기에 가능했다. 어느 날은 침상에 앉아 좌선하는 민 거사의 몸에서 방광을 하는 것 같은 느낌을 받은 적도 있었다.

제대 날짜가 다가오자 내가 민 거사에게 제대하면 무엇을 할 것인지 묻자 고시공부를 하겠다고 하길래, 고시공부도 좋지만 보림선원을 찾아가 백봉 선생님을 뵙고 불교공부를 해보는 것이 어떻겠냐고 권했다. 제대 후 선원을 찾아간 민 거사는 선생님 시봉을 맡게 되었고 그 후 선생님이 돌아가실 때까지 시봉하게 된 것이다.

그뒤 군을 제대한 나는 1주일 만에 선원으로 내려와 입주하게 되었다. 당시 입주도반은 민 거사를 포함해 고광영, 이정인, 최진태 그리고 유봉 선생, 변 선생님이 계셨다. 선원에서 입주 생활은 아주 평범하였다. 하루에 한번 법문 시간 그리고 저녁에 좌선하는 외에는 선문염송 원고정리, 선원 앞 잔디 잡초제거 등 생활 속의 공부였지 참선으로 용맹정진을 하는 그런 생활은 아니었다. 하지만 평범한 생활 속에서 선생님의 지극히 자연스러운 평상심을 보면서 공부란 것이 화두를 붙들고 참선만을 해야만 하는 것이 아니라 평상시에 어떻게 내가 마음 가짐새를 잘 가져야 되겠는가를 선생님은 가르치시는 것 같았다.

하루는 연탄 배달부가 연탄을 싣고 왔다. 당연히 우리는 주인의 입장에서 연탄 500장을 가져온 사람이 혼자 다 옮기는 것으로 생각하고 서서 보고 있었다. 이때 이를 본 선생님은 호통을 치시며 공부하는 학인의 태도가 그래서는 안된다시며 같이 연탄을 나르도록 하신 것이다. 그때부터 어떤 일이 닥치면 분별없이 내일과 같이 하는 습관이 생겼고 특히 선원일이라면 더욱 앞장서서 일을 하게 되었다. 선원 잔디밭에 풀을 뽑고 마당에 흙을 돋우고 밭에 거름을 주는 일을 하면서 허공으로서 내가 한다는 생각을 놓치지 않고 일을 하다 보니 힘든 줄을 몰랐다.

생사문제를 해결한다
바탕을 확실히 알아야

이 공부란 그렇습니다. 아무리 공부를 열심히 한다 할지라도 그 바탕 자체를 확실히 모르면 생사문제가 해결 되겠나요. 절대 그건 이루어지지 않는 겁니다. 벌써 이거는 빤한 일이거든요. 빤한 일인데 빤한 걸 두고 다른 걸 해봐야 무엇이 되겠는가. 안되는 것이거든요.

그러하기 때문에 올바른 사람이 나쁜 일을 해. 사도를 행해. 정인이 사도를 행하면 사도가 바로 정도(正道)가 되버려. 또 삿된 사람이 좋은 일을 해. 좋은 일 하는 것이 바로 사법(邪法)이 되버립니다. 그러니까 그 사람 마음 하나에 달린 것

허공의 주인공 │

이거든요. 요게 사마디(samadhi, 奢摩他)인데 요거는 정(定)을 뜻하는 것이고 '마'는 '가라앉을 정'자 '정할 정'자 가라앉는다 이렇게 하는 게 낫습니다. '가라앉음' 이걸 뜻하는 것이고 사마디라 해도 되고 '따 지'자라 해도 되고 '타'라 해도 좋은데 이건 구멍을 뜻하는 것인데, 자 어떻든지 여기에 들어가려면 바른 그 본위, 본분사에 들어가려면 이걸 닦아야 되거든요. 그럼 이건 뭣이냐. 구멍입니다. 바른 구멍이 탁 트여야 됩니다. 바른 구멍이 안 트여서는 안됩니다. 이론 가지고서 자기 조그만한 아무것도 모르는 그거 가지고서 아 이러하니 이러하니 어쩌니 그래서 자기 스스로가 합리화시켜. 그건 만날 해봐도 자기 지옥 자기가 파는 거나 한가집니다.

그러기 때문에 구멍은 그걸 뜻하는 것인데 옳은 소견을 탁 세워. 탁 세워. 그래서 숨을 마음대로 쉬어. 사람은 숨을 쉬어야 살거든요. 하기 때문에 옳은 소견을 탁 세워서 그대로 나가는 것을 뜻하는 겁니다. 그러하기 때문에 이전에도 그랬습니다만 공부하는 사람이 물론 견성을 하려고 애를 많이 썼어요. 하지만 어떻게 공부를 해야 되느냐. 어떻게 내 마음 씀이를 가져야 되느냐. 이것이 제일 중요합니다. 말은 안해도 전부 공부를 열심히 할려고 하는 사람들은 거기다 무척 애를

썼습니다. 말 표현만 빨리 견성을 해야 되겠지 이래 했지 말이죠, 어떻게 내가 마음 가짐새를 잘 가져야 되겠느냐, 이것이 가장 중요합니다. 마음 가짐새를 잘 가져 놓으면은 시일에 상관이 없어요. 왜 그러냐? 마음 가짐새를 내가 딱 정해 놓으면은 말이죠. 그 당처는 육신으로 봐서는 시공간이 있어. 그러나 법신분으로 봐서 무슨 놈의 시공간이 있나요. 그런데 관심을 안 가집니다. 실에 있어서는.

어떻든지 말이지 이 바탕, 바탕만 준비합시다 이거에요. 바탕만 준비를 해 놓으면 문제는 다 해결된 거나 한가지거든요. 왜 그러느냐? 바탕만 준비해 놓으면 그 당처에 있어서 시공간이 끊어진 자리거든요. 시공간이 끊어졌다는 것은 어떻게 입증이 되느냐 하면은, 여러분의 색신 모습 이거는 어떤 모습이 있어. 하기 때문에 여긴 시공간이 반드시 따르거든요. 일년 이년 일초 이초 이거는 시공간이 그대로 따르지만은, 그러나 모습이 없어. 모습을 딱 부인해 버려. 부인이 아니라 거기 들어앉질 않해. 들어앉지 않으면 거기 시공간이 붙을 여가가 있나요. 시공간이 안 붙습니다.

그러하기 때문에 어떻게 공부를 하느냐 방향을 딱 정해 놓으면 그때 그 사람은 벌써 견성한 거나 한가집니다. 왜 그러느냐 하면 시공간이 끊어졌기 때문에 언제든지 되는 것이거든요. 그러기 때문에 이 사마디, 사마다, 이걸 갖다가 가장 소중하게 생각을 했습니다. 이걸 말하자면 벌써 범어(梵語)인데 그러면 이 이름을 전부 외워야 되느냐. 그것도 아닙니다. 사실로 별거 아닙니다. 그러나 참 아닌 게 아니라 어렵기야 좀 어렵죠. 우리가 중생의 분으로만 봐서 어렵지 법신분으로 봐서는 하나도 어려운 것이 아닙니다. 여러분 생각을 해보세요. 여러분의 법신이 어디 들어앉아 있습니까. 가죽 주머니, 여기 들어앉아 있지 않아요. 여기 전부 똥밖에 더 들었어요. 또 느낌도 없는 것. 그러하니 확실히 이것이 내 소유물이 아니다 말이여. "이건 내 관리물은 될지언정 내 소유물은 아니다." 말이지. 이것이 과학적으로 또 의학적으로 딱 판명이 되어 버리면 그렇게 믿어야 됩니다.

그러면 법신자리가 있어. 내 몸이 내 소유물이 아니고 내 관리물이다 하는 것도 법신자리가 아는 것이지, 몸뚱이 이거는 자성이 있나요. 이거 성품 없는 것이거든요. 그러니까 이거는 여러분들이 문제 삼지 마세요. 인제부터는 여러분의 몸뚱이를 여러분이 비록 쓸지언정, 관리를 하면서 쓸지언정, 쓴다는 생각을 가지면서도 여기에 탁 들어앉지 마시라 그 말입니다. 그렇다고 해서 이걸 갖다 버려버리란 말도 아니에요. 이걸 버려버리면 묘용의 도리가 없어져.

우리는 우리의 법신, 빛깔도 소리도 냄새도 없는 그 자리가 묘용의 도리를 하고 있다는 것을, 이 가짜 육신, 이 변하는 육신, 늙어가는 육신, 그야말로 불구덩이나 흙구덩이를 향해서 가는 이 육신을 걷어잡고 인생놀이를 할지언정 우리가 알아야 됩니다. 그런 줄만 알아버리면 이 '사마디'를 알기가 쉽습니다. 그럼 어떻게 되느냐 그걸 알아 버리면, 그놈을 빛깔도 소리도 냄새도 없는 이 법신자리를 우리가 확인을 못했어. 왜 그러느냐 확인이 될 턱이 없는 겁니다. 만약 확인이 될 것 같으면 부처님이라도 그건 가짭니다. 빛깔도 소리도 냄새도 없는 것이 그대로 우리가 알 따름이지 그걸 갖다 우리가 보려고 하면 됩니까, 여러분들. 뭣이 있어야 보죠. 아무것도 없는데 어떻게 볼 거예요.

그러하니 다만 중생계에서 이루어지는 것이 업덩어리 하나, 이거 업의 소산이거든요, 업덩어리. 남자 몸도 나눠. 여자 몸도 나눠. 재주 있는 사람도 나눠. 재주 없는 사람도 나눠.

이거 업 심부름 하는 거에요. 그래서 말이지 '이것이 내다' 해봤든 결국 우리가 속아 넘어가는 것이거든요. 그러니까 고 자리만 확실히 알아버리면 그 다음에는 내가 공부를 지어나 갈 수 있는 방편을 내 스스로 작정이 되는 겁니다.

여러분들 생각해보세요. 이것이 내 몸이 아니란 말이죠. 이것이 내 몸이 아니라 내 관리물이라. 그렇다면 이거는 좋은 것도 아니고 나쁜 것도 아니에요. 사실로 아닌 게 아니라 여기서 내 법신 딱 떠나버리면 흙구덩이 집어넣어도 모르고 불구덩이 집어넣어도 모른 거 아니라요. 그건 화장터 가서도 우리가 보지 않아요. 공동묘지 가서 우리가 보거든. 그렇다면 참말로 나는 이 가죽주머니를 끌고 다니는 이것이 낸데, 이 자리는 빛깔도 소리도 냄새도 없다는 것을 우리가 확실히 알아 버리면 그때 비로소 지금 말한 '사마디', '사마다' 이것이 그대로 이해가 됩니다. 그렇지 않고 이건 '내다' 생각할 때는 그릇된 생각이거든요. 내가 아닌 걸 내라 하니까 이건 그릇된 생각 아니라요. '내다' 이래 가지고서 '내가 공부를 한다' 이런 식으로 그릇된 자리에 앉아서 공부를 한다면 그건 공부가 설혹 됐다 할지라도 그릇된 거밖에 안되거든요.

가만히 생각을 해보세요. 바른 자리에 앉아서 올바른 법을 굴려야 되지. 그릇된 자리에 앉아서는 바른 공부를 했다 할지라도 그 공부 자체가 올바로 되지 못해. 그런 법입니다. 그러하기 때문에 삿된 사람이 바른 공부를 쓰면 그 법이 삿되고 또 바른 사람이 삿된 법을 쓰더라도 그 삿된 법이 발라진다는 이유가 거기 있습니다. 머리털만치라도 그릇된, 다시 말하자면 요새 말로 철학적으로도 그렇고 종교적으로도 아는 걸 갖다 자기가 합리화시켜. 아 요거는 요러니 요래야 되겠다. 합리화시켜서 그래서 그걸 갖다가 어떻게 좋게 해서 자기 안심을 하려고 이러한 재주를 부리는 것은 그 재주밖에 안됩니다. 참말로 도깨비도 옳은 도깨비는 못됩니다. 차라리 모르면 모른대로 한 것이 나아. 어떤 기회에 가서 어떤 무엇이 될지언정 그리 해야지, 사견을 세워서 지견을 세워서 아 요러하니 요렇다 또 요러니 요렇게 합리화 시켜서 이래 해야 되겠다. 이런 사고 방식은 절대로 안되는 겁니다. 그러하기 때문에 우리는 서둘 필요도 없지만은 우리가 육신분으로 봐서는 서둘러야 되겠지요. 하지만 우리가 법신분에 앉을 줄 알면 우리가 서둘 필요가 없어요.

어떻든지 올바른 방편을 그대로 가질 수만 있다면 이런 다행이 없습니다. 왜 그러냐? 그 자리는 벌써 이미 시공간이 끊어진 자리거든요. 그러하니 참 아닌게 아니라 조금 어렵긴 어렵지만은 말이죠. 이 올바른 그 방편 그 윤곽, 이까지 가는 것이 좀 힘이 듭니다. 힘이 들기 때문에 어떤 사람은 공부하다 어려우니 그만 치우는 사람도 있고… 다 인연이 없으니 그렇습니다. 그건 어쩔 도리가 없습니다. 참말로 이 상승설법은 말이죠. 만명 갖다 놓으면 마지막 남은 사람들이 천명 안됩니다. 잘하면 한 백 명 이백 명 남고 그렇습니다. 잘하면… 왜 그러냐 하면 그건 업관계거든. 아무리 들어도 이해가 안돼. 이해가 안돼. 그러나 모습놀이라 하면 뽀르르 해. 거참 이상한 거예요.

그러나 이 상승설법을 듣다가도 설혹 이해가 안간다 할지라도 윤곽만 잡을 수 있으면 이걸 다행으로 알아야 합니다. 윤곽만 잡아 놓으면 그때는 팔진미의 밥상을 받아놓은 거나 한가지에요. 언제 되도 되거든요. 언제 먹어도 밥은 내가 다 먹게 마련이라. 그러하니 이거 인연관계도 있고 업연관계도 있고 여러 가지 문제가 어렵다 할지라도 하루속히 윤곽을 잡도록 이리 나갑시다. 윤곽을 잡는 것도 그리 어렵지 않습니다. 딱 깨놓고 말하면 여러분 늘 하는 그거, 좌우간 '허공으로서의 내'라고 생각한다면 그만이에요.

실로 그렇고 그렇기 때문에 "우리 몸뚱이도 허공성이다. 우리가 생각하는 슬기자리도 허공성이다. 산하대지 이것도 허공성이다. 태양도 허공성이다." 하는 말이 그 말이 그 말이 거든요. 그러니까 여러분들이 설법을 죽 들어나간다면 참말로 이거 허공성인 거 알거든요. 몸뚱이도 허공성이다. 몸뚱이, 지가 느낌이 있든지 없든지… 또 느끼는 자리, 밉다 곱다 생각하는 자리, 좋다 나쁘다 생각하는 자리, 이것도 허공성이다. 이걸 알거든요. 알아도 실감이 안나. 그건 이것(몸뚱이)이 내다 하는 그릇된 생각을 가지기 때문에 그렇습니다. 이것이 내 소유물이 아니고 내 관리물이라 해 봤자 누가 가져가는 거 아니거든요. 또 내 소유물이라 해도 죽을 때 되면 죽지 지가 별 수 있나요? 그런 건데 도대체 이 몸뚱이를 진짜로 알기 때문에 그런 사고방식이 딱 결정이 안되는 겁니다. 그렇기 때문에 언제라도 가짜 줄만 아세요.

여러분들이 가짜 줄만 알면 나중에 가서는 이 가짜 중에서 참 진짜를 찾아낼 수가 있습니다. 그때 가야 비로소 공부가 됩니다. 그전까지는 공부가 잘 안됩니다. 그러니까 첫 단계로 해서 일초직입(一超直入) 해서 여래 땅에 들어가는 이런

| 허공의 주인공 |

법도 있지만은 우리가 초학자의 분수로 봐서는 그 윤곽을 잡을 줄 알아야 합니다. 사람이란 도대체 어떤 거다. 이거 어떤 물건이다. 이 지구니 태양이니 어떤 거다. 이런 윤곽 좀 잡는 거 여러분들 다 아시는 거 아니라요. 또 이 지구 덩어리가 지금 허공중에 둥둥 떠 있다 그 말이죠. 태양도 그렇고 허공에 의지하고 있어. 나중에 또 이거 없어질 때 허공중에 없어진단 말이에요. 이것도 여러분 다 아는 거 아니에요. 안다면은 그때 가서 '허공으로서의 내다' 하는 것이 실감이 날 겁니다. 여러분들이 허공으로서의 내다 하는 것이 실감이 날 때 비로소 여러분은 공부가 되는 겁니다.

여러분, 뭐 외우는 걸 갖다 공부라 여기지 마세요. 아난 존자가 부처님 회상에서 울었거든요. 속으로도 울고 겉으로도 울었거든요. 내가 다문 제일(多聞第一)인잔데, 많이 듣기로는 제일 많이 들었어. 그걸로서 다 된 줄 알았더니만은 아~ 법이 가섭 존자에게 갔단 말이죠. 기가 막힐 일이라. 또 인간 관계로 봐도 난 부처님의 동생이거든요. 종제(從弟)라, 사촌동생인데 인간적으로 보더라도 법이 내게 와야 되겠고. 또 아는 거 보더라도 가섭 존자는 잊어버린 거 있을런지 모르지만 아난 존자는 잊어버린 것이 하나도 없었어. '부처님 법

은 내한테로 온다' 이런 자신감이 있었거든요. 한데 어~ 어
~ 법이 가섭 존자에게 가버렸어. 그러하니 울지 않을 도리가
있나요. 가만히 생각해보세요. 그러니까 '다문제일' 많이 듣
는 거 이거로써 공부를 삼지 마세요. 그만 여러분의 마음속
에 차분하게 마음이 가라앉아. 아만상이 없어져. 없어. 실로
아만상이란 뭔가 할 거 같으면 '나다' 하는 그것이거든요.
'나'도 아닌 걸 나다 하는 거 그걸 나는 우리말로 거드름, 거
드름이라 해요. 거드름 빼 봐도 무슨 소용이 있나요. 무엇이
있나요. 사실은 속에 뭐밖에 안들었는데 무엇이 있나요. 거
드름 빼 봐야 아무 소용이 없거든. 거드름의 당처도 빈 건데
말이죠.

그러하기 때문에 우리는 제일 첫째 '허공으로서의 내.' 이
거 가장 무서운 말입니다. 처음엔 실감이 잘 안 나겠지요. 실
감이 안 나더라도 나는 허공으로서의 내다, 나는 허공으로서
의 내다 이렇게 늘 생각을 하세요. 생각을 가지고서 말도 한
번씩 해봐야 됩니다. 여러분의 말이 여러분의 입을 통해서
그 나온 말마디가 내 귀에 다시 들어오도록, '나는 허공으로
서의 내다', '나는 허공으로서의 내다.' 의미 몰라도 좋아요.

여러분이 그만치 하면 대강 의미는 알게 되는데 그러하면

| 허공의 주인공 |

사불범접(邪不犯接), 잡귀가 범접을 못합니다. '아제 아제 바라아제~' 이런 말씀도 부처님께서 해 놨지만 나는 허공으로서의 내다. 의미 몰라도 좋아요. 의미 몰라도 "나는 허공으로서의 나이다. 나는 허공으로서의 나이다. 나는 허공으로서의 나이다." 아침에 딱 일어나 세 번만 하고 나가 보세요. 손해 볼 것 손해 안봅니다. 크게 어디 다칠 것도 적게 다쳐요. 그러고 그날 맘이 어느 정도 가라앉아. 무서운 주문입니다. 주문이란 것이 의미 모르고 하는 그것만 주문인 줄 압니까? 우리가 '나는 허공으로서의 내다.' 하는 거 말마다나 뭐나 다 알고 있는 거 아니라요. 우리가 알고 하자 그 말입니다.

이 문제가 너무 어렵기 때문에 이전에는 모르는 거 가지고 사람의 마음을 끌기도 했어요. 하지만 요새 사람은 그리 잘 안 속아 넘어갑니다. 알아야 돼. 눈으로 봐 버려야 돼. 그와 마찬가지로 여러분들은 말이죠. "나는 허공으로서의 내다. 나는 허공으로서의 내다. 나는 허공으로서의 내다." 크게 말해도 좋아요. 또 아이들이든지 누가 볼 때 비웃든지 이상하게 생각한다 싶으면 내 속으로 속으로 중얼중얼 해도 좋아요. 상관없어요. 세번만 해보세요. 세번만. 반드시 그날 어떤 결과가 있을 겁니다. 여러분 내게 쫓아올런지 모릅니다.

그러하니 도는 이 몸에 있다고 봐야 됩니다. 도가 이 몸을 떠나서 있는 게 아니라 내 몸에 있어. 물론 몸 자체가 느낌이 없어. 자성이 없기 때문에 이건 별 문제지만은 가장 가까운 데 있다는 말로써 내 이리 말합니다. 그러니까 여러분들 만약 불행한 일이 있다면 "나는 허공으로서의 내다." 이렇게 세 번만 해보세요. 또 즐거운 일이 있어. "아 나는 허공으로서의 내다." 또 불행한 일이 있어. "나는 허공으로서의 내다." 마음속으로 세 번만 생각하세요. 또 말을 해도 좋아요. 해보세요. 그때 가야 여러분들이 내 마음을 알 겁니다.

주문이 별 것이 주문입니까. "아제 아제 바라아제." 이 언덕을 건너가자. 이 언덕을 건너가자. 이 말이거든요. 모습으로서의 법신자리에 가자. 모습으로서의 법신자리에 가자 그 말 아닙니까. 가긴 또 어딜 갑니까. 가고 올 것이 어디 있습니까. 솔직한 말로 말이죠. 그러나 그건 말마디거든요. 색신을 여의고 다시 말하자면 색신을 여의고 법신자리에 가자. 이 땅을 여의고 저 언덕에 가자, 이 말이거든요. 우리는 그보다도 더, 바로 내다 말이여 나는 허공으로서의 내다, 나는 허공으로서의 내다, 왜 이거 모르겠어요. 여러분들이 그렇게 하루 세 번 아침에 일어나서 세 번씩 해보시고, 재미없으면 안 해도 좋아요. 하지만 아마 여러분들 하게 될 걸요. 하게 될 거라.

그러니까 이제 어느 정도까지 대강 납득이 갈만하기 때문에 내가 이 말합니다. 그렇게 하는 것도 역시 사마딥니다. 어느것 사마디 아닌 것 있습니까. 사마디를 우리말로 알아듣게 말하자면 이것이 본분사입니다. 본분사란 무엇이냐. 알맹이입니다. 나의 알맹이, 누리의 알맹이. 또 알맹이란 무엇이냐. 마룻댑니다. 마룻대. 집 지을려면 용마루가 있어야지요. 용마루를 마룻대라 할 수가 있습니다. 그러면 우선 여러분들은 마룻대를 정하기를 나는 허공으로서의 내다, 나는 허공으로서의 내다, 나는 허공으로서의 내다, 이걸 마룻대로 삼아보세요. 어디 마룻대가 하나만 있으란 법 어디 있나요. 마룻대 이렇게 이름을 지으면 천 가지 만 가지도 나올 수가 있는데, 이것은 절대 그 자리를 말한 것이지 상대로 말한 것은 아닙니다만 우리가 권도(權道)로서 방편을 한번 굴려볼 필요가 있거든요. 절대로 여러분들 손해 없습니다. 이익을 봤으면 봤지 손해 없습니다.

제일 여러분들이 시험할 자리에 있어서 부화 날 자리에 있

어서 그렇게 한번 해보세요. 좋은 자리에서는 그만 느껴지
질 않애. 부화가 굉장히 났어. 이럴 때 "나는 허공으로서의
내다. 나는 허공으로서의 내다. 나는 허공으로서의 내다." 세
번만 여러분들이 해보세요. 큰 공덕이 나옵니다. 어디 공덕
이 눈에 보입니까. 그러나 그것이 나중에는 큰 복덕을 가져
올 수가 있는 겁니다. 그러니까 이걸 갖다 통 쳐서 현묘처(玄
妙處)니 부동처(不動處)니 말 이죠, 다 이렇게 말하는 겁니다.
하니까 그 자리는 똘똘 뭉쳐서 말하기를 우리는 이렇게 말합
니다. 나는 허공으로서의 내다. 나는 허공으로서의 내다. 나
는 허공으로서의 내다. 요 세 마디 말마디가 사마디라 해도
좋습니다.

　　그 해에 우청 거사 부부가 결혼을 앞두고 거제도 해금강
에 선생님을 모시고 여행을 떠나게 되었다. 우청 거사 부
부, 단운 거사 부부 그리고 내가 선생님을 모시고 가게 되
었다. 거제도로 가는 배를 타고 자리에 앉으시자 선생님은
배가 해금강에 도착할 때까지 삼매에 드셨다. 다녀오신 며
칠 뒤 설법시간에 그때의 상황을 선생님은 '허공으로서의

　　　　　　　　　　　　　| 허공의 주인공 |

나'를 놓치지 않고 쭉 가지고 계셨다고 설명하셨다.

또 한번은 입주 해 있던 한 거사님이 술을 드시고 취한 모습을 보시고는 나를 불러 맥주 2박스(48병)를 사오시게 하고는 그 거사님을 불러 앉으시고는 밤새도록 마시셨다. 그때 나는 같이 앉아 두 분에게 술을 따르면서 끝까지 참석하였다. 그때 선생님의 건강상태는 맥주 1병도 못 드실 지경이었는데 불구하고 밤새도록 마시셨으나 그 다음날까지도 까딱 없으셨다. 술을 마시더라도 허공으로서 나를 놓치지 않고 마시면 까딱 없다는 것을 보여 주시고 그렇지 못하면 먹지 말라는 공부를 가르치신 것이다.

1981년 초 선원을 나와 서울 집으로 와서도 1주일 철야정진은 빠짐없이 참석하였다. 그해 여름철야정진중에는 어느 순간 철야정진을 하고 있는 당시의 장면이 한 장의 사진처럼 찰칵 찍히는 것 같았다. 그리고 그 장면은 영원히 어느 생에서도 생생히 기억이 날것으로 생각이 들었다. 어린 시절(4살 정도로 기억되는데) 대구에서 부산 큰집으로 가기 위해 기차를 타고 가다가 무심결에 창문으로 눈을 돌렸는데 창문에 비친 내 얼굴이 지금도 언제든지 생각만 하면 선명하게 기억이 나듯이….

그리고 언젠가부터 내가 공부에 대해 생각을 일으키면 선생님께서 정확하게 그때그때 설법시간에 법문을 해 주시는 것이었다. 그것이 한번 두번이면 우연의 일치라 하겠지만 한번도 내가 일으킨 생각을 놓치지 않으신 것 같았다. 참으로 평시에 말씀하시던 허공으로서의 내가 그대로 되시지 않고는 있을 수 없는 일이었다.

그 사실을 알게 되자 선생님에 대한 나의 존경심은 참으로 컸었고 무슨 말씀을 하시던 나의 뇌리에 와 닿아 어떤 말씀을 하셔도 전혀 의심이 들지 않고 믿어졌다. 예를 들면 당시 도반 중에 술을 먹는 것으로 인해 꾸지람(설법)을 듣고 하는 도반들을 보면서 나도 술을 많이 먹고 있는 터라 만약 선생님이 너는 오늘부터 술을 끊으라 하셨다면 조금도 주저치 않고 당장에 끊을 수 있으리라 생각되었으나, 그러지는 않으셨다. 나뿐 아니라 선생님은 도반 한 사람 한 사람 마음을 그대로 알고 개오(開悟)시키고 계시다는 것을 알았다. 따라서 선원에 오는 사람은 공부와 관계없이 오는 사람(당시 공양주 처럼) 조차도 나중에는 공부하는 사람이 되어 있었다.

❀ 1981년 하계철야정진을 직접 지도하고 있는 백봉 거사님.

한번은 철야정진이 며칠 지나서 모든 도반들이 정진에 몰두하고 있을 때 설법 시간에 선생님이 법문을 하고 계시던 중 앞에 앉은 어느 보살이 "아!" 하고 일어나자 바로 선생님은 지시봉을 날려 때리시고는 야단 하셨다. "니가 지금 돌은 것이지 공부는 그런 것이 아니야!" 하자 그 도반은 정신을 바로 차렸다. 만약 선생님이 그 당시 그 도반의 마음을 그대로 읽지 못하셨다면 그 도반은 그것을 공부로 알고 무척 고생을 하였을 것이다.

1981년 10월, 서울 삼보법회에서 선생님 초청 법회를 요청하여 선생님을 모시고 서울로 가 운당여관에 숙소를 정하고 삼보법회에 나가셔서 1주일 동안 설법을 하셨다. 그 당시 거사로서 불교공부를 하거나 공부를 지도하시는 많은 분들이 운당여관을 찾아 오셨다. 선생님께서는 나를 불러 찾아오시는 분들을 일일이 소개하고 인사 시키셨다. 법회 기간 동안 선생님을 모시고 손님을 모시는 일은 자연히 내가 맡게 되고 김진태 거사가 대외적인 일을 맡게 되었다.

믿어서 결정해야
허공의 주인공임을

금년 이 자리에는 몇 명이 왔는지 모르겠습니다. 최소한 오십명 이상은 견처(見處)가 생겨야 됩니다. 견처가 생기도록 되어 있습니다. 자기가 몰라서 그렇지 공연히 이렇다 어쨌다 해서 그렇지 실로 보면 벌써 하늘과 땅의 앞 소식을 다 지니고 있거든요. 본래의 면목(面目) 다 지니고 있거든요. 화두도 있지 않아요? "니의 본래의 면목, 부모미생전(父母未生前)의 면목이 뭣꼬?" 이건 화두로써 그런 거예요. 너무나 중생들이 어리석기 때문에 화두로 물려 줘야 돼.

금년에는 그대로 결정적으로 믿고 들어가도록 내 이리 할 겁니다. 이걸 과학적으로 얘기합니다. 관념론이 아니에요. 과학이에요. 아무리 불법이 어렵다 하더라도 어느것, 과학 아닌 것이 없어요. 부처님께서는 과학자라도 대과학자에요. 그러하기 때문에 금년에는 결정코 믿고 들어가도록 설법을 해야 되겠다. 그래서 결정한 것, 다시 말하자면 여러분의 결정이라는 건 그렇습니다.

여기 화분이 하나 있는데 못 봐. 여러분의 눈이 본다 이러하거든. 눈이 보는 것 아니야. 눈이 본다고 할 것 같으면 눈에 보는 성품이 따로 하나 있게? 눈에 여러분의 성품 있나요? 없거든. 이렇게 설명해가면 알아버려. 거 참 그렇구나. 이제까지는 우리가 몰라서 그랬지. 그렇구나 라는 걸 알게 되는 거예요. 금년에는 오십명 이상, 이번에는 한 백명 가량 된다 이런 말이 있는데 오십명 이상은 딱 결정하도록 또 여러분이 결정해야 돼. 그러하고, 나머지 오십명은 금년 겨울에 결정했으면 싶습니다. 이건 내 욕심일는지 모르지만 어찌나의 욕심이 여러분의 욕심이 또한 아니리요? 사실에 있어서 얼굴은 다 달라. 한가지에요. 그러하니 여러분들 이 기회에 용맹정진 하도록 하십시오.

깨친다는 것, 불법은 깨치는 걸 뜻하는 거예요. 아는 것이 아니에요. 알면 뭘 얼마나 안다는 거예요? 아는 것이 아니에요. 깨치는 걸 뜻하는 거예요.

그러하기 때문에 어떻든지 여러분이 깨쳐나가야 되는데 깨치는 이것은 일초에 달렸어요. 일주일 동안에 어떻든지 일초를 여러분이 놓쳐서는 안되는데, 일주일 동안에 본래의 그 소식, 본래의 면목을 알 수 있는 그런 얘기가 숱하게 나올 겁니다. 그런 얘기 그대로 넘기지 말고 딱 걷어잡고 하면 일주일 동안 갈 것도 없습니다. 나는 자신이 있기 때문에 하는 말인데, 사실로 이것이 한 백년이나 이백년 전만 돼도 안되는 겁니다. 너무 무리입니다.

그러나 지금은 그렇지 않거든요. 여러분 가만히 생각해보십시오. 이 지구 허공 중에 둥둥 떠 있다는 사실 여러분들이 알고 있지 않아요? 여러분의 몸뚱어리 자체성이 없다는 것 알고 있지 않아요? 그럼 눈도 자체성이 없어. 눈이 보는 건 뭣이냐 할 것 같으면 빛깔도 소리도 냄새도 없는 이 자리가 보는 것이거든. 이건 과학적으로 딱 증명하지 않아요? 말 듣는 것. 귀에 자체성이 없는데 빛깔도 소리도 냄새도 없는 이 자리가 얘기를 듣는다는 걸 여러분들이 알고 있다 말이여. 전부는 모른다 할지라도 알고 있다면 벌써 문제가 달라.

그 자리가 벌써 허공의 주인공 아니에요? 여러분, 허공의 주인공이 차를 타고 내려왔거든 서울에서. 이걸 여러분들이 재인식을 안 해서 그렇지 재인식만 딱 해. 사실이니까. 이걸 또 거부를 안 해. 과학적으로 그 말이 맞다고 인정한다면, 딱 맞다고 인정할 그때 그 시간이 일초도 안 걸립니다. 그래서 믿어버려. 딱 믿으면 달라집니다. 여러분의 얼굴빛도 달라집니다. 당장 달라집니다.

오늘 내가 말씀드리고자 하는 것은 단 일초에 있으니까 일초를 놓치지 마십시오. 어느 때 일초인지 그것도 내 말 못하겠습니다. 내가 어떻게 아나요? 여러분이 또 어떻게 알아요? 그러니 일초를 놓치지 말고 고충이 있더라도 소기의 목적을 달성할 수 있도록, 또 이 자리에서 결정을 해서 금년 겨울에 다시 만나도록 이렇게 해봅시다. 이것이 결정이 된다면 여러분 모든 것이 달라지지 않습니까? 다른 사람을 제도하게 됩니다. 돈벌이가 되나 안되나, 이러한 공덕이 어디 있습니까? 만약 오십명이 결정을 한다면 아마 앞으로 숱한 사람들은 제도할 겁니다. 오늘 신문에 보니 사천만명이 된다고 하는데 사천만명을 여러분이 제도하게 될는지도 모르겠습니다.

| 허공의 주인공 |

요점만 들어서 얘기를 하겠습니다. 실은 우리가 불법, 이렇지만 말이죠. 어디 불법이 일년 이태만 됩니까? 적어도 수천년 되지 않습니까. 그런데 요새 우리의 입처에서 생각을 할 때에 그 불법의 대의는 조금도 변해지는 것이 아닙니다. 머리털만치도 변해지는 것 아닙니다. 그런데 공부를 한다는 것은 방편이 이전과는 달라져야 합니다. 이전 어른들은 이 지구, 우리가 사는 지구 이것도 가도 가도 끝없다고 생각했습니다. 위에는 하늘이다 이렇게 생각했습니다. 요샌 그거 아니에요. 지구가 허공 중에 떠 있는 도리를 압니다. 이전에 만약 그 저 우리가 사는 지구가 허공 중에 떠 있다는 도리를 알았다면 대오 견성한 사람입니다. 이만 저만한 견성이 아닙니다. 그런데 그런 분들이 좀 드물었죠. 그러나 일반인들은 가도 가도 끝없이 땅은 있다 이렇게 알았습니다. 그런데 요새는 중학교 일 학년 되면 벌써 지구가 허공 중에 떠가 있는 도리를 압니다. 그렇다면 여기에 대한 방편 달라져야 되거든요. 요새는 우리 몸뚱어리 이것이 내 소유물이 아니라는 걸 대개 압니다. 나의 관리물은 될지언정 소유물은 아니다 이걸 공부하는 분들은 압니다.

왜 소유물이 아니냐. 소유물 같으면, 이거 내 물건 같으면 언제라도 내한테 있어야 되거든요. 어머니 뱃속에서 뚝 떨어졌어. 지금까지 자꾸 변하면서 가거든요. 그럼 그때 내 몸뚱어리는 뭣이냐 말이여. 요새 저 몸이 아프면 병원에 가서 수술을 합니다. 서울 가톨릭병원인가 거기선 말이죠, 어머니의 콩팥을 아들에게 이식하지 않았습니까? 내 소유물이라면 이거 변하는 법이 없습니다.

그러나 내가 관리는 해. 이걸 압니다.

그렇다면 "아, 그렇구나. 요 몸뚱어리는 나의 소유는 아니다." 그럼 나는 뭣꼬. 이겁니다. 나는 뭣꼬? 몸뚱어리가 내 소유물이 아니라고 생각하는 이놈이거든요. 이놈이 뭣인지 나도 모르겠습니다.

그러니까 여기에 대해서 방편이 달라져야 됩니다. 우리 도반들이니까 이렇게 얘기합니다. 견성하는 것, 쉽습니다. 이렇게 따져 들어가면 견성 안 할래야 안 할 도리가 없어. 요걸 가지고서 내가 바탕을 삼아서 내가 하는 얘깁니다.

요새는 눈이 보는 거 아니라는 걸 압니다. 아마 이 방 중에도 한 이십 명 있을 겁니다. 눈이 보는 것 아니다. 그러나 눈을 빌어서 보긴 봐. 보지 않은 것은 아니라. 그러나 눈 자체에는 보는 자체지(自體智)가 없습니다. 눈에 자체의 지혜가 없어요. 눈은 거울 역할을 합니다. 이전엔 견성도 이만 저만한 견성 안 하고는 이거 몰랐습니다. 그러나 요새 여러분 알거든요. 눈에 자체 지혜가 없어. 눈도 적혈구 백혈구 그거로서 자꾸 변하는 거예요. 변하면서 거울 역할만 해 주는 거예요.

귀에 자체 지혜가 없습니다. 그러나 들어. 혓바닥, 자체 지혜가 없습니다. 자체 지혜가 없지만은 맛을 봐. 야, 이거 이상타. 맛보는 건 뭣이고? 요새는 압니다. 그렇다면 자체 지혜가 없는 눈, 보는 것. 자체 지혜가 없는 귀, 듣는 것. 자체 지혜가 없는 혀, 맛보는 것, 다른 것 다 그렇습니다. 대체 이놈이 뭣이냐 말이여. 있긴 있거든. 있긴 있어. 거 아무것도 모르는 사람들은 내가 보지 않나? 내가 본다, 내가 맛본다 이러지만 아무것도 모르고 하는 말이여. 뭣을 '나'라 하느냐 말이여.

아, 이때까지 내가 속았구나. 아, 눈이라는 건 자체 지혜가 없구나. 말 맞거든. 의사한테 가서 물어보세요. 아, 귀도 이거 자체 지혜가 없구나. 의사가 환히 압니다. 뭐뭐 하더라도 사람의 몸뚱이에 대해서 환히 아는 것은 의삽니다. 혓바닥에 자체 지혜가 없다.

그러면 "맛보고 보고 듣는 이놈은 뭣꼬?" 의심이 날 수 밖에는. 거 빛깔도 소리도 냄새도 없는 자리거든. 그런데 그 빛깔도 소리도 냄새도 없는 이 자리, 이걸 마음이라고도 하고, 이걸 성품이라도 하고, 어쩔 땐 이걸 절대성자리라고도 하고, 별별 말로써 말해 봅니다만 이걸 곧이 안 들어. 곧이 안 들어.

빛깔도 소리도 냄새도 없다고 하면 대개 중생들이 섭섭한 모양이라. 뭣이 있어야 된다 이렇게 생각하는 모양이여. 그래서 빛깔도 소리도 냄새도 없는 이 자리라 하면 신뢰가 안 가. 그러기 때문에 이걸 어렵다는 겁니다.

어쩌든지 이 몸뚱이는 시시각각 변하는 것. 지금 내가 이 자리에 앉아서 이 말할 때, 시작할 때와 지금과 다르고, 지금도 자꾸 변하고 있습니다. 이 변하는 걸 걷어잡고 이걸 내다 이렇게만 하고 있으니 그 빛깔도 소리도 냄새도 없는 자리, 거 어떻게 될 겁니까?

오늘 이 자리에서 여러분에게 내가 아는 정도 전부 말했어요. 여러분이 믿고 안 믿는 건 문제 밖입니다. 아, 눈에 자체성이 있다 이래도 좋습니다. 귀에 자체성이 있다 이래도 좋습니다. 혓바닥에 자체지가 있다 이래도 좋습니다. 나는 없다고 했습니다. 그러기 때문에 이 몸뚱어리 전체로 봐서 자체 지혜가 없습니다. 유정물이라고 하긴 하는데 그건 좋아요. 그렇게 밖에 말할 도리가 없거든요. 자체 지혜가 없습니다. 다만 이걸 보고 좋다 나쁘다 분별하는 그거는 딴 자립니다. 빛깔도 소리도 냄새도 없는 그 자립니다.

아, 그렇구나. 눈이라는 건 자체 지혜가 없구나. 이거 빤한 거 아니에요? 석가세존이 오시더라도 이 이상 더 설법 안됩니다. 빤한 것이거든. 아, 귀라는 건 자체의 지혜가 없구나 이거 빤히 아는 것 아니에요? 혓바닥이라는 건 자체의 지혜가 없구나. 그러니까 몸뚱이 자체가 지혜가 없는 겁니다. 이거는 그러면서 또 변하는 거라. 법에 따라서 인연에 따라서 변하는 거라.

그렇다면 이걸 내 거 아니라고 이렇게 말하는 자리가 어떤 자리냐 말이여. 빛깔도 소리도 냄새도 없는 이 자리지. 이걸 여러분들이 가지고 있어. 여러분들이 이 몸뚱이를 끌고 여기까지 왔다 말이지. 끌고 오신 것은 뭣이냐 할 것 같으면 그 절대성자리, 그 자리거든요. 지혜 자리에요. 이것만 여러분들이 알아버리면 여기에 대해서 이 이상 더 설명이 필요 없어. 이거 알아버리면은 앞으로 내가 얘기할 것이 좀 있는데 얘기하기 전에 여러분 벌써 견성했어요.

견성, 뭣이 견성입니까? 성품을 본다 이거 아니에요? 아, 그렇구나 내가 이걸 이 오뉴월에 이 몸뚱이를 말이지 이 무정물을, 다시 말하자면 무정물이라 합시다. 무정물을 끌고 여기 왔다 말이여. 철야정진 하러 왔다 말이여. 이거 딱 알아버리면 벌써 "이건 내라 하는 내는 빛깔도 소리도 냄새도 이 자리"라 말이여. 이 자리 알면 여러분 견성하지 않았습니까? 그러하니 요번 설법에는 이 문제를 가지고서 주로 하겠습니다. 여러분 견성해도 좋고 견성 안 해도 좋습니다. 하기 싫으면 하지 마세요. 사실 귀찮을지도 모르죠. 사실 귀찮더라도 그건 알아서 하세요. 요번 기회에는 어떻게 하든지 여러분의 멱살을 잡더라도 말이지 견성을 못하면 십년이라도 이 문밖에 못 나갑니다. 견성하고 나가도록 할 용의가 있습니다. 왜 그러느냐. 전부 과학적이기 때문에 그렇습니다.

눈에 성품 없다는 거 이거 과학적 아니에요? 귀에 성품 없다는 거, 지혜 없다는 거, 과학적 아니에요? 그러하기 때문에 콩팥을 갖다가 이리 저리 옮기고 눈알 같은 것도 빼서 다른 사람 주대요. 만약 그것이 자체의 지혜가 있어 보소. 그 놈의 눈깔이 다른 사람의 얼굴에 가서 그대로 있겠는가. 난리 날 겁니다. 콩팥이식을 하면 아무리 어머니 자식 사이라 할지라도 그 콩팥이 자체의 지혜가 있다면 난리 납니다. 나는 내 주인 찾아 간다 이래하고 난리 날 겁니다.

그러하니 이거 여러분들이 과학적으로 이걸 알아야 되는데… 여러분 생각해 보십시오. 이걸 알면 뭣을 더 여러분이 알려고 합니까? 바로 이 빛깔도 소리도 냄새도 없는 이 자리가 바로 부첩니다. 다른 것 아무것도 아닙니다. 이 자리를 떠나서 여러분들이 부처를 구한다면 사도 중의 사돕니다. 부처도 이 자립니다. 보살도 이 자립니다.

거, 그래도 믿어지지 않는데 실감이 안 나는데… 하하하… 이래 되는데 어떻든지 여러분들이 실감이 가나 실감이 안 가나 좌우간 이 방향으로서 여러분들을 인도할까 싶습니다. 아는 분은 물론 압니다.

도대체 인간이란 뭣인고 이거 한번 생각을 해볼 필요가 있지 않습니까? 벌써 이건 내 일이거든요. 좌우간 여러분들 죽어도 내가 죽고, 살아도 내가 사는 것 알아야 됩니다. 별 도리가 없습니다. 자식이 수천만명 있어도 소용이 없습니다. 부처님이 수만명 있어도 소용이 없습니다. 부처님 왜 없어요? 내가 있고 너가 있는데 부처님이 없을 수가 있나요? 그런데 부처님을 아는 도리가 있어요. 이 도리를 지나지 않으면 절대 부처님 못 만납니다. 이 도리를 지나면, 그대로 부처님 만날라면 마음대로 만나는 겁니다. 그러면 그것이 무슨 도리인고? 내 부처를 찾을 줄 알아야 남의 부처를 찾습니다. 내 부처를 알아. 알면 남의 부처를 알아. 관세음보살도 알게 되고, 문수보살도 알게 되고, 석가모니불도 알게 되고 다 알아. 연등불도 알게 되고 아미타불도 만나게 되고, 내 부처를 딱 발견하면 바로 그 자리에서 알게 되는 겁니다.

아는 건 누가 아느냐. 내가 아는 거예요. 부처님이 아는 것이 아니에요. 아까 죽어도 내가 죽고 살아도 내가 산다 이런 말 했는데 이거 어찌 거짓말인가요? 이것이 남의 일인가요? 죽는 것, 남의 일인가요? 또 우리가 부처님을 안다 말이죠. 부처님을 존경한다 말이죠. 내가 존경하지 남이 존경하나요? 부처님을 믿지 않는다 말이지 내가 믿지 않는 거지 남

| 허공의 주인공 |

이 믿지 않는가요? 결국은 내가 주장입니다. 내가 주장이라.

부처님 있습니다. 없는 것이 아니에요. 내가 있는데 부처님이 없을 수가 있나요? 그런데 내 부처를 내가 찾아. 내 부처를 내가 찾아서 아는 동시에 남의 부처도 안다는 거, 이거 잊어버리지 마세요. 이거 잊어버리면 안됩니다. 여러분들이 요번에 와서 내 부처를 찾아야 비로소 남의 부처도 알게 된다. 이 말 한마디가 가장 중요한 겁니다. 내 부처 모르고는 남의 부처 말하지 못합니다.

사실은 불보살의 도가니 속에 우리가 살고 있습니다. 그러나 내 부처를 찾지 못하기 때문에 불보살이 있어도 몰라. 우선 내 부처를 찾지 못하면 나를 몰라.

어쨌든지 나를 모른대야 말 다 한 거 아니요? 부처님을 알든 모르든 그건 별 문제로 하고 내 자신을 모르는 데 그 이상 뭐라고 말할 거여? 그러니까 요새는, 아까 좀 얘기 했습니다만, 아는 도리가 있어. 이전에는 참 연구 많이 해서 그야말로 각성을 해야 지구 둥근 줄을 알게 되고 이것이 헛거란 걸 알게 돼. 그런데 요새는 많이 이걸 압니다. 아는 분들이 많습니다. 난 뭣이다. 이걸 알아야 남의 부처도 알게 되는데 우리가 알기 쉽게 말하면 내 부처를 안 찾을래야 안 찾을 도리가 없어요.

그런데 찾긴 찾아. 찾긴 찾는데 여러분들이 부처인줄 모를 따름이에요. 이거 도대체 무슨 말인고? 아까 내가 이런 말 안 했습니까? 눈이 보는 것 아니다 눈이 보는 거 아니여. 눈에 비치긴 비쳐. 거울 역할을 해요. 그러나 거울에는 내 얼굴이 비치지만 말이지 거울 자체는 날 모르거든. 자체 지혜가 없기 때문에. 그런데 아는 놈이 있어. 이렇게 생각한다 할 것 같으면 참말로 문제도 아닌데 자꾸 딴 데 찾아다닌다 말이지. 무슨 소리를 들어. 그렇지만 귀 자체가 듣는 건 아니거든. 귀 자체에 지혜가 없기 때문에. 누가 날 건드려. 건드는 줄 알아. 허나 이 살덩어리는 모르요. 지혜가 없거든.

왜 내가 이런 말 하느냐 할 것 같으면, 요새 의술이 굉장히 발달이 되어 의사들에게 물으면 당장 압니다. 그런데 보통 사람들은, 누가 날 때려. 그러면 아파. 아파도 아픈 줄 아는 놈은 딴 놈이거든. 아파. 아 여기 아프다. 말이야 옳은 말이지. 여기 아프지. 하지만 손 자체가 아는 것이 아니고 아픈 줄 아는 놈은 따로 있거든. 이 보는 놈, 듣는 놈, 맛보는 놈, 이 자리가 있다 말이여. 이걸 갖다 뭐냐 할 것 같으면 안이비설신의(眼耳鼻舌身意). 요거 다 활동을 하는 겁니다. 그런데 조금만 여러분들이 의심을 가지면 그만 해결이 돼버린다 말이지. 그만 해결이 돼버려요.

여기 학생들이 많이 옵니다. 그런데 대학생들한테 얘기하면 그만 알아들어요. 알아듣는데 가만 눈치를 보니 말이지 실감이 안 오는 것 같아. 실감이 안 오지만 사실인데야 어찌할 거냐 말이여. 나중에 실감 와요. 그러면 보는 놈이 뭣꼬? 보는 이 자리가 뭣이냐 할 것 같으면, 우리의 몸뚱이를 끌고 다니는 이 자리는 빛깔도 소리도 냄새도 없는 이 자립니다. 이거 뭐 환한 일입니다. 이걸 갖다 말해서 절대성자리다 마음이다 성품이다 이래 하는데 사실로 우리가 마음이 없다면 눈으로 못 봅니다.

만일 마음이 없는데 눈으로 본다 하면 그건 있을 수도 없고, 만약 마음이 없으면 눈으로 보지 못하는 건 사실인데 죽은 사람의 눈이 뭘 보던가요? 죽은 사람의 귀가 듣던가요? 안 들어요. 보는 것도 없고 듣는 것도 없고 냄새도 못 맡고 이런 거예요. 그걸 가만히 생각해보면 참말로 뭣이 있거든. 참말로 뭣이 있어. 아, 눈이 보는 것 아니다 귀가 듣는 것 아니다 이거 알 수 있어. 이것쯤은 알 수 있어요. 여러분 요 기회에 이거 단정하고 가세요. 이걸 여러분들이 안다 할 것 같으면 큰 수확입니다. 다른 것이 문제가 해결이 돼요. 그러니까 눈이 보는 것 아닌데 봐. 눈이라는 기관을 통해서 딴 놈이, 빛깔도 소리도 냄새도 없는 이놈이 봐. 귀가 듣는 건 아닌데 들어. 빛깔도 소리도 냄새도 없는 이 자리가 듣는 겁니다. 확실히 뭣이 있다 말이죠. 그 뭣이란 것이 바로 내여. 우리가 보림선원에 가서 철야 해야 되겠다고 마음 내는 그 자리가 있거든. 이 자리가 마음이라고도 하고 절대성자리라고도 하고 이래.

우리 보림선원에서는 이 자리 '절대성자리'라고 내가 말을 많이 합니다. 절대성자리라고 하면 대개 알아들어요. 절대성자린데 몸은 상대성이거든. 그런데 상대는 절대성에서 오는 거라요. 이 절대성자리가 없으면 상대가 있어봤자 소용이 없습니다. 또 나오지도 않고.

그러니까 이걸 하나로 보는 것이 옳은데 실은 하나가 아니거든요. 그러나 하나로 보는 것이 옳습니다. 그러나 저러나 좌우간 눈이 본다, 눈이 보는 것이 아닌데, 본다 하면 보는 놈은 있거든. 누가 보는 놈 거부할 거여. 거부할 사람 아

　　　　　　　　　| 허공의 주인공 |

무도 없어. 여러분이 내 말을 지금 듣고 있다 말이죠. 틀림없이 듣고 있거든. 귀는 아니거든. 그럼 누가 듣느냐 말이지. 아하, 이렇구나. 이거 빛깔도 소리도 냄새도 없는 이 자리가 이걸 듣고 있구나. 이걸 여러분들이 추측하게 됩니다. 듣는 그 자리 못 찾습니다. 그럼 나, 나라 말이여. 나라 할 것 같으면 이 자리가 진짜 냅(나)니다. 이거 여러분 알아야 됩니다.

이것만 여러분이 안다 할 것 같으면 내가 지금 내려가도 좋습니다. 말을 듣는 것. 여러분이 내 얼굴을 보고 있어. 여러분이 내 말을 듣고 있어. 우선 빛깔도 소리도 냄새도 없는 이 자리가 이걸 갖다가 이 육신을 시켜서 이리 해서 밥을 먹었다 이걸 알 수가 있습니다. 이거 여러분, 말이 싱거운 말이에요. 세상에 이렇게 싱거운 말이 어디 있나요? 요 싱거운 말을 싱거운 말로 알지 않고 여러분이 한번 참말로 명심을 한다면 이 자리에 해결 다 됩니다. 아하, 진짜 나는 빛깔도 소리도 냄새도 없는 이 자리구나. 성을 내는 것도 그래. 내가 내. 남이 내는 거 아니여. 빛깔도 소리도 냄새도 없는 이 자리거든. 그런데 성을 내는 것은 이놈을 통해서 성내는 형용을 해. 웃어도 그래. 이놈이 하는 거여. 이 빛깔도 소리도 냄새도 없는 이 자리를 떠나서는 아무것도 있을 수가 없어요.

부처님도 이 자리, 딴 거 아닙니다. 부처님도 이 자리거든. 보살님도 이 자리라. 친구, 좋아하는 친구도 이 자리. 그러니 너무나 이 얘기는 쉽고, 아이고 부산까지 와서 싱거운 말 들었다고 여러분들이 이렇게 생각할는지 모르지만 싱거운 말 아니거든.

여러분이 이걸 확실히 알아버리면, "옳지, 눈이 보는 것 아니구나. 그러나 보는 것은 빛깔도 소리도 냄새도 없는 자리구나." "듣는 것은 귀가 듣는 것 아니구나. 그러나 빛깔도 소리도 냄새도 없는 자리가 귀라는 기관을 통해서 듣는구나" 이걸 알게 됩니다. 맛보는 것도 역시 마찬가지예요. 혓바닥 아무것도 없어요. 그러나 맛은 봐. 그러니까 본다 듣는다 맛본다 확실히 이거 있거든. 이걸 거부할 사람이 누가 있어요? 그리고 또 어떨 땐 화가 나면 내(나)다 이래서 가슴을 치고 이러는데, 내라 하는 이놈, 빛깔도 소리도 냄새도 없는 이 자리거든요. 이걸 여러분들이 아시면 문제 해결 다 합니다. 이전 어른들이 크게 했든 적게 했든 좌우간 견성을 했다는 분은 이 자리 아는 겁니다.

그런데 부처님께서 다 말씀했어요. 금강경에도 범소유상 개시허망이라. 무릇 있는바 형상은 모든 것이 형상, 상, 이 육체 이건 다 허망한 거다 말이지. 그러하기 때문에 허망한 건데, 만약 '약견제상비상(若見諸相非相)'하면, 만약 모든 상을 갖다가 비상으로 알면 '즉견여래(卽見如來)'라. 부처님 말씀이에요. 바로 천기누설 했습니다. 이걸 허망한 거라 하는 겁니다. 그러하기 때문에 참말로 나는 뭣이냐? 빛깔도 소리도 냄새도 아무것도 없는 이 자리가 내다 이것부터 여러분 알아야 됩니다. 이것부터 알아야 다음 시간에 설법 먹혀들어 갑니다.

지금 여러분 이렇게 앉아있죠? 내가 지금 여러분들 육체를 보고 말하는 줄 압니까? 여러분, 여러분의 육체는 아무 자체 지혜가 없어. 그러나 여러분의 빛깔도 소리도 냄새도 없는 이 자리를 향해서 내가 하는 말입니다. 나는 여러분을 다 알고 있어요. 여러분은 나를 모를 겁니다. 물론 아는 분들이 계시지만 말이지… 나는 환히 알고 있어. 뚫어지게 알고 있어요. 빛깔도 소리도 냄새도 없는 이 자리, 그러나 여러분의 그 몸뚱어리, 이거는 자체의 지혜가 없는 헛거, 허망물이에요. 내 허망물을 향해서 말하는 것 아닙니다.

그러하니 여러분들 오늘 저녁에 무슨 일이 있어도 잠을 자지 마세요. 빛깔도 소리도 냄새도 없는 이 자리가 이 고생을 내가 한다 말이여. 고생도 좋고 뭣도 좋아요. 이걸 하나 알기 위해서 하는데 근데 도대체 이걸 시켜서 하긴 해요. 이걸 시켜서. 왜 그러냐 할 것 같으면 이건 내 관리물이거든요. 관리물을 시켜서 참선도 하는 건데 오늘 저녁에는 "빛깔도 소리도 냄새도 없는 이 자리가 참말로 나"라는 걸 여러분들이 느껴야 됩니다. 여러분들 이것만 느껴 버리면 내일부터 다 올라가도 좋습니다.

어떻든지 이걸 눈이 보는 것 아니다. 내가 지금 이거 붙잡았는데 이거 손이 붙잡은 것 아니에요. 손은 몰라요. 자체 지혜가 없는데 어떻게 이걸 붙잡은 줄 알 거요? 내한테는 빛깔도 소리도 냄새도 없는 이 자리가 있는 것이거든요. 있기 때문에 손으로 하여금 이걸 붙잡아서 이리 이리 하는 거예요. 그러니까 이걸 손이 잡았다 해도 돼. 틀린 건 아니에요. 이건 불교에 들어가는데 제일 첫째 관문입니다. 이걸 몰라서는 안 됩니다.

어떻든지 여러분, 사람의 몸을 받아서 나오지 않았어요? 그래서 여러분이 빛깔도 소리도 냄새도 없는 이 자리가 이걸로 하여금 작용을 하고 있는 것 아니에요? 이렇게 간단한 거

예요. 견성하기 쉽다는 말 이 때문에 하는 겁니다. 과학적으로 딱 맞습니다. 딱!(죽비 치는 소리)

그러기 때문에 이 우주 공간이라는 건 우리가 과학적으로 작용을 하는 하나의 광장에 지나지 않은 겁니다. 그러하기에 오늘 저녁에 여러분들 땀 좀 흘리세요. 땀 좀 흘리세요. 땀나는 줄 아는 그 자리가 어떤 자립니까? 그 자리, 빛깔도 소리도 냄새도 없는 이 자립니다. 그러나 이걸 극복해서 나간다면, 땀이 나다가도 거기서 서늘 서늘한 바람이 납니다. 그러하니 여러분들 공부 많이 한 줄 내가 아는데 지금까지 하던 것 싹 내버려요. 싹 내버려. 육신 이것도 내버리세요. 내버린다는 말은 무슨 말이냐 하면 여기다 마음을 갖다 두지 말라 이겁니다. 아이고 이거 내 손이 어떻고, 아이고 먼지가 묻고, 이런 것 소용없는 겁니다.

좌우간 나는 나의 관리물인 이 육신을 가지고서, 끌고 왔는데 이거 온 김에, "눈이 보는 것이 아니라니 이거 규명해야 되겠다. 귀가 듣는 것이 아니라니 이거 규명해야 되겠다. 혓바닥이 맛을 보는 것 아니라니 이것 규명해야 되겠다." 이러고 나가야 될 겁니다. 사실로 이거 중대한 문제 아닙니까? 웃고 치울 문제가 아닙니다. 그러하니 여러분들 이 기회에 오늘 밤에 무슨 일이 있든지 여러분들이 빛깔도 소리도 냄새도 없는 이 자리 찾아내세요. 그래서 내 한마디 부탁은 여러분들 너무 춤을 많이 출까 싶어서 그런데, 이걸 알게 되면 춤을 추게 됩니다. 남녀노소 할 것 없이 춤을 너무 많이 추지 말고 조금만 추도록 이리 하세요. 춤추다가 조는 사람 밟으면 곤란한 일이니까. 이거 어렵습니까? 여러분들. 그런데 이거 저, 미한 사람에게는 참 어려운 거예요. 어려운 거예요. 맞다 말이여. 거부를 안 해. 여러분 지금도 내 말 거부 안 할 겁니다. 그러나 딱 고개 돌리면 이거 내다, 내 머리다, 팔이다 손이다 발이다 이렇게 생각하거든. 물론 팔이에요. 그런데 작용을 하는데 탐착을 해버려. 그러하니 오늘 이정도로 얘기를 해두겠습니다. 좌우간 빛깔도 소리도 냄새도 없는 이 자리…

  좌우간 여러분들 요 기회에 하루에 하나만 아세요. 열 개나 백 개나 할 것 없이 하나 알면 전부 알아버립니다. 그러기 때문에 "하나만 아세요" 하는 건데 우주 공간이고 뭣이고 그것도 생각하지 마세요. 우리가 지금 허공중에 둥둥 떠 있다는 이것도 생각할 필요가 없습니다. 그만, 눈이 보는 것 아니다 귀가 듣는 것 아니다 혓바닥이 맛보는 것 아니다 이런 식으로 하면, 눈으로써 보는 것이 뭣이요. 귀로 듣는 것이 뭣이며 혓바닥으로 맛을 보는 것이 뭣이며 의심이 날 것 아니겠습니까? 그 땐 의심을 가져요. 그런데 의심할 것이 없어요. 하는 놈이 있거든. 세상 사람들이 다 말하지 않았어요 마음이라고. 마음이라 해도 좋고, 거 말이 많습니다. 이름들 많아요.

그러기 때문에 다시 한번 말하지만 내 여러분의 얼굴들 보고 하는 것 아니라 그 말이여. 나는 여러분의 빛깔도 소리도 냄새도 없는 이 자리를 갖다가 걷어잡고 하는 애깁니다. 사실로 여러분의 몸뚱어리 거머잡고 얘기를 해봤든 얘기 안됩니다. 그건 무정물이거든. 이 몸뚱어리. 가만히 생각해보세요. 그러니까 이 몸뚱어리가 무정물이라는 것만 여러분들이 납득이 가면 자연히 문제 해결됩니다. 그러기 때문에 부처님께서는 머리가 좋은 사람은 사흘 안에 된다고 했어요. 사흘 안에 견성 한다고 했어요. 또 조금 미하면 석 달, 그 다음에 삼 년. 천하 없는 바보라도 삼 년이면 된다 이래 했어요. 그러니까 여러분들은 벌써 불문에 들어온 지 오래지 않아요? 오늘 저녁을 계기로 해서 참말로 나는 빛깔도 소리도 냄새도 없는 자리구나. 그래서 이 몸뚱이는 작용을 하는 하나의 도

구다. 이거 도굽니다. 여러분은 도구를 갖다가 내라고 이렇게 생각하는 거나 마찬가집니다. 저 라디오에서 틀림없이 소리가 나와요. 그러나 노래하는 가수는 서울 방송국에서 노래하거든요. 가만히 생각해보면 알 겁니다. 그래서 오늘 저녁부터 절대 내라 하지 마세요. 그러나 내가 아닌 것도 아니에요. 그런데 이 무정물이 내일 수가 없어. 또 내가 뵈이는 법이 없어. 원래 그 자리는, 빛깔도 소리도 냄새도 없는 이 자리는 날 것이 없어. 죽을 것이 없어.

불문에 들어서 도를 통한다 할 것 같으면 영생불멸 한다는 그 말이 거기서 나온 겁니다. 죽을 것이 있어야 죽지. 보고 듣고 말하는 놈, 죽을 것이 있어야 죽는다 말이여. 죽을 것이 없어. 또 났어. 날 것도 없어. 났다 하는 것은 전부 헛거 거짓, 바다에 파도가 이는 거나 마찬가집니다. 그러기 때문에 효봉 스님 글씨 써 놓은 것, '생불생 사불사(生不生 死不死)'. 나도 난 것이 아니요 죽어도 죽는 것이 아니다. 이래 써 놓은 것 아닙니까?

그러하니 여러분 그렇게 아시고 오늘 저녁에 문제 꼭 해결하십시오.

딱딱딱!(죽비 치는 소리)

제가 지금 선문염송에 있는 글 가지고 얘기를 하고 있는데 책을 보기 전에 우선 제일 첫째 불문에 들어갈 수 있는 것. 지금으로부터 불문에 들어갈 수 있는 바탕을 준비하는 것, 난 요번에 다 이 바탕을 준비하도록 여러분에게 말씀드리고 싶습니다.

　그러면 첫째 바탕은 뭣을 뜻하는 거냐. 첫째로 이 육신에는 '자체지'가 없다. 그런데 자체지라 하면 또 말을 알아듣기가 쉽지 않아. 지혜가 없다. 이렇게 합시다. 어쨌든지 이 육신에는 지혜가 없다. 그럼 지혜는 뭣이냐. 이건 뭣을 뜻하는 거냐. 눈이 보는 것 아니다. 지혜가 있어야 보거든요. 지혜 없는데 어떻게 볼 겁니까? 눈이 보는 것 아니다. 귀가 듣는 것 아니다. 혀가 맛보는 것 아니다. 이걸 딱 생각을 하면 저절로 이거 알아집니다. 그렇다면 문제가 또 다릅니다.

　지금 전쟁이 나고 이러는데 사실로 이거 그릇된 전쟁들입니다. 사고방식들이 달라서 이런 것 아닙니까? 또 종교가 종교 아니라서 이렇습니다. 종교가 바른 종교 같으면 이런 법이 없습니다. 소련의 헤겔 같은 사람, 헤겔 머리가 굉장한 사람입니다. 그 잘못 짚었거든. 만일 헤겔이 살아서 서로 맞춰 본다면 나한테 항복합니다. 그 절대성 상대성, 그 유명한 아인슈타인 그 이도 근사하게 갔는데 잘못 짚었어.

그러니까 제일 첫째, 몸뚱이는 지혜가 없다. 이건 의학적으로 봐도 그렇다. 왜 그러느냐. 눈이 보는 것 아니고 귀가 듣는 것 아니고 혀가 맛보는 것 아니다. 그러나 이 눈이라는 기관을 빌리고 귀라는 기관을 빌리고 혀라는 기관을 빌리고 있다. 이것쯤은 저절로 알아집니다. 그러면 "나는 뭣꼬?" 있는 것도 아니고 없는 것도 아니에요. 있다 없다 이걸 초월한 자립니다. 뛰어넘은 자리에요. 지금 여러분은 몸뚱이를 가지고서 여러분의 눈이라는 기관을 가지고서 내 얼굴을 보고 있지만은 말이지 그건 사실이라. 거짓말이 아니라. 그 기관을 쓰니까.

그러나 실은 알고 보면 빛깔도 소리도 냄새도 없는 이 자린데 도저히 이 자리에서 말을 한다는 것이 잘못입니다. 다른 데 비유를 할라면 허공에다 비유를 할 수밖에 도리가 없습니다. 허공이 없습니다. 허공, 그러나 허공이 참말로 없으면 산하대지가 없으니 없는 것도 아니라 말이지. 그럼 있다. 산하대지가 나와 있지 않나? 그러면 너 한번 찾아봐라. 못 찾습니다. 허공 이것도 있다 없다 이걸 뛰어넘은 자리입니다. 여러분들이 내 말을 듣고 있는 이 자리. 있다 없다 이걸 뛰어넘은 자리에서 내 말을 그 자리가 듣는 겁니다. 그 자리가 귀라는 기관을 통해서 내 말을 듣는 겁니다.

좌우간 어떻든지 이것이 시시한 말 같습니다만, 이걸 모르고는 불문에 못 들어갑니다. 여러분은 "나는 눈으로 보나 눈이 보는 것이 아니고 귀로 들으나 귀로 듣는 것이 아니고 혀로 맛깔을 보나 혀로 맛을 보는 것이 아니다. 그 기관은 설사 내가 빌려서 썼을지언정 보고 듣고 맛깔을 보는 것은 딴데 있다." 딴데 있으면 뭐냐. 몰라도 좋아요. 자연히 알게되는 겁니다. 몰라도 좋은 것이 그러면 내가 뭐꼬? 이 생각 자연히 날 것 아니겠습니까? 그러면 어제 저녁에 여러분들 이걸 생각했는지 안 했는지 모르겠습니다만 이걸 쭉 해서 몇 가지를 알아버려. 알아버리면 이 자리에서 대도 성취 합니다.

대도 성취. 어떤 사람들은 말이지 관념적으로 아, 견성이라는 건 말이지 딴데 뭣이, 이상야릇한 뭣이 있고 어쩌고 이렇게 생각할는지 모르겠습니다만 그렇게 생각하는 것이 벌써 못하는 겁니다. 그런 생각이 장애물이 딱 돼버렸거든. 그러니까 이것도 차차 알아집니다.

오늘 내가 여러분에게 말씀드릴 것은 이 육체는 자체성이, 자체 지혜가 없다 이렇게 말씀했죠? 그건 육체뿐인가? 아니에요. 우리가 이 지구 위에 숱한 물건들이 있어요. 나무니 뭣이니 이건 무정물이에요. 지혜가 없습니다. 인연에 따라서 꽃이 피고 꽃이 지고 하는 거예요. 그건 그렇다 하고. 지구, 여러분 지구, 굉장히 큰 거 아닙니까? 우리가 지구를 의지하고 있지 않아요? 의지하고 있는데 거룩하다면 참 거룩한 자립니다. 믿어야 된다면 참 우리가 믿어야 됩니다. 지혜 없습니다. 만약 지혜가 있다면 지구 위에서 거 무슨 폭탄 무슨 폭탄이 퉁퉁 터지고 이래 하는데 지구가 화가 나서 흔들흔들해 버릴 겁니다. 하지만, 모습이거든요. 지구도 하나의 모습이거든요.

우리 인간도 이거 하나의 모습이라. 그러기 때문에 참 하나와 일체만법이 하나라는 걸 알게 됩니다. 이것이 모습이니까 지혜가 없어. 눈으로 보고 귀로 듣고 하는 것 이건 '슬기자리'다. 지구도 하나의 모습이니 지혜가 없어. 그러면 지구뿐인가. 태양, 우리가 태양의 혜택을 얼마나 받습니까? 굉장히 많습니다. 그런데 그 태양 역시 자체성 없습니다. 지혜가 없습니다. 이 모습이라는 것은 어떤 거라도 지혜가 없습니

| 허공의 주인공 |

다. 이걸 여러분들 알아야 됩니다.

모습이 있는 것, 이거 우리 사람 몸뚱어리, 이거 모습이거든요. 상이거든요. 우리말로 모습, 이거 지혜가 없죠? 지구도 지혜가 없죠? 태양도 없죠? 거슬러 올라가서 부처님 몸뚱어리, 부처님 몸뚱어리 지혜 없습니다. 왜 그러느냐. 모습이기 때문에.

모습은 생겨. 나타나. 나타났으니 비롯이 있어. 나타났으니 나중에 끝이 있습니다. 그리고 늘 변하는 거예요. 이 태양도 지구도 실은 우리가 몰라서 그렇지 뭣인가 어디 변하는 도리가 있습니다. 모습이 있는 것은 어떤 거든지 생긴 겁니다. 생겼기 때문에 반드시 나중에 끝 조짐이 있어. 없어져버려. 우리 몸뚱이도 반드시 생겼기 때문에 반드시 죽음이라는 것이 있어. 이것이 실다운 것이든 실답지 않은 것이든 이거 있습니다.

그러기 때문에 여러분도 이 몸뚱어리, 지금은 다 살아 있지만 말이지 나중에 오랜 세월이 가서는 나중에 죽어버려. 생겼으니까. 어머니에게서 났으니까. 이 우주 공간에 우리 사람뿐 아니라 어떠한 거라도, 화분의 꽃도 그렇고 한 그루의 나무도 그렇고 사람의 모습도 그렇고 태양도 그렇고 전부가 모습 있는 것은 지혜가 없다는 것을 여러분들이 아셔야 됩니다. 사실로 이런 얘기를 종종 내가 합니다. 종종 하는데 실로 이 소식을 여러분에게 알도록 하는 것이 내 소원입니다. 그러나 여러분들은 어떨 때는 알아. 알아도 그 의미는 실감이 안 나듯이 이런 분들이 많습니다.

그러나 실로 알고 보면 이것이 보통 일이 아닙니다. 태양도, 지구도, 우리의 몸뚱어리도, 집에 사랑하는 자식이 있다면 자식도, 몸뚱어리에 지혜가 없다. 이렇게 알면은, 이렇게 안다 해서 나쁜 것 하나도 없어요. 그래서 사람을 사랑할 수가 있어. 또 사랑해야 돼. 젠장 작용하는데 왜 사랑을 안 해요? 또 미운 것 있으면 밉다고도 해야지. 다 작용인데, 본래의 진짜 내의 작용인데. 그러니까 이걸 여러분들이 확실히 알아버리면 문제는 크게 달라집니다. 그대로 쭈욱 해 나가면서 우리가 불문에 들어갈 수 있는 자리를 내가 말하는 겁니다. 절대 과학적입니다. 여러분들이 생각해 봐서 과학이 아니면 믿지 마세요. 과학이 아니면 나도 말 안 할랍니다.

그러하니 "어떠한 거든지 모습은 지혜가 없다." 이렇게 여러분들이 아셔야 됩니다. 그러니 이건 여러분들이 적으세요. "모습에는 지혜가 없다. 나도 모습이기 때문에 지혜가 없다.

그러하니 눈이 안 본다 귀가 안 듣는다. 혓바닥이 맛을 볼 줄
모른다." 이 말이 딱 맞거든요. 도대체 이것부터 해결 안 하
고는 불문에 못 들어가는 겁니다.

그렇다면 우리는 어떻게 해야 되겠느냐. 모습놀이 해야 되
겠습니까? 우리 불상 모시고 있습니다만 삼십이상(三十二相)
팔십종호(八十種好)가 전부 모습입니다. 그 모습은 인연에 따
라서 이루어지는 것이거든요. 나중에 차차차차 딴 문제가 나
옵니다. 그 모습, 이걸 갖다 진짜로 알거든요.

단단히 여러분들 알아 두세요. 보통 우리 몸뚱이 이걸 관
리물로 알아요. 관리물에 지나지 않아요. 소유물이 아닙니
다. 근데 여기에 있어서 여러분들 "왜 내 몸뚱어리 내 소유물
아니라?" 그렇게 말할 수가 있습니다. 참말로 여러분의 몸뚱
이 여러분의 소유물로서 여러분의 마음대로 되던가요? 안됩
니다. 여러분 늙지 말라면 그것이 안 늙던가요? 여기 저 뭣
이고 나 화가 나서 말이죠. 나 이발 자주 해야 되거든요. 머
리가 이래 서거든요. 그래서 자주 해야 돼. 마 귀찮아서. 이거
빌어먹을 놈의 머리, 내 소유물 같으면 말이지 이거 내 말 들
어야 되는데 이거 내 말 안 듣거든. 하하하. 내 말 안 들어. 가

만히 여러분 생각해보세요.

여러분의 몸뚱어리 여러분의 마음대로 한다는 것, 되긴 돼. 어떨 때는 그대로 흉내는 내요. 흉내 낼 수 있지만, 참말로 여러분의 몸뚱이가 여러분의 마음대로 되는 것 아닙니다. 그럼 뭣꼬? 여러분들이 지니고 있어. 지니고 있기 때문에 관리물이라고 하는 겁니다. 이거 외우세요. 좌우간 요번 철야 정진 때 내 목적이 이걸 여러분에게 확실히 알으켜 드리는 것이 내 의무입니다. 요거 재미도 없을 겁니다. 자꾸 잔소리 같아서 재미도 없을 것 같습니다만 재미 없어도 나는 억지로 이걸 할 작정입니다.

그러하니 여러분의 몸뚱이는 여러분의 관리물은 돼. 관리는 하고 있어. 옷도 입혀 주고 세수도 하고 밥도 먹여 주고. 관리하고 있잖아요? 소유물은 아니다. 이거 조금 문제가 어렵습니다. 그러면 여러분은 뭣꼬? 마음이지. 마음이라 해도 좋아요. 성품이라 해도 좋아요. 절대성이라 해도 좋아요. 도대체 그러면, 마음이 어떻게 생겨 먹었노 말이지. 여러분, 마음 생각해 본 일 있습니까? 어떻게 생겨 먹었노 말이여. 있긴 있어. 없는 것이 아니라. 있긴 있는데 어떻게 생겼는지 그건 모르거든요. 그리고 찾을라면 못 찾아. 여러분의 마음 찾아

본 일 있습니까? 그러하니 있긴 있어.

그러하기 때문에 이전 선사들, 어른들이 말씀을 하기를, "유무, 있고 없는 것을 뛰어넘은 자리다." 이런 말을 종종 합니다. 자, 있는 것도 아니고 없는 것도 아니다. 허공, 있는 것도 아니고 없는 것도 아니다. 이 자리를 여러분이 다 가지고 있습니다. 사람마다 다 있어요. 잘 나고 못난 것, 똑똑하고 똑똑치 못한 것. 이건 업연 관계입니다. 업연도 여러분들이 만든 겁니다. 그러하니 자, 여러분 어떻습니까? 거 있습니까 없습니까? 없다 하면 벌써 말이 틀려버려. 내 말을 들을 줄 알아. 내 얼굴을 여러분이 볼 줄 알아. 그거 없는가요? 틀림없이 있어. 있다 하면 찾아내지 못해. 허공과 한가지라. 큰 건가 적은 건가? 생각해 봅시다. 큰 건가 적은 건가?

예를 들어 말하자면 여러분 은하수 보죠? 벌써 여러분들은 은하수를 볼 줄 알아. 그러나 여러분은 허공 볼 줄 모르거든. 그건 어쩔 도리가 없어. 이제부터 여러분이 허공을 볼 줄 알 겁니다. 크다면 무한히 큰 겁니다. 크다면 온 누리를 덮은 겁니다. 참말로 여러분 그렇게 훌륭한 분들인가요? 하하하. 이거 과학적입니다. 작다 하면 있는 것도 아니고 없는 것도 아니라 말이죠. 바늘귀라도 꿰. 이놈이. 희한한 겁니다. 참 희한한 겁니다.

크다 하면 온 누리를 덮고 있어. 작다 하면 바늘귀도 꿰. 어떻습니까 여러분. 이 자리가 어떤 자리냐. 이 자리는 시작이 없습니다. 누가 만들어 낸 것도 아닙니다. 시작이 없어. 왜 그러느냐. 빛깔도 소리도 냄새도 없기 때문에 시작이 없다는 겁니다. 이것이 뒷받침이 되는 거예요. 시작이 없기 때문에 종말이 없어요. 고 자리, 고 절대성자리. 그 마음자리. 시작이 없으니 끝이 없거든요. 이거 빤한 것 아니에요? 이것쯤은 여러분이 알아들을 겁니다. 몸은 시작이 있어. 끝이 있어. 생사, 이것이 실다운 거든지 실답지 않든지 그건 별문제로 하고… 그러나 이 절대성자리, 이 몸을 맘대로 끌고 다니는 이 자리, 공부도 할라 해서 여러분들이 와서 있는 이 자리, 시작이 없습니다. 그걸 다만 우리가 모를 따름이지 시작이 없습니다. 이 자리는 하늘과 땅이 생기기 전부터 있는 겁니다.

그건 어디 있느냐. 참 이 도리 모르면 원통합니다. 원통해. 이것 전부 내 같으면 이건 죽는 것이거든요. 모습이니까. 시작이 있어. 몇십 년 전에 우리 어머니가 나를 낳아 주셨어. 그러면 시작이 있어. 그러면 끝이 있을 거라 말이여. 나중에 화장터로 가나 묘를 쓰나 있단 말이여. 그런데 사실로 이 몸뚱이가 나 같으면 나 자살하겠어요. 그 뭐하려고 괴롭게 더욱 지금 머리가 허예서 여러분하고 같이 얘기하고, 이거 귀찮지 않아요? 죽는 건 뭣이냐. 죽으면 모른다 이리 되는 거예요. 참말로 모를 수만 있다면 참 좋겠어요. 나는 아는 걸 택하지 않겠어요. 모른 걸 택하겠어요. 천지가 뭉개지든지, 나 죽든지 살든지 내가 알 필요 뭐 있어요? 내 하나 마음 편하면 그만이지. 편한 것도 없이 모른다 말이죠.

이 몸뚱어리는 원래 하늘과 땅이 생기기 전부터의 소식을 가지고 있거든요. 소식을 가지고 있기 때문에 어머니의 배를 인연 삼아서 우리 몸뚱어리 나온 것 아니에요?

이 자리는 죽는 법이 없습니다. 왜 그러냐. 아무것도 없으니까 뭣을 죽는다 말이에요. 가만히 생각해 봐요. 김진옥 선생 딸 말해 봐라. 죽는 것 있겠나? 프랑스까지 갔다 오면서. 하하하. 죽는 것 없지? 죽는 것 없다. 빛깔도 소리도 냄새도 없기 때문에. "없어요" 하는 그 자리가 빛깔도 소리도 냄새도 없기 때문에 죽을래야 죽을 것이 없어. 그렇다고 있을래야 있을 것도 없어. 도둑이 몇 천 명 와서 가져 갈래야 그건 못 가져가요. 참 우리는 절대의 자리를 우리는 간수하고 있어요. 우리가 몰라서 그렇지. 몰라서 "이것만이 아이고 내다.

아이고 내가 나이가 많다. 내 얼마 안지나 죽는다." 아, 그거야 그렇지. 이건 모습이니까 시작이 있어. 시작이 있으니 끝이 있어. 또 그리 해야 돼. 그리 안 하면 큰일나. 시작이 없는 그 자리, 하늘과 땅이 생기기 전 앞 소식, 이 자리는 이건 절대의 자리거든. 이 절대의 자리, 이 절대의 자리가 뭐냐 할 것 같으면 허공의 주인공이에요.

말이 좀 어려울는지 모르겠지만, 내가 여러분을 보고 "여러분이 허공의 주인공"이라고 하는 것은 여러분의 마음자리, 여러분의 절대성자리. 그 자리를 갖다 허공의 주인공이라고 하는 거예요. 그건 하늘과 땅이 생기기 전부터 있는 것이거든요.

목사가 온 일이 있었는데 "바로 이 자리가 하느님입니다." 이렇게도 말해요. 하느님이란 것도 없어요. 부처란 것도 없어요. 없기 때문에 하느님이다 부처다 하는 건 이건 제2의 소식이에요. 첫째의 소식이 아니고 제2의 소식이에요.

그러하니 여러분 가만히 생각해보세요. 더운데 여기 앉아서 땀을 흘리면서 이 얘기를 듣는 것, 이 얘기를 듣는 그 자리는 바로 허공의 주인공입니다. 그러하기 때문에 '누리의 주인공'이라고 하는 겁니다. 잘나면 잘난 대로 못나면 못난

| 허공의 주인공 |

대로… 잘났다 못났다 하는 것은 제2의 소식, 몸뚱이를 가리켜서 하는 말이거든요. 몸뚱이 밖에 걷어잡을 것이 없으니까 그런 말을 하는 건데 여러분들이 이 누리의, 허공의 주인공입니다. 대한민국의 주인공뿐 아니에요. 허공의 주인공이에요. 욕계 색계 무색계의 주인공이에요. 그런데 말이 너무 크기 때문에 크다 하는 이 말에 휘둘리는지 모르겠습니다만도 그러나 저러나 사실인대야 어떻게 하느냐 말이여. 사실인대야.

딱!(죽비 치는 소리)

조금 내 몸이 괜찮아졌는데, 그만 하죠. 나를 말리는 누리의 주인공 가만 있거라. 보자. 자운 선생이 걱정을 하고 그만 하라고 나를 말리는데… 성도화 보살 이거 믿으소. 여자의 몸 받았죠? 그러니까 남자한테 지배를 받아. 지배를 받아도 누리의 주인공이여. 나중에 또 그 몸 없애버릴 거여. 없애도 착착 정리할 줄 알아야 돼. 정리한다고 해서 그 자리 없어지는 것 아니거든요. 없어질래야 없어질 것이 없어.

그러니까 우리 이렇게 합시다. 다시 한번 더…

없어질래야 없어질 것이 없어. 왜 그러느냐. 빛깔도 소리도 냄새도 없어. 죽을래야 죽을 것이 없어. 헛거 이거(몸뚱이), 변하는 이거는 있어요. 이거는 비유할 것 같으면 저 바다에 파도나 한가집니다. 파도. 파도가 어디서 나왔는가 모르겠다. 파도가 저 은하수에서 파도가 돼서 나왔든가요? 우리 김 양, 파도 어디서 나왔노? 어서 말해봐.

"물에서 나왔습니다."

결국 물에서 나오는 것 아니가? 탁 돌에 부딪혀. 그것도 인연 관계로 바람의 관계, 인연 관계로 해서 부딪혀서 파도가 나제? 그러면 나중에 물로 돌아가지 않나? 이건 비유로 한 말이여. 물이라는, 빛깔도 소리도 냄새도 없는 자리여.

그런데 이걸 우리가 알면 인생에 자신이 생깁니다. 죽을 때도 자신이 생겨. 죽을 때. 아닌 게 아니라 자식들 있으면 내 갈란다. 장구 있나? 장구 없습니다. 김 서방 집에 가서 장구 빌려 오너라. 장구 쳐라. 하고 술 한 잔 가져오너라. 술 한 잔 먹고 그리 갈 수도 있는 겁니다. 뭐 꼭 그러란 건 아닙니다만도 말이죠. 그런데 이걸 내라고 하니까 아이고 내는 간다. 가긴 어딜 가.

두말할 것 없이 여러분 죽을래야 죽을 것이 없어요. 지금 그 자리, 여러분의 지혜 자리, 눈을 가지고서 보는 그 자리,

귀를 가지고서 듣는 그 자리, 혀를 가지고서 맛보는 그 자리, 있지 않습니까? 주인이란 건 그것밖에 없거든요. 다른 것 뭐 있습니까? 물론 이것이 있음으로서 모든 법을 갖다가 작용을 하는 겁니다. 나중에 차차 얘기할 겁니다. 죽을라고 여러분들이 소원을 세워 보세요. 소원 아니라 소원 몇 천만 년 소원 세워보세요. 여러분 참말로 죽을 수 있다면 굉장한 인물들입니다. 석가세존보다 낫습니다. 석가세존 죽지 못해요.

그러하니 어떻게 되느냐. 여러분들이 허공의 주인공 아닙니까? 허공의 주인공. 왜 주인공이라고 하느냐. 허공은 지혜가 없거든요. 이건 내 말입니다. 참말로 지혜가 있는지 없는지 난 모르겠습니다. 여러분은 지혜가 있거든. 지혜가 있으니까 여러분이 허공의 주인공 아니에요? 허공의 주인공으로서 여러분이 딱하게 이놈이 굳히어지면 그땐 문제가 다릅니다. 그럴수록 가정은 더 좋아. 가정은 더 좋은 겁니다. 하니까 어떻든지 오늘 요 시간에는 "허공의 주인공이다. 몸은 나의 관리물이다 소유물이 아니다." 제일 첫째 이거 알아야 되고 여러분은 허공의 주인공이다. 허공이라 했나, 뭐이라 했나? "삼계." 삼계의 주인공들입니다. 여러분이 주인공들입니다. 그러면 부처님이 계시지 않나? 부처님 있지. 왜 없어? 그러면 부처님이 있기 때문에 내가 있는 겁니다. 내가 없는데 부처가 있어? 부처가 없는데 내가 있어? 부처님은 부처님으로서의 역할이 있어. 나는 나로서의 의무가 있어. 그러나 허공의 주인공으로서는 삼계의 주인공으로서는 조금도 변하는 것이 없습니다.

이거 아닌 게 아니라 몇 년 해도 괜찮습니다. 좌우간 어쨌든지 사람이라는 건 말이지 이 육신은 나의 관리물이지 소유물이 아니라는 것, 이걸 뒷받침하는 것이 눈이 보는 것 아니고 귀가 듣는 것 아니고 혓바닥이 맛보는 것 아니다 이것이거든요. 이거로써 뒷받침이 돼요. 왜 눈이 보는 것 아닌고? 눈에는 지혜가 없어. 그러니 비치긴 비쳐도 볼 줄 모르거든. 보는 놈은 따로 있거든. 눈에 비친 걸 보는 놈이 따로 있어. 인제 이렇게 알아가야 됩니다. 귀가 듣는 것 아니라 말이여. 귀에 지혜가 없거든.

그런데 듣기는, 듣는 기관은 기관일지언정 말이지 그 아는 놈은 따로 있거든. 이것이 뭣꼬? 혓바닥도 마찬가집니다. 이걸 마음이라고도 하고 뭐라고도 하는데 도대체 마음이 뭣꼬? 뭣이냐 말이여. 뭣이 마음이냐 말이여. 사실로 마음 아는 사람 좀 드뭅니다. 우리나라에서 지금 현재 마음을 아는 사

160

람 백 명 될까 말까 그렇습니다. 마, 백 명이 못되면 오십 명 정도 될까. 오십 명이 못되면 스물다섯 명쯤 정도 될까 스물다섯이 못되면 한 사람 두 사람 쯤 있을까 말까 그렇습니다. 마음자리. 그러니까 마음자리에 대해서 절대성이라고도 하고 숱한 명자가 있습니다. 화두식으로 말하자고 할 것 같으면 많이 있는데 좌우간 어쨌든지, 내가 마음을 써. 내가 마음을 쓰긴 쓰는데 모른다 말이여 어떻게 하면은 이 마음을 알 수 있느냐 이겁니다.

허공 아까 말했죠? 허공. 빛깔도 소리도 냄새도 없어. 마음, 빛깔도 소리도 냄새도 없어. 그런데 이것이 없는 것이 아니라. 써. 허공, 없는 것 같지만 허공 중에서 산하대지가 다 나와. 그럼 허공 없는 건가요? 여러분 가만히 생각해보세요. 그리고 이것이 지혜가 없는 눈을 가지고 보고 지혜가 없는 귀를 가지고 듣는다 할지라도, 있으니까 듣는 것 아니겠어요? 그런데 우선 세상 사람들이 눈으로 보고 내가 확실히 봤다. 틀림없이 봤죠. 내가 확실히 들었다. 틀림없이 들었지만 사실 듣는 그 자리는 빛깔도 소리도 냄새도 없는 이 자린데, 마음이라 하겠는데… 그러면 이 마음을 찾으려면 어떻게 해서 찾느냐 이거에요.

허공 걷어잡아야 됩니다. 허공 걷어잡지 않고 마음을 알았다면 그건 만년 거짓말입니다. 석가세존이 그랬더라도 그건 거짓말입니다. 허공 걷어잡아야 돼. 허공 걷어잡기 전에는 마음 몰라. 그러면 허공을 내가 또 알아야 되겠다 말이지. 마음 걷어잡아야 돼요. 왜 그러냐? 허공이나 마음이나 매 한가지라. 아까 크고 적은 걸 말했지만 공부하는 법이 이렇습니다.

헤겔이 이걸 못 걷어잡았어. 헤겔 머리 좋은 사람이여. 굉장한 사람이여. 그러나 이 절대성자리, 이 마음자리 못 걷어잡았거든. 다윈도 역시 그래요. 요 절대성자리 딱 파악을 못했어요. 굉장한 세계적인 우수한 학자인데 세계적인 우수한 삼계의 학자라 하더라도 틀린 건 틀린 거지 별 수 있나요?

그러하니, 절대성자리가 있어. 마음이라 뭣이라고 하면 복잡하니까 이거 절대성자리라고 합시다. 그 다음에 나투는 건 전부 상대성이여. 태양도 상대성, 지구도 상대성, 어느것 상대성 아닌 것이 없어요. 모든 것, 이름 붙인 건 상대성이라. 이것이 어디서 왔느냐. 절대성자리에서 온 것이거든. 그걸 무명이라 하는데 안 밝음, 우리말로 안 밝음. 한문으로는 무명, 그러니까 거 입처가 다르거든. 다르니까 이사람 이대로 나타나고 저 사람 저대로 나타나고. 그래서 삼라만상이 여기서 이루어지는 거예요.

　그러면 여러분 가만히 생각해보세요. 자, 여러분이 가지고 있는 그 마음을 내 말하는 거예요. 딴 마음을 내 말하는 것 아니에요. 여러분들이 우주를 싸고 있든지 그 다음에 조그마한 바늘귀 속에 앉아 있든지 그건 별문제여. 자유자재라. 부처님의 마음도 여러분의 마음이나 한가지에요. 그러면 여러분의 마음 가운데서 산하대지가 나왔으니 어땠겠죠? 또 이 허공 전체가 여러분의 마음하고 꼭 한가지거든.

　그러면 허공은 지혜가 없어. 여러분의 마음은 지혜가 있어. 알았죠? 허공은 지혜가 없어. 지혜가 있는지 모르죠. 여러분의 마음은 지혜가 있어. 요래 할까 저래 할까. 화가 난 일이 있으면 한 주먹 갈기기도 하고 이런 지혜가 있거든.

　그러하기 때문에 여러분이 누리의 주인공이에요. 겸손한 생각으로 나는 누리의 주인공이 아니다 이렇게 생각할 사람 여기 있어요? 난 누리의 주인공 아니다 이래 하는 그 놈이 바로 누리의 주인공이에요. 그러하니 지구니 태양이니 나무니 돌이니 할 것 없이 사람이니 뭣이니 전부 상대성에 속하는 것이거든. 이것이 따로 노는 것 같지만 실은 절대성의 작용이에요. 절대성에서 작용하는 거예요. 그렇게 안다면 벌써 인간이란 건 어떤 거라는 걸 알 수가 있는 거 아니에요? 잘나고 못나고 간에. 못나면 못난 대로 누리의 주인공이고 잘나면 잘난 대로 누리의 주인공이에요.

그러나 이런 거 다 포기해 버리고 나는 못나서… 물론 잘 살고 못 사는 건 있어. 그건 복덕관계여. 인연관계여. 잘 사는 일을 하면은 벌써 그 자리가, 입처가 잘 살게 돼. 전생에 내가 행동을 잘못했어. 그러면 이 세상에 태어날 때부터 좋은 자리 태어나지 못하고 나쁜 자리 태어나게 마련이여. 그래서 고생도 하게 되고 이런 건데, 그 까짓거 이 자리, 이것만 알아버리면 그건 저절로 해결이 돼. 그러하기 때문에 잘 산다 못 산다 요걸 인연관계라고 생각을 딱 하게 돼, 자신이 딱 서면 아무리 못 살아도 바로 천당이여. 재미가 나는 거여. 아, 내가 빚 갚아야 되겠다… 뺨 한 대 때려도 곱게 맞아. 웃으면서 맞아. 이런 도리가 있는 거여.

왜 그러느냐. 그전생관계, 절대성자리를 생각하기 때문에 그리 되는데 헤겔같은 사람 이걸 몰랐거든. 사람은 다 공평한 거예요. 절대 공평한 거여. 그건 틀림이 없어. 절대로 공평

164　　　　　　　　| 허공의 주인공 |

한 거여. 공평하겠지만 작용하는데 있어서 말이지, 그 씀씀이에 있어서 말이지, 이래 하면 이래 하고 저래 하면 저래 되고 이걸 몰랐어요. 이걸 몰랐다기보다 절대성자리 몰랐다 이것이거든. 나 요새 학생들 말이지 데모들 해쌌는데 이거 나 불만이 있어요. 학생들에게 불만이라기보다 선생들에게 불만이 있어요. 왜 이 말 한마디 안 해 주느냐 그 말이에요. 실은 상대성이 절대성에서 나왔으니 본 고향은 하나 아니라? 바탕은 하나 아니라? 자기의 분수에 따라서 잘 살게 되고 잘못 살게 되기도 하고 이런 건데, 요 도리를 알아버리면 하나도 전쟁할 것이 없습니다. 이걸 모르기 때문에 전쟁을 하는 것이거든.

내가 있고 너가 있고. 서로 싸울 때는 싸워도 좋아. 싸울 땐 싸워도 말이지 그런 줄 알고 싸워야 돼. 그런 줄 알면 싸움이 싸움 안되는 거예요. 물론 흑인종과 백인종이 있어. 그것도 육체에 따라서 지 자신이 흑인종으로 태어난 거지 어디 누가 태어나라고 해서 태어났나요? 그러면 자기의 맡은 바 운명이 있거든. 자기가 저지른 바 닦아놓은 길이 있거든. 요걸 안다면 불평이 있을 필요가 없어.

그러기 때문에 여러분들, 이 절대성에서 상대성이 나와서 상대성 놀이 하는 것, 이건 바로 절대성 놀이고 절대성의 작용인데 같은 것이 하나도 없습니다. 그러하기 때문에 여기 낙동강 모래알을 다 모아도 같은 것 없어요. 한강 아니라 말이지 욕계 색계 무색계의 모래알을 다 모아도 같은 것 없어. 억겁을 지내가도 이전에도 같은 것이 없어. 이거 생각하면 놀라운 일이여. 기가 막혀. 기가 막혀. 왜 그러냐. 그렇게 같은 것이 없을 수가 있느냐 말이여. 뭣을 뒷받침해서 같은 것이 없다고 하겠나요? 여러분 생각해보십시오.

여러분의 성품, 가도 가도 끝이 있던가요? 한정이 있던가요? 아무 생각 없다가도 이 생각 낼라면 이 생각하고 저 생각 낼라면 저 생각하고 웃을라면 웃기도 하고 울라면 울기도 하고 가도 가도 끝없어. 처음에 이거 생각할 때 겁이나. 어디 가서 턱 부딪혀야 말이지. 원 나중에 지가 혼날 값에 도대체 무슨 재미가 있어야 될 건데 가도 가도 끝없다 말이여. 우리 이걸 갖다 여기 앉아서 머리 쪽을 위라 하는데 나중에 가만 보니 머리 쪽을 위라 하지 정해 놓은 바가 없어. 그러니까 위로 가도 가도 끝없어. 아래로 가도 가도 끝없어. 그러하니 억천만년 지구가 생긴 뒤로도 모래알이 꼭같은 것이 없다는 이유가 여기 있는 거예요.

❀ 83년 5월 보림사에서 묵산 스님, 최 대원경 보살과 함께.

딱!(죽비 치는 소리) "이십분 됐나?"

누가 그리 만들었나? 서운이 그리 만들었나? 하하하.

가도 가도 끝없어. 여러분들 반은 쉽게 알아들을 겁니다. 어떤 분들은 재미없을 겁니다. 그러나 나의 입처로서는 이 설법만은 기어이 알려 드려야 되겠어요. 싱겁지 않아요? 허공이 가도 가도 끝없다. 그 마음속에 한번 생각하면 몇 천억 만리라도 달려가는데, 그런 생각을 가지고 있으면서도 안 미쳐. 그러니까 도리어 여러분들이 겁이 날 거여. 겁이 나. 사실 가만히 생각해 보소. 한강이나 낙동강 모래알 같은 거, 한줌이 아니라 한 말 갖다 놔도 꼭같은 거 있겠는가. 그러니까 가만히 생각을 해보면 그것이 남의 일이 아니라 내 일이거든. 어째 내 일이냐. 여러분이 꼭같은 마음을 쓰지 못해. 대체로는 같이 나가지만 말이지. 여러분이 아(이)들을 사랑한다 합시다. 딸내미, 딸내미가 제일 귀여운 것 아니에요? 제일 귀여운 거예요. 딸내미가. 딸내미 사랑하는 것도 말이지. 매일 달라. 백년이면 백년 달라. 천년이면 천년 달라. 이렇게 사랑스럽고 저렇게 사랑스럽고, 좌우간 말이지 달라.

그와 마찬가지로, 한강 낙동강. 한강 모래알도 좋고 뭣도 좋은데 모래알이 꼭같은 것이 없는 거와 마찬가지로 여러분

| 허공의 주인공 |

들이 딸내미들 사랑하는 것 다 다릅니다. 그러나 원칙은 한 가지죠. 그러하니 우리 절대성에서 모습을 나투면 이런 작용이 되거든. 그러니 지구나 태양이나 이 절대성의 작용이여. 하나. 우리의 작용이라. 여러분의 마음씨의 작용이라. 모습을 한번 나툰다면 벌써 크고 적은 것이 있어. 상대가 딱 돼. 빛깔이 달라. 장단이 달라. 크고 적은 것이 달라. 모양이 달라. 전부가 다른 거예요. 그러니까 이거 재미있는 것 아니에요? 설혹 여러분들 천당 지옥 어디 있습니까. 여러분들. 천당 지옥 있어. 왜 없어요? 천당도 있고 지옥도 있어요. 굉장한 무서운 데가 있어요. 있지만 전부 여러분의 마음속에서 이루어지는 거예요.

그러하니 자, 우리 한번 되돌아서 생각을 해 봅시다. 여러분의 마음속에서 이루어진 천당 지옥을 다른 데서 이루어진 거라고 생각 한다면 지옥 여러분 가야 돼요. 극락도 가야 돼요. 못 가. 다른 데서 이루어졌다고 생각하면 못 가. 전부 내한테서 이루어진 거라. 내 마음을 어떻게 먹었든지, 행동을 어떻게 했든지, 내가 이루어서 천당을 만들고 내가 이루어서 내가 지옥을 만드는 겁니다. 내가 만들기 때문에 그만 받아. 내가 지옥을 갈만한 지옥보를 내가 받아야 돼. 받아서 그거 갚아버려야 돼. 극락보를 받으려면 극락보를 내가 받아.

그러면 우선 여러분의 위치가 어디 있는가. 여러분의 지금 위치 어딨나요? 어, 보림선원에 앉아있지. 보림선원 어딨나요? 모습으로 봐서는 보림선원에 앉아 있지. 그러나 저러나 극락에 가더라도 한정이 되면 다시 돌아와야 돼요. 자기 살던 데로 돌아와야 돼요. 왜 그러느냐. 그건 모습으로만 생각하면 그런 거예요. 지옥에 가더라도 그 보가 다 하면 다시 돌아오는 거예요. 어떤 종교는 극락에 가면 영원히 극락. 그거는 모습의 생리를 모르는 까닭에 그러는 거예요. 지옥에 가면 영원히 지옥. 그런 것 아니에요. 모습이라는 건 스스로 변해. 그래서 자기 받을 만치 다 받아버리면 되돌아오는 거예요. 되돌아와서 다른 인생살이 시작하다가 다시 또 알고 했든지 모르고 했든지 자기 인연에 따라서 지옥으로도 가고 천당으로도 가는 거예요. 이 도리를 확실히 알아버려. 이 도리를 알아버려. 문제가 다르죠.

여기는 지옥이니 극락이니 이름자마저 싹 없어진 자립니다. 왜 그러느냐. 지옥성도 공했고 천당성도 공했어. 지옥의 성품, 이거 공한 거예요. 천당의 성품. 이거 공한 거에요. 남자의 성품, 이거 공한 거예요. 여자의 성품, 이거 공한 거예

| 허공의 주인공 |

요. 처음에 공한 줄 모르고 "나는 나다" 이러고 "너는 너다" 이래서 숱한 알력이 벌어지는데. 그러나 공부를 해서 좋은데 갈라면 좋은 데 가고 나쁜 데 갈라면 나쁜 데 가는데 공한 이 도리를 알아. 알면은 남자 여자 구별이 없습니다. 영원한 겁니다. 그러하니 우리는 무턱 대놓고 불교를 믿는다 말이여. 이래서 염불도 하고 예불도 하고 이런 데 그건 좋긴 좋아요. 좋긴 좋은데 알고 해야 돼요. 공성인 줄 알고 해야 돼요.

그러하기 때문에 우리는 누리의 주인공이라는 확고한 이런 신념이 딱 생기는 겁니다. 우리가 아니라 나는 누리의 주인공이라 말이여. 그러나 이 모습 이걸 내라고 하는 경우에는 죽으나 사나, 나도 내가 나고 죽어도 내가 죽는 거여. 이건 합당치 않은 말이에요. 여러분들이 알아듣기 쉽기 때문에 살아도 내가 살고 죽어도 내가 죽는다 이러는 거예요. 사실은 내가 없는 거예요.

그러기 때문에 잠깐 빌려다 내가 쓰는 말인데 좌우간 어쨌든지 여러분이 누리의 주인공이란 거는 어느 모로 뜯어보든지 잘못이 없습니다. 이거 알면 성품 아는 것 아니에요? 사람의 성품만 아나요? 누리의 성품도 아는 것 아니에요? 누리의 성품도. 물론 앞으로 다른 작용을 해. 누리 전체를 바탕으로 한 작용을 해. 여기는 여러분들이 차차차차 지혜가 생기죠. 우리 지구에 사는 사람으로서 이 문제 해결한다면 그만 이거 완전한 성도 한 겁니다.

여러분들이 도를 이룬다 이러하는데 무슨 도를 이룬단 말이여? 가만히 앉아서 무슨 뭐 밥이 오도록 하고 돈이 오도록 하고 그거 택도 없는 소리, 그거 어린애들 장난입니다. 이치를 알아버려. 그러면 여러분은 설사 인생의 몸을 되받는다 할지라도 잘 썼다가 이걸 버릴 때는 일부러 버리고 내 갈 데로 가는 겁니다. 그러니까 그건 죽음이라 할 수가 없어요.

여기 저 범어사 어떤 스님, 큰스님 내 이름을 모르겠어요. 그 스님, 여름에는 늘 외밭으로 가. 그래서 외를 심어. 그래서 길가에 앉아서 외 하나씩 줘요. 짚새기도 삼아서 나눠 줘. 전부 자기가 직접 주면서 돈 한푼 안 받아. 그런데 평상시에 뭐라고 하느냐 할 것 같으면 내가 죽으면 주린 범을 줘야 되겠다 이랬어요. 몸, 자기 시체를 범에게 주겠다. 보통 여러분 지금 생각해 보면 아이고 겁나. 범에게 내 시체를 줘? 이래 할 거여. 그러나 그런 분들은 문제가 다르거든. 자기 그것이 있어. 이 육신은 내 관리물이라 할지라도 말이지 자기가 자기

라는 것이 뚜렷하게 있어요. 그리 되면 겁이 없습니다. 나중
에는 절에 안 들어온다 말이지. 하루 지나 이틀 지나 일주일
지나 열흘 지나. 아, 이 아무개 스님이 늘 평상시에 범에게
보시를 하겠다 이러시더만 범에게 잡혀먹었나 보다 그래서
산을 수색을 한 일이 있었답니다. 그러니까 뼈가지가 수두룩
하다 말이여. 장난이에요. 거. 죽는 것이.

  그러니까 내가 여러분들 보고 그렇게 하라는 것도 아니지
만, 좌우간 어떻든지 이거는 걷어잡지 못해. 당처가 빈 당처
라 할지라도 이것도 못 걷어잡습니다. 이거 지금 내다 하고
손 딱 떼는 순간에 변해버리는 거예요. 이거 숱한 적혈구 백
혈구 세포 변해버리는 거예요. 어느 걸 내라 하겠나요? 그러
나 세상 사람들은 이거 내라 하거든. 이걸 내라 할 때는 알
고 내라 하는 거니까 그건 재미로 하는 거니까 그건 상관이
없어. 그러니까 이 육신, 해봐도 걷어잡을 수 없는 이 육신을
기어이 고집할 필요는 없는 것이거든. 물론 우리가 이 세상
에 몸을 받았어. 남자는 남자대로 여자는 여자대로 자기 의
무 그대로 다 하다가 가야 돼. 가야 되는데 우리가 사는 것,
작용이거든. 결혼하는 것 작용 아니에요? 인간 작용 아니에
요? 늙는 것 작용 아니에요? 아프면 약 먹는 것 작용 아니에

요? 다 작용이라 하더라도 이 도리 모르면 그건 참말로 곤란합니다. 그러기 때문에 어떻든지 이 도리는 알고 작용해야 한다는 말이 그겁니다.

작용, 절대성의 작용. 상대성은 절대성에서 나왔다. 절대성이 없으면 상대성이 이루어지질 안 해. 그러기 때문에 이걸 가만히 보면 나중에는 절대성과 상대성 하나로 봐야 되거든. 하나로 볼 수도 있어요. 이걸 여러분이 아셔야 됩니다. 아시고, 상대성은 무수한 상대성이다. 그걸 알아야 됩니다. 그러면 천하의 강에 모래알을 모아도 꼭같은 놈이 없다. 모래알만 그런 것이 아니고 내 마음도 그렇다. 이거 여러분 아셔요. 여러분의 마음. 그러기 때문에 여러분의 마음 쓰고 써도 다함이 없어. 이 세상에서 그렇게 좋다 나쁘다 하고 쓰다가 나중에 이거 버려버린다 말이지. 다른 몸 나투면 또 그거 쓰거든. 또 써.

좌우간 여러분의 마음. 허공이 끝없으니 여러분의 마음도 끝이 없는 거예요. 이거 여러분 생각하세요. 그렇다면 우리 허공하고 다를 것 뭣입니까? 그러기 때문에 여기서 내가 그런 말 했습니다. "허공으로서인 내(나)다 이거 잊어버리지 말자." 이랬습니다. 여러분, 허공으로서인 여러분이에요. 만약 이 자리에서 허공으로서인 여러분이다 하는 이 말에 불복을 한다면 나가세요. 나, 그런 인간들하고 말도 하고 싶지 않아요. 자, 컵에 물이 담겼어요. 이거 허공성에요. 이거 허공성이여. 저 나무도 허공성이여. 우리 몸뚱어리도 허공성이여. 내 이렇게 말하는 것 허공성이에요. 어느것 허공성 아닌 것 어딨나요? 그러하기 때문에 "허공으로서인 나"다 이래도 조금도 상관이 없다 그 말입니다.

바로 허공이 우리 종주가에요. 몰라. 허공이 종주간지 뭣이고 내가 종주간지 모르죠. 우리하고 허공하고 둘이 아니기 때문에 하는 말이에요. 허공하고 우리하고 어떻게 둘이에요?

우리의 마음하고 허공하고 어느것이 둘인가요? 갈라놓을 수가 없어. 이렇게 되면 문제가 더 큽니다. 하니까 좌우간 우리가 양보를 해서 당분간은 권도(權道 : 방편)로써 허공으로서인 내다 그렇게 생각을 해야 됩니다. 그렇게 생각해 봤든 여러분들 손해될 것 없잖아요? 돈이 드나요 뭣이 드나요? 허공으로서인 내다, 허공으로서인 내다, 글을 쓰다가도 허공으로서인 내다. 이 설법 들으면서도 허공으로서인 내다, 허공으로서인 김백봉이 설법을 한다. 아, 그거 뭣이 답답하나요? 그러하니까 요렇게 여러분이 해 나가면 나중에 가서는 삼천 대천 세계 다 마셔버려요. 삼천 대천 세계. 여러분을 떠나서 어디 있나요? 어디 있어? 부처님은 또 어디 있나요? 부처님은. 여러분이 있기 때문에 부처님이 있어. 말하자면 부처님이 있기 때문에 우리도 있어. 한가지여. 한가지.

그러하니 나는 부처 안되기로 했어요. 여러분 부처 될라고 애쓰죠? 애쓰는 그거 보니 내가 민망해 죽겠어요. 그럼 부처가 안되면 뭣꼬? 중생 될래? 중생 안 돼요. 거 큰일나지. 뭣이죠? 여러분들 가만히 생각해 보세요. 부처가 안된다. 그건 알아들었다 말이죠. 그 다음에 중생도 안된다 이랬거든요. 그럼 뭣이죠? 중생도 안된다 부처도 안된다. 뭣이죠?

좌우간 여러분들, 여러분은 부처 될라면 부처 되세요. 부처 되기 싫으면 나중에 내한테 와서 나 부처되기 싫다 이렇게 말하세요. 나는 부처 안될 테니까. 나는 중생도 안된다는 걸 단언했습니다.

무릇 있는 바 모습은 모두 허망하다

알건 모르건 사람이란 건 위대한 존재인 것만은 틀림없습니다. 사실로 알고 보면 누리의 주인공이거든요. 누리의 주인공이 안될 수가 없는 것이 여러분의 참 주인공은 빛깔도 소리도 냄새도 없는 그 자리라. 그러기 때문에 하 선생이 가져 온 이것도 '생불생 사불사'거든. "나도 난 것이 아니고 죽어도 죽은 것이 아니다." 이건 무슨 말이냐 하면, 파도가 쳐서 일어나. 그걸 생이라 하는데 그 파도가 내려앉아버리면 물로 다시 돌아가버려. 돌아가면 죽음이라 하는데 그거 파도가 죽는가요, 참말로 파도가 난 건가요? 이와 마찬가집니다.

이 도리를 확실히 알아버리면 공부 저절로 됩니다. 부처님이 오신 지가 이천년이 넘었고 문화가 많이 발달이 됐고 이러하기 때문에 지금 이 얘기합니다만, 이 얘기해봤든 조금도 틀릴 것 없습니다. 금강경에 이런 말이 있습니다. '범소유상 개시허망(凡所有相 皆是虛妄)'이라. 무릇 있는 바의 모습은 다 이 허망한 거다. 산하대지, 지구도 모습, 사람 몸뚱이도 모습. 어느것 모습 아닌 것 없거든요. 이것은 다 허망한 거다. 그러하기 때문에 '약견제상비상(若見諸相非相)'하면 모든 모습을 상 아닌 걸로 보면, 모습 아닌 걸로 보면 '즉견여래(卽見如來)'라. 곧 여래를 본다 이랬거든요. 아, 이거 천기누설 해도 이만 저만 아니에요? 더욱 더 부처님의 위치에서.

그런데 세상 사람들은 이 글을 읽는데 그만 눈으로 보고 넘겨버려. 귀로 들어서 그대로 넘겨버려. 중요한 말이거든요. 소위 부처님쯤 되는 분이 그런 말을 하셨다 말이죠. 그러하니 천기누설 한 것이 맞습니다. 물론 이 팔만대장경이란 건 그 방편, 좀 어렵기 때문에 그 방편을 써서 이리 굴리고 저리 굴리고 했지만, 방편 중에도 천기누설 한 것이 참 많습니다. 한 이천년 이상 되는데, 우리가 공부하는 방편 달라야 되거든. 그러하기 때문에 눈이 보는 것 아니다 귀가 듣는 것

| 허공의 주인공 |

아니다 혀가 맛보는 것 아니다 이렇게 말하는 것이거든. 자체의 지혜가 없어. 지혜가 없기 때문에 이 사람 죽어버리면 이 사람 눈 빼서 저 사람 눈에 갖다 넣거든. 모든 기관이 다 그렇습니다.

그러하니 여러분들이 이걸 확실히 알아버렸다면 참말로 보고 듣고 말하고 하는 이놈이 있다. 이놈은 틀림없어. 이것쯤 알기가 문제 아닙니다. 틀림없어. 그러면 이거 뭐와 같은 것꼬? 허공, 이거 있는 거냐 없는 거냐. 여러분 가만히 생각해보십시오. 허공 있는 겁니까? 아닙니다. 그럼 없는 겁니까? 아닙니다. 있는 것도 아니고 없는 것도 아닙니다. 묘한 겁니다.

여러분들 이 자리에서 한번 크게 반성하세요. 여러분의 마음, 있는 것도 아니고 없는 것도 아닙니다. 다만 있고 없는 걸 내가 쓰긴 써. 있는 대로 써. 또 없는 대로 써. 쓰긴 쓸지언정 있고 없는 걸 뛰어넘은 자립니다.

이걸 마음이라 합시다. 이건 절대성이라 해도 좋고 마음이라 해도 좋고, 허공이 있는 것 아닙니다. 왜 그러느냐. 어디 찾을래도 찾을 수가 있어야죠. 우리가 허공 속에 있으면서 이런 말 하는 것은 참 우습습니다. 허공이 없다면 내가 서서 이 말도 못하고 여러분이 여기 앉아 있지도 못합니다. 그런데 영 무관심이거든. 또 없는 것도 아닙니다. 허공이 있고 없는 거를 뛰어넘었다 하는 말을 여기서 쓰는 겁니다. 가만히 여러분들 생각해보세요.

자, 있다 없다 뛰어넘은 자리거든. 우리의 본 고향, 이거(몸)는 어머니가 낳아준 거라 인연에 따라서. 인연에 따라서 파도가 돌에 부딪혀서 일어나듯이 몸뚱이 나툰 것이거든요. 하니까 이거 실다운 것 아니거든. '범소유상 개시허망'이란 그 점을 말한 겁니다. 그러니 여러분들 지금 몸뚱어리 있잖아요? 전부 허망한 겁니다. 다만 재미가 있어. 이 몸뚱이를 굴리는 것이 재미가 있어. 재미가 있을지언정 실다운 건 아니거든요. 그런 거니까 이 도리를 알아버리면 여러분은 어떤 거냐. 벌써 하늘과 땅이 생기기 전부터 여러분이 있어. 어째서 그렇나? 나는 난 지가 얼마 안되는데. 금년에 오십인데, 금년에 육십인데 하고 있지만 말이죠. 허공, 이거 언제 생겼겠습니까? 어떠한 과학자라도 여기에 대해서 증명이 안됩니다. 허공 이거 난 것도 아니고 죽은 것도 아니라요.

그러니까 언제 생겼다는 이런 말이 성립이 안됩니다. 뭣이 있어야 요놈 딱 걷어잡고 몇 천만 년쯤 된다 몇 억만 년쯤 된다. 몇 조만 년 쯤 된다 이럴 수 있지만 안 잡힙니다. 이걸 잡을라 하면 도리어 허공을 구정거려 버려. 언제 없어진다 말이 우선 성립이 안됩니다. 없어질 것이 없으니 없어진다는 말이 성립이 안된다 그 말입니다. 그와 마찬가지로, 사람의 마음 이거는 언제 났으니 나는 언제 죽는다 이건 모습으로서는 있습니다. 모습. 꽃이라든지 나무라든지 지구라든지 태양이라든지 장차는 이거 한번 없어져요. 없어졌다가 다른 거나타나죠. 모습으로서는 있지만 말이죠 우리의 본래의 그 소식, 이 자리는 모습이 아니거든요.

그러기 때문에 죽을래야 죽을 것이 없어. 산다고 말을 붙일 수가 없어요. 죽는다 산다 연구가 딱 끊어진 자립니다. 그러기 때문에 여러분이 요걸 실제로 딱 경험해보는 것은 말이죠 "눈이 보는 것 아니다, 귀가 듣는 것 아니다." 내가 지금 말하지만 입이 말합니까? 입에 말하는 지혜가 없습니다. 이렇게 말하면 여러분들 알 거라요. 요걸 내가 빌어쓰고 있어요. 빛깔도 소리도 냄새도 없는 이 자리가 요 입술을 빌어쓰고 있어요. 그럼 뭣이고 이 자체에 지혜가 없습니다. 이에도 지혜가 없어. 혓바닥에도 지혜가 없어. 이걸 생각 한다면 아, 그렇다. 그러나 이전에는 이거 납득하기 참 어려웠습니다. 이전에는 견성하기 전에는 어려웠어요. 그러나 요새는 의학이 굉장히 발달 됐어. 지식이 굉장히 진보 됐어. 하기 때문에 내가 말을 하더라도 입이 말하는 것 아니라고 하면 납득이 갑니다. 이 도리를 모르고 내가 입이 말하는 것 아니다 이러면 말이지 여러분 곧이 안 들겨집니다. 번연히(뻔히) 입이 아물아물하면서 말하는데 말 안하다 이래 하니 거 참 기막힌 거 아니에요? 그러나 여러분들 알아. 요거 자체의 지혜가 없다. 이에도 없고 입술에도 없고 혓바닥에도 없고 이래 하니까 이거 참 공연히 말이죠 심부름꾼입니다. 심부름꾼. 그러나 요 기관 심부름꾼, 요걸 빌려서 말하는 자리는 말이죠, 내가 요렇게 지금 말하는 자리는 지혜 자립니다. 지혜 자리.

사람은 마찬가집니다. 여러분도 그렇습니다. 그 지혜가 크냐 적냐 이것이 문제지 여러분들 역시 입을 통해서 말을 해. 코를 통해서 숨을 쉬어. 하지만, 이 자체가 하는 건 아니거든요. 지혜가 없기 때문에 이렇습니다. 그러하니 이걸 모르고 우리가 어떻게 불교를 믿겠습니까? 불교 아니라 이걸 모르고 어떻게 종교를 믿겠습니까? 종교. 종교란 것은 사람으로

| 허공의 주인공 |

서 참 죽기 싫어. 그래서 영원히 살아야 되겠다 이런 마음에서 나오는 것 아닙니까? 죽기 싫기 때문에. 그런데 보통 사람들 종교 믿는 사람들. 요 몸뚱이가 믿는 거예요. 만약 몸뚱이가 영원히 영원히 산다 할 것 같으면 그건 사도(邪道)입니다. 자꾸 변해야 되거든요.

그러하기 때문에 그 많은 낙동강 모래, 한강 모래에 꼭같은 것이 없다는 것, 다른 말 아닙니다. 꼭같은 모습이 없는데 재미가 있는 겁니다. 그러하니 이 도리를 모르면… 어제 그저께 얘기했기 때문에 이 정도 얘기합니다만. 제일 첫째 시가 나옵니다. 시. 또 말을 해도 요것이 내다 요런 것이 바탕이 돼서 거기서 말이 나옵니다. 그러니까 그 말이 전부 죽은 말들입니다. 시를 써도 이 도리를 모르면 참말로 시가 안 나옵니다. 물론 정치도 그렇습니다. 정치. 이 도리를 모르면 참말로 정치가 안됩니다.

그러하니 요 도리는 간단한데, "사람은 전부 '개시허망'한 거다. 다 허망한 거다. 빛깔도 소리도 냄새도 없는 이 자리가 진짜 자리다" 라는 도리를 알면 정치도 올바르게 되는 겁니다.

82년 겨울철야정진이 시작되자 선생님 법문 중 공겁인 설법에서 공겁인이라는 실감이 느껴지기 시작 했다.

공업인

　나 허공에 대해서 어쩌다 간간히 얘기를 합니다. 우리가 이거 하나만 가져도 무거운데 지구 전체가 그 무게가 굉장해요. 해의 무게가 수 억천만 톤이 될 거예요. 억천만이 아니라 숫자로서 헤아릴 수 없는 이런 톤수가 될 겁니다. 이러하니 이 태양계, 수성이니 지구니 달이니 많이 있어. 여러분 생각해 봅시다. 이것이 무거워. 어떻게 생겼든지 떨어진다 합시다. 지금 떨어지고 있어. 우리는 몰라. 어느 쪽이든지 간에 떨어지고 있어. 허공이 끝이 없으니 떨어져도 떨어지는 것이 아니네. 일초에 몇 천만 리를 떨어져. 일초에. 째깍 하는 사이에 몇 억만 리를 떨어진다 할지라도, 끝이 있으면 어디 부딪혀서 끝이 있다는 것이 증명이 되는데 끝이 없으니 떨어지나 안 떨어지나 한가지 아니에요? 이 허공이란 그렇게 넓은 겁니다.

그러하기 때문에 적은 것도 아니고 큰 것도 아니라는 이 말밖에 말할 도리가 없어요. 허공을 뛰어넘은 자리거든. 그러기 때문에 이 자리는 말마디가 끊어진 자리라.

이러한 허공이 언제 생겼겠습니까. 언제 생겼다, 이 말이 끊어진 자리라. 그 자리가 공겁(空劫)이라 이렇게 표현을 했어요. 이 겁은 지구가 한번 생겼다가 나중에 또 없어져. 이것이 일겁이거든. 이 빌 공자를 놨어. 이거 한문으로 잘 된 말입니다. 그러하니 이 허공은 시작이 없어. 시작이 없으니 끝이 없어. 자, 우리가 겁이 나. 설사 나 혼자는 죽어도 좋아. 뭣인가 딱 부딪히는 데가 있어야 재미가 있을 건데 시작이 없으니 끝도 없지. 너무나 벙벙해. 허공, 이걸 공겁이라 하는데 그러면 우리가 여기서 한마디 긴히 해야 될 얘기는 "여러분들이 가지고 있는 이 공겁인 자리, 여러분들이 가지고 있는 성품자리, 역시 빛깔도 소리도 냄새도 없다" 말이지.

❀ 85년 8월 1일 하계철야 회향 전야 다과회.
(입적 하시기 전날 대중과 함께 용맹정진 회향 다과회)

그러면 그 성품이 언제부터 생겼는가요? 만약 그놈에게 어떤 모습이 조금이라도 있다면 시간과 공간이 계산이 돼. 아무것도 없어. 여러분의 성품, 밉다 곱다 하는 것의 앞 소식, 좋다 나쁘다 하는 것의 앞 소식. 시공간이 없어. 왜 그러느냐. 그놈이 빛깔도 소리도 냄새도 없어. 밉다 곱다 하는 건 시간이 들어붙어. 언제 어느 때 내가 미워했다 언제 어느 때 나는 웃었다 이건 있어. 이렇게 되면 이건 하나의 모습이거든. 그러나 "밉다 곱다고 생각할 수 있는 그 앞 소식, 그 성품자리는 시간이 없어요."

자, 이 말 알아듣는가 모르겠다. 그러면 "허공을 향해서 우리가 공겁이라 하면, 여러분의 성품도 공겁이라 말이여." 여러분의 성품 중에서 사람의 몸도 나투었다가 축생의 몸도 나투었다가 하늘에도 났다가 이리 해. 여러분이 지금 죽고 사는 걸 색상신(色相身)의 분으로 봐서 계산 하자면 항하수의 모래수, 그 수의 항하의 모래수 천배 만배 하더라도 당하지 못합니다. 어떻게 나투었든지, 사람의 몸을 나투었든지 축생의 몸을 나투었든지 도솔천이니 사왕천이니 하늘의 몸을 나투었든지 말이지 그 수를 어떻게 헤아릴 거여. 못 헤아립니다.

그러면 여러분의 성품도 역시 공겁이라. 그러나 색신은 공겁이 아니거든. 나투었다가 없앴다, 나투었다가 없앴다 이것이거든. 물 위의 거품이 일어나듯이 일어났다 없어졌다, 일어났다가 없어졌다 하니 이건 문제 밖이라. 그러나 진짜 여러분은, 여러분의 성품은 공겁이라 해야 말이 맞습니다. 여러분 이거 실감납니까?

그러하기 때문에 내가 책에 쓸 때는 여러분의 성품은 하늘 땅의 앞에 있다는 말이 그 말입니다. 하늘 땅의 앞에 있으니 하늘 땅이 뭉개진 뒤라도 여러분의 성품은 그대로 있는 거예요. 물론 여기에 있어서 안다 모른다, 착한 것도 아니다 악한 것도 아니다, 이런 말은 다 설명하는 것에 지나지 못합니다. 좌우간 어쨌든지, 없었던 여러분이 지금 있을 수가 없어요. 있는 성품이기 때문에 이런 색신 나툰 것 아니에요? 여러분이 과거에 아무것도 없는데 어찌 오늘 이 육신을 나투겠느냐 말이에요.

그러면 여러분이 지금 이 몸뚱이를 나투고 있다손 해도 실은 여러분의 성품은 공겁이거든. 이 말 알아듣겠지? 이건 사실 아닌가? 조금만 공부한 사람은 압니다. 실감 안 나도 좋

아. 이 말 거부 못해. 공겁이거든.

　설사 지금은 여자 몸을 나투었어. 어린애까지도 낳았어. 그렇지만 그 성품자리는 공겁 자리거든. 육신은 자꾸 변하는 거라. 그러니 이건 말할 것이 없어. 그렇다면 여기에 글자를 하나 더 붙이자 말이여. "여러분은 뭣이냐. 공겁인이라." 아, 내가 금년에 쉰 몇이다 금년에 칠십 몇이다 스물 몇이다. 이건 색상신 분에서 하는 말이여. 이건 말이 안돼.

　그러니까 이 자리는 진짜를 다루는 자리인데, 바로 말하자면 하늘과 땅이 있기 전부터 여러분은 있는 거라. 허공하고 동일해. 실은 여러분은 허공하고 나란히 가고 있어. 한결같이 가고 있어. 그러나 이놈의 색신을 나투는 바람에 말이지 아, 이거 어쩌고 해서 울고 하지만. 색신, 그건 문제 거리가 아니거든. 그렇다고 색신 부인하는 것도 아니여 색신 나투었으니.

　오늘 저녁에 여러분이 이것만 납득이 가면 돼. "나는 공겁인이다."

　여기 어느 사람이 공겁인 아닌 사람이 없습니다. 만일 공겁인 아니라면 이 자리에서 내 자살 하겠어요. 여러분이 몰라도 좋아. 우리가 아나 모르나, 남자나 여자나 노소를 막론하고 여러분들은 공겁인이에요. 그러면 여러분만 공겁인이냐. 여기 돼지니 개니 땅강아지니 이거 전부 공겁인이에요. 형상을 그리 나투었다 뿐이지. 공겁인이라 하는 것은 편의상 '사람 인'자를 붙였지만 어느것 공겁인 아닌 것이 없어. 이거 우리 생각해 봅시다.

그러면 오늘 이 자리에서 어떻게 하느냐. 뭣을 논의하고 있느냐. 공겁사를, 공겁 일을 논의하고 있어요. 김 군, 너 납득 가나? "예."

우리 이거 사양하지 맙시다. 사양할 것이 따로 있어. 여러분이 부처가 안돼도 좋아. 부처를 사양해도 좋아. 하지만 이건 사양이 안돼. 나는 괜찮다 말이여. 중생이 좋다 말이여. 이것도 좋아. 공겁인 이건 사양이 안돼.

우리가 성품이란 걸, 눈이라는 기관을 통해서 보는 그 자리라든지, 귀라는 기관을 통해서 듣는 그 자리라든지 이걸 부인한다면, 공겁인 이것도 우리가 부인해야 돼. 그 자리는 부인 못하거든. 여러분이 눈이라는 기관을 통해서 나를 보고 있어요. 공겁인이 보고 있어요… 슬기라 해도 좋고 뭐라고 해도 좋아 공겁인이 보고 있어. 그러면 공겁인이 지금 이 자리에서 얘기하고 있어. 논의를 하고 있어. 뭘 논의하고 있느냐. 공겁사(空劫事)를 논의하고 있다 말이여. 공겁사. 김 군, 이 자리 한번 뛰는 자리라. 한번 뛰는 자리라. 그러기 때문에 이 자리는 삼백육십 도 그대로 뛰는 자리다.

내 말이 관념이라든지 이러면 내 관념 믿지 마라. 관념이 사람 죽인다. 그러나 이것이 사실이라면 말이지 어찌 이거 안 믿겠노? 어찌 니가 공겁인이란 걸 안 믿겠나? 내가 금년에 몇 살이라 말이여. 내가 대학교 다닌다 말이여. 이건 색신 분상에서 하는 것 아니라? 색신이라는 건 자체의 지혜가 없는 거 아니라? 그건 나투었다 꺼졌다, 나투었다 꺼졌다 그거 아니라? 자꾸 변하는 것 아니라? 그러하니 그건 이 자리에서 말거리가 안돼. 이 자리에서는 공겁인을 말하는 거라. 이 공겁이라는 한문자가 참 잘 됐어. 공겁.

그러면 여러분 생각해보죠. 이 방에 모인 사람뿐만 아니라 안 모인 사람, 이 말 생전 들어보지도 못한 사람도 설사 이런 얘기를 거부한다 해도 공겁인이라 말이여. 이걸 어찌 하겠노? 그렇지 않나? 이 말을 듣고 거부를 해. 거부를 하는 사람도 공겁인인데야 어찌 하겠나 말이여. 그러면 공겁인이니까 시작이 없어. 시작이 없어. 다만 이거 알고 모를 뿐이여. 또 끝도 없어. 시작이 없으니 마침도 없을 수밖에 도리가 없지 않나? 어떻노?

또, 이 색신을 빌어서 이러쿵저러쿵 얘기를 하지 않나? 머리도 없고 끝도 없는 얘기라. 그러하기 때문에 어떤 때를 뜻하는 거냐. 지금 이 때라. 공겁시라… 지금 이 때가 공겁시라. 김 선생, 이거 과학적으로 맞는가 안 맞는가.

"딱 맞습니다."

그렇지? 하나도 안 틀려요.

그러면 "우리가 공겁시를 당해서 공겁인이 공겁사를 논하고 있다." 말이여. 이 사실을 우리가 뼈저리게 느낀다면 뭣이지? 뭐라고 하면 좋겠지? 공겁의 주인공이 아니냐 말이여. 우리가 공겁의 주인공을 제쳐놓고 어디 가서 다시 주인공을 할꼬? 자, 알아듣겠는가? 알아듣는가? 알겠죠?

딱딱딱!(죽비 치는 소리)

가만 있거라. 공겁사에 어디 죽비가 붙겠더노? 공겁사는 시공간이 떨어진 자리라.

너도 공겁인 아니라? 여러분, 너무나 너무나 이거 문제가 큽니다. 나는 이 자리에서 말 이 정도 해 놓고 한번 울고 싶어요. 울어도 마음이 안 차. 이 얘기를 누구와 더불어서 얘기를 해야 되겠습니까? 누구와 더불어서 술 한 잔 받아 놓고 술 먹어 가면서 이 얘기를 하겠느냐 말이에요.

그러면 말이죠, 우리가 공겁시에 공겁사람이 공겁사를 논의한다면 이 자리는 삼계를 뛰쳐난 자리라. 지구 이까짓 것이 문제가 아니에요. 욕계 색계 무색계를 뛰쳐난 자리라. 그렇다면 여러분 어떻게 하지? 이거 여러분 받아들여야 하지 않아요? 되돌아서 말이지 사바세계의 한 지역 속으로 들어가서, 미꾸라지가 뻘구덩이 속으로 들어가듯 할 필요가 어디 있느냐 말이에요. 사실 알고 보면 미꾸라지도 공겁 미꾸라지라. 그렇게 말할 수가 있어. 지가 극도로 미해서 그렇다 하지만 말이지. 애천아, 넌 알겠지?

"예."

예 밖에 할 말이 없더냐?

"그 외에 다른 말이 뭐 필요합니까? 선생님."

하하하. 나보다 한술 더 뜨네. 하하하. 너와 같은 말 일찍이 한 사람이 있다. 유 선생한테 내 그런 말 들었다. 공겁인이 공겁사를 굴린다는 너무나 당연한 말입니다. 기가 막혀서 내가 입이 딱 봉해졌어. 알건 모르건 간에 알아도 좋고 몰라도 좋아. 그러나 저러나 우리가 공겁인으로서 공겁사를 논의할 때도 이 때 뿐이여. 여러분이 다 흩어져. 언제 다시 모여서 이런 얘기를 할까요? 보통 일이 아니라. 이건 욕계 색계 무색계를 뛰어넘은 말이라. 공겁이니까. 허공으로서의 나니까. 공겁인이니까.

우리가 공겁인이라는 이 생각만 실감이 나. 그러면 우리가 공겁인으로서 밥 먹는 것도 공겁사요, 일을 하는 것도 공겁사라. 어느것 공겁사 아닌 것이 없거든. 그러하니 우리는 사실에 있어서는 매일 매일 공겁사를 굴리고 있어요. 왜 굴리고 있느냐. 공겁인이기 때문에 공겁사를 굴리고 있는 거다. 만일 우리가 본래로 공겁인이 아니면 어떻게 공겁사를 굴리겠느냐 그 말이여. 어째? 이군, 너 알아듣겠나?

"예."

너는 어떻게 이걸 알았나? 말해 봐라. 어떻게 알았나? 한 마디 해라. 그만 내가 얘기하는 것 그럴 듯하다 이렇게만 알았나? 하하하.

이것 참 이거 아닌 게 아니라, 과학이니 뭣이니 여기엔 들어붙지 않는다. 과학이라는 것은 한도가 있다. 인간의 머리에서 짜내는 것은 한도가 있다. 그러나 이 공겁에는 한도가 없다. 그러니까 여기에는 이론이니 과학이니, 안다 모른다, 이거 전부 내버리는 자리다. 솔직한 말로 안다는 것 어느 정도까지 안다는 말이냐. 가만히 생각해 봐요. 그러하니 우리는 오늘 저녁에 이대로 날 새도 좋아. 우리가 지구에 있으니 날 샌다 하지 태양에 우리가 있다면 밤은 어디 있고 낮은 어디 있노? 그러나 사바세계도 내가 만들어 놓은 것이니 거부할 필요가 없어. 날이 샌다는 이런 말해도 좋아.

그러면은 공겁인 이거 알긴 알았지?

"예."

김 양, 너 말해 봐라. 니 공겁인이 공겁사를 논한다는 거 알아들었나?

"예."

공겁사 한번 말해 봐라.

"선생님이 손을 들고 있습니다."

손을 이리 들고 있습니다. 그거 공겁사라 할 수 있습니다. 공겁사에요. 공겁사라 해서 별 건가요? 별 거 아니거든요. 그러나 별 거라. 보통 사람들은 열 번 죽어도 몰라. 이 공부는 목숨하고 바꾸는 거예요. 여러분의 생명하고 바꾸는 거예요. 솔직한 말로 생명이라고 해봤든 육신을 본위로 한다면 일평생이니 그 가치가 얼마나 되요? 몇 푼어치 안됩니다. 공겁에는 무한이라. 여러분의 생명은 백 개 천 개 만 개 모았든 여기에는 안됩니다. 말은 생명하고 바꾼다 하죠. 그러나 그 생명 자체가 바로 공겁이거든.

이렇게 따진다면 말이지… 사람이 늘 굴리고 있어. 가정을 가지는 것도 공겁사요, 회사 나가서 일하는 것도 공겁사요, 여기 와서 공부를 하겠다고 하는 것, 다 공겁사거든. 공겁인의 분상에서 공겁사를 굴린다는 이 도리만 여러분이 안다면 앞으로 나흘 동안 더 할 것이 없어. 그대로 여기서 일은 끝이 났어. 일이 한가지 남았어. 춤추는 일밖에는 없어.

"전군! 너 공겁인 알지? 철두철미하게 느낌이 오지? 너 느낌이 올 거다. 이걸 느낀다면 만사는 다 끝이 났어. 춤밖에 출 것이 없어."

지난번 화두를 가지고 공부할 때의 실감과는 좀 달랐다.

적적하다는 생각조차도 없이 죽 마음을 가졌던 것 같다. 그리고 참으로 이 말 한마디 듣기위해서 이 세상에 왔구나 하는 생각이 들었다. 쉬는 시간에 선생님 방을 지나치는데 선생님이 혼잣말로 '거 참 대단한데…' 라고 하시는 말씀이 들렸다. 그리고 그 말씀이 나의 마음상태를 두고 하신다는 것을 즉각 알아차렸다.

　우리가 불교공부를 하는데 있어서 반드시 성태(聖胎)를 키워야 되는데 성태, 성태란 '거룩한 태'라 그 말입니다.

　여러분들이, "옳지 삼천 대천 세계라도 이것이 실다운 것이 아니다. 이것이 전부 하나의 그림자요 빛깔에 지나지 못한 거다. 우리의 몸도 물론 그렇고. 그렇다면 이 빛깔이요 그림자 이것은 그 절대성자리가 나투는 상대성의 놀음놀이다." 이러한 생각을 잊어버리지 않는 것이 성탭니다. 그러기 때문에 성태를 기르는데 있어서는 밥을 먹으면서도 기를 수가 있고 논을 매면서도 기를 수가 있고 장사를 하면서도 기를 수가 있습니다.

　그러하니 요 말을 조금 떠나서 하는 말이, 우리 보림선원에
서 지금 주장하는 것이 "우리의 몸은 무정물, 자체성이 없다"
는 걸 갖다 여러분이 잘 아시거든요. 이건 마 말할 것이 없는
거니까. 자체성이 없어. 자체성이 없기 때문에 자꾸 변해. 변
한다는 말은 늙는다는 말을 뜻하는 것인데 늙는단 말은 죽는
단 말을 뜻하는 것인데 그건 전부 변하는 것이거든요.

　자체성이 없으니 변하는 것이에요. 자체성이 있다면 변할
래야 변할 수가 없고 변할 것이 없어. 그러나 몸뚱어리를 끌
고 다니는 그 법신자리는 자체성이거든요. 이거는 빛깔도 소
리도 냄새도 없어. 변할래야 변할 것이 없어. 그러니까 이건
영원이다 하는 그런 결론이 나는 거라. 불에 들어서 타도 안
해. 물에 들어서 젖도 안해. 이건 참 그야말로 여러분들이 그
러한 보배를 가지고 있다는 것은 이건 춤출 일입니다. 춤을
이때 추는 거예요.

　참말로 여러분들이 그러한 보배를 가지고 있기 때문에 오
늘 이러한 법회도 이루게 된 것이거든요. 고걸 알아. 그래서
무슨 일을 한다 할지라도 옳지, 내 자체성, 자체성을 갖다가

법신, 법성신, 법의 성품의 몸이라고 이름을 그렇게 지읍시다. 그러면 이 색상신, 자체성이 없는 이 몸뚱어리, 제멋대로 변하는 이 몸뚱어리, 몸뚱어리로 하여서 글을 쓰는 것은 법신이 시키는 거예요. 무정물인 이 손을 시켜서 법신이 시키는 거에요.

그러니까 이 색상신은 아무 죄가 없어. 빛깔도 소리도 냄새도 없는 이 법신이 글을 쓸라면 붓을 가져서 글을 써. 사실은 손 자체가 쓴다고 이리 하겠지마는 실은 손은 자체성이 없기 때문에 그 법신이 시킨대로 붓을 잡아서 글을 쓰는 겁니다. 그와 마찬가지로 밥을 먹는 것도 역시 또 그래. 이거는 밥 먹는 줄도 몰라. 시고 단 줄도 몰라. 그러하면서도 법신은 알거든. 장사를 하는데도 이 법신이 이 무정물인 색신을 시켜서 장사를 하는 거예요. 논을 가는데도 빛깔도 소리도 냄새도 없는 이 법신이 이 색신을 시켜서 소로 하여금 논을 가는 것이거든요.

이런 줄을 아는 것, 그렇다 "옳지 요것은 무정물이다. 자체성이 없는 색신이다. 그러나 요거를 끌고 다니는 것은 빛깔도 소리도 냄새도 없는 이 법신자리가 이걸 끄집고 다닌다." 요런 생각을 놓치지 않는 것이 성태입니다.

그러하기 때문에 이전 성현들도 이거를 턱 알면은 십 년도 좋고 이십 년도 좋고 죽을 때까지 이걸 길렀습니다. 성태, 한문으로 성태, 거룩한 태라. 그 말이거든요. 우리나라 말로 말하자면은.

그러니까 여러분들 단단히 아세요. 오늘부터 그대로 실행해 나가야 합니다. 하루 한번 생각하나 두 번 생각하나, 한번 그래 생각하기 시작하면 나중에 주욱 생각하게 되는 거예요.

"옳지, 빛깔도 소리도 냄새도 없는 내(나), 낸데 '내가 아닌 내'라. 내라 해봤든 어디 걷어잡을 수가 없어. 근데 요 색신 바로 이 손을 빌어서 이래도 하고 저래도 한다. 이 색신 다리를 빌어서 여기도 가는 듯 저기도 가는 듯 한다." 원래 빛깔도 소리도 냄새도 없는 법신자리는 가는 것도 없고 오는 것도 없어요. 무엇이 있어야 간다 온다 말하겠죠. 그렇지 않아요? 이 허공이 어디 간다 온다 말할 수 있어요? 아무것도 없으니까.

그와 마찬가지로 "법신이 색신의 손을 빌어서 글을 쓴다. 색신의 다리를 빌어서 걸어 다니기도 한다." 밥을 먹어도 그렇고 잠을 자도 그런 거예요. 일을 해도 그런 거예요. 그러니

| 허공의 주인공 |

까 이런 식으로 여러분들이 생각을 놓치지 마세요. 놓치지 않고 늘 그런 식으로 하면은 그만 지혜가, 나중에 광명을 놓습니다. 고것이 바로 성탭니다.

여러분들은 오늘부터 성태를 기르는 거. 제가 어제 그랬죠?

"밥 한술 뜨는 동안에 내 마음을 텅 하게 비워버려. 머물지 않해. 눈하고 타협을 하지 않해. 보통 사람들은 눈하고 보면 아 저거 좋다 나쁘다. 좋으면 히 웃고 나쁘면 성을 내고 이렇거든요. 하지만 눈하고 타협을 하지 않해. 보긴 봤어. 좋은 것도 보고 나쁜 것도 봤지만 눈하고 타협을 안 하니 좋아도 그만이요, 나빠도 그만이라."

요러한 마음 가짐새가 성탠데 이런 마음 가짐새를 밥 한 숟가락 뜰 사이만 가져도 이 허공중에 칠보탑을 세우는 것보다 공이 더 많다고. 이건 부처님 말씀입니다. 그러니까 우선 요걸 가지는데 있어서는 될 수 있는 대로, 그렇다고 말하지 말라는 것도 아닙니다. 눈으로 보지 말라는 것도 아니에요. 귀로 듣지 말라는 것도 아니에요. 그러나 저러나 눈하고 타협을 안한다 말이죠. 설혹 눈하고 봐서 흥정을 해. 흥정을 한다 할지라도 흥정하는 줄을 알아. 흥정하는 줄을 알면 흥정을 해서 장사를 한다 할지라도 타협하는 것이 아니라요. 요것이 어렵습니다.

오늘부터 만약 시장에 다니시는 분들이 계신다면 이걸 일부러 시험을 해보세요. 흥정을 해. 나는 더 받아야 되겠고 저기는 깎을라 한단 말이지. 주고받고 얘기 하는데, 내가 빛깔도 소리도 냄새도 없는 그 자리가 이 입을 시켜서 말하구나. 내가 지금 말을 하니까 시간이 굉장히 많이 흐르는 것 같지만 그만 생각을 그리 가져버려. 생각을 가지면서 아 이 물건 좋소. 사소. 이렇게 하더라도 그 말마디에 내가 들어앉질 안해. 요것이 좀 어려워요.

그런데 요것을 여러분들이 한 달만 훈련을 하면은 고만 됩니다. 지금 내가 말하는 줄을 내가 알고 있거든요. 하나도 고민이 없어. 고통이 없어. 처음엔 조금 고통이 생겨요. 생기지만은 말이죠 아무 고민이 없어. 아 그만 그런가 보다. 알고 있어놓으니 말이죠. 처음엔 "내가 빛깔도 소리도 냄새도 없는 내가 이 색신을 통해서 장사를 한다." 이렇게 입으로 외우듯이 해야겠다고 생각을 할는지 모르겠습니다만 요것이 습성이 딱 되놓으면, 그만 그대로, 말하더라도 그 말에 주저앉질 안해. 그러하다가 혹은 어찌하다가 말에 실수하는 수가 있긴 있습니다. 처음에 훈련이 잘 안되놓으면. 좋다 한 것이 나쁘다 이럴 수도 있어요. 그러나 공부하는 과정에 어쩔 도리가 없습니다.

그러니까 여러분 성태를 기르는 방향으로 그렇게 나가야 됩니다. 이거 잊어버리지 마세요. 우리가 살 길은 이 길 뿐입니다. 솔직한 말로 죽어도 내가 죽고 살아도 내가 사는데 우리가 누굴 믿겠습니까. 믿을래야 나밖에 믿을 데가 없어. 지자신밖에 믿을 데가 없어요. 그러하기 때문에 자식이 수천 명 있어도 소용이 없다는 것이 그겁니다. 죽음에 있어서는. 부처님이 만 명이 있어도 소용이 없다는 것이 그겁니다. 왜 그러느냐.

우리는 죽을 권리와 날 권리를 가지고 있습니다. 이걸 다 몰라서 그렇습니다. 그렇기 때문에 부처님은 자기 권리 자기가 행사를 합니다. 어디 몸을 나투고 싶다 하면 몸을 턱 나툽니다. 보살들도 다 그렇습니다. 또 몸 없앨라면 싹 없애버립니다.

그러니까 이 중생들은 제일 소중한 권리를 망각하고 있습니다. 잊어버리고 있습니다. 하기 때문에 제일 소중한 권리는 무엇이냐 할 것 같으면 "나는 것, 이런 헛거를 나투는 것, 나투어서 이걸 써. 자체성이 없는 이 몸뚱이를 세상에 나투는 것," 이 권리가 있습니다. 이건 자기가 쓰는 겁니다. 그게 답답해서 어떤 사람은 인연에 따라서 난다 이런 말하지 않습니까? 역시 인연에 따라서 난 거나 뭐이나, 물론 인연의 굴림새로서 인연의 힘을 빌기야 빌지만 인연 해봤든 인연 자체가 빛깔도 소리도 냄새도 없는 자리거든요. 그러니까 결국 나는 권리, 내가 행사를 해야 됩니다. 우리 중생들은 나는 권리를 자기가 전부 씁니다. 써도 권리를 몰라요. 또 죽는 권리도 지가 써요. 쓰면서도 몰라요. 모르기 때문에 안 죽을라고 바당바당 하죠. 안 죽을라고 바당바당 한다고 해서 오래 살면 바당바당 해봐도 좋지만 말이죠. 그런 것도 아니거든요. 우리는 나는 권리와 죽는 권리를 가지고 있습니다. 그러하기 때문에 나는 권리와 죽는 권리를 우리가 잘 쓸 수 있다면은 그때야 다른 것쯤은 문제가 없는 거 아니겠어요. 가만히 생각을 해보세요.

어떻든지 여러분들 이 자리에서 거룩한 태(胎), 거룩한 태를 기르도록 하십시오. 왜 그러느냐. 여러분들은 벌써 태가 되어 있습니다. 여러분들 생각해보세요. 태가 안되어 있는 가. 천하대지(天下大地)든지 무엇이든지 이거 실다운 것 아니다. 이거 과학적으로 여러분들 인정하고 있거든요. 옳지 내 몸뚱어리 이거 실다운 것 아니다. 변하는 거다. 이건 의학적으로 여러분들이 인정을 하고 있단 말이죠. 우리가 알고 있어. 알고 있는 그 자리가 바로 탭니다. 그렇다면 알고 있는 이 태 자리를 잘 키워야 됩니다. 키우는 것은 힘이 안듭니다. 그만 나는 공부하는 학인이다 이런 생각을 턱 가지면 저절로 태자리가 늘어날 것입니다.

평상시에 선생님의 말씀은 한마디도 그냥 하시는 법이 없이 반드시 그 의미가 있었다. 어느 날은 법문 중에 "내가 지금 삼십만 됐으면 말이지 내 생명 바쳐놓고 우리나라 불교 운동을 하겠습니다. 지금 잘한다 못 한다 내가 그걸 말하는 것도 아니에요. 그만치 하는 것도 고맙지. 고맙긴, 그러나 어떤 여독을 남겨 놓아. 자기 자신도 모르는 여독을 남겨 놓아. 그러나 요즘 다행히 젊은 사람들이 또 지식인들이, 남학생 여학생들이 여기 와서 공부하는걸 보고 이렇게 하는 것에 큰 희망을 걸고 있습니다. 말은 못해 희망을 내 걸고 있어. 어떻게 올바른 무엇이 하나 심겨지는가 싶은 생각이 듭니다. 그러나 이것은 내가 이 몸을 버린 다음의 일이니까 그러나 사실로 버린다는 건 내 법신(法身) 버리는 거 아니거든. 색신(色身) 버리는 것이거든. 그러하니까 기다리는 과정에 있습니다. 모르겠습니다. 어떻게 될는지. 하하하." 하실 때 항상 그렇듯이 너가 30이니 네 생명 바쳐놓고 우리나라 불교운동을 하라는 말씀으로 와 닿았고 평상시에도 그러리라 생각 했지만 더욱 절실하게 그렇게 하리라 생각이 들었다. 선원의 일이 나의 삶의 전부라 느껴졌다.

삼보회의 초청법회 이후 82년 여름 철야정진을 강혜(묵산) 스님이 계신 보림사에서 하게 되었다. 현수막 준비부터, D.M. 발송 철야정진준비와 진행 전반을 맡게 되었다. 철야정진 내내 앞장을 서서 참석하신 도반들의 안내도 맡게 되고 법회 진행, 그리고 입승까지 보느라고 바빴다. 그러한 내 모습을 선생님은 유심히 관찰 하고 계셨다.

그리고 여름철야정진을 마치고 보림사에서 한달에 15일

간을 선문염송(禪門拈頌) 설법을 하시게 되었다. 이때 불교 공부를 하는 많은 서울 분들이 다녀가시고 선생님을 서울로 모시자고 하는 움직임이 벌어져 실제로 조대비 별장이 추천되어 답사하기도 하였다. 그러나 부산 도반들이 부산에서 모셔야 한다고 의논이 되어 선원마련 기금확보를 위하여 부산호텔에서 전시회를 가졌고 실지로 2~3천만원의 기금이 조성되어 청사포에 땅을 사서 선원을 지으려 했으나 선생님은 다시 다른 장소를 물색하다 산청 쪽으로 결정하시게 되었다. 결국 선원은 부산 쪽으로 장소가 정해지게 된 것이었다.

어느 날은 도반들이 버스를 빌려 설악산 오색 약수터에 선생님을 모시고 구경 가게 되었다. 관광버스 안에서 도반들뿐 아니라 나도 술에 취했다. 노래도 돌아가며 부르고 신이 나서 돌아 왔다. 다음날 선생님은 서운 선생님과 민거사와 나를 부르시더니 "너희들이 대단한 것은 안다. 그러나 이 공부는 대단한 정도 가지고는 안되는 것이야"라고 말씀하셨다.

공부하는 사람이 술을 먹어도 허공으로서 나란 자기의 입처를 한시라도 놓치지 말라는 말씀으로 들렸다. 며칠 뒤

선생님께서는 혼자 있는 나에게 넌지시 이야기 하셨다. "술 먹는 습관을 키울 필요가 없잖아." 하시는 것이었다. 그 말씀 한마디가 지금도 술을 먹어도 술에 그다지 빠져지지 않아지는 까닭인 것 같다.

철야기간중 참선시간에는 입승을 맡았는데 문득 결혼해야겠다는 생각이 들게 되자 나도 모르게 내 배우자는 같이 공부할 사람, 공부를 방해하지 않을 사람이면 좋겠다고 생각이 들었다. 1주일 철야정진을 마치자 오랜 도반 보살님을 통하여 묘선 보살을 소개 받았다. 과연 망심 없이 낸 한 생각이 그대로 이루어져 지금도 집사람은 항상 불교공부를 같이 하고 있다.

그뒤 3개월 만에 결혼을 하게 되었는데 신혼여행을 다녀오자마자 부산으로 내려가 선생님을 뵙고 인사드렸다. 도반들이 모여서 축하를 해주자 선생님이 "신랑이 신부를 잘 만났는지, 신부가 신랑을 잘 만났는지" 하고 법문 하셨다. 그리고 간단한 축하연을 마치고 선원법당 옆의 방을 내주셔 그곳에서 하룻밤을 보냈다.

| 허공의 주인공 |

❀ 85년 7월 산청 보림선원의 유마탑 낙성식.

'수목은 수목이고 풀은 풀이고 돌은 돌이다' 하고 나하고
관계없다 하지만 관계없는 것 하나도 없습니다. 그러하니 우
리는 허공으로서의 나다 하는 것, 이걸 갖다 탁 하게 깨달아
버리면, 또 이걸 깨닫지 못하게 된다 할 것 같으면 중얼중얼
해도 좋아. '허공으로서의 나다' '허공으로서의 나다' 이렇게
해볼 필요가 있다고 생각해요.

왜 그러느냐. 적어도 '절대'의 문제. 우리가 백년이나 이백
년 산다 합시다. 그때 죽는다 하더라도 죽을 수만 있다면 그

럴 필요가 없습니다. 사람이 완전히 죽을 수만 있다면 뭐 한다고 불교공부 해? 이 몸뚱이 가졌을 때 잘 먹고 잘 놀다가 죽어버리지. 그러나 죽어지는 것이 아니에요. 허공 없어질 때까지 여러분 기다려 봐요. 허공 있는 것도 아니고 없는 것도 아니에요. 있고 없는 앞 소식이거든. 허공 없어질 때를 기다리는 거나 꼭 마찬가지거든.

그와 마찬가지로 죽어지는 것이 아닙니다. 죽어질 수만 있다면 나는 참말로 행복이라고 생각합니다. 왜 그러느냐. 아무것도 모르니까 행복이라 말이지. 이건 답답한 행복이에요. 답답한 행복이라. 하지만 죽어지질 않아. 내가 그릇된 생각을 가지고 간다 할 것 같으면 거기에 대한 인과에 따라서 어떤 고생을 할는지 모른다 말이죠. 그러니까 그건 제삼자가 볼 때 무슨 고생을 하든지 상관이 없다 하지만 고생을 하는 그 자체, 이 입장에서 볼 때는 자체, 무서운 고생이 많습니다.

내가 아는 방식으로 얘기합니다. 내가 대전에 있을 때 신광사에 몇 달 있었습니다. 변소에 가면, 이전 변소라. 거 이상해요. 여름에 똥통에서 나온 구더기, 이놈이 하필 거미줄에게 걸려 있느냐 말이여. 거 이상해. 지가 올라가서 그런지 거미가 물어다 그런지 그건 몰라. 이놈이 거미줄에 걸려서 말이지 그걸 탈피 못해서 하루종일 그래. 아침부터 저녁 때까지 바둥거려. 죽었는가 어쩐가 그건 모르지.

그런 걸 내가 봤는데 사실로 그래도 거 죽는 건 아니거든. 지가 어떻게 느끼든지 굉장히 고통을 느낄 것 아니겠어요? 그와 마찬가지로 우리가 축생 몸을 받아. 또 중생의 몸을 받아. 이러면 그 윤회를 면할 도리가 없는 거예요. 이제 그것이 답답해서 그렇지, 아닌 게 아니라 그런 것도 없이 참말로 죽을 수만 있다면 잊어버린다면 무슨 상관있나요? 생각이 안 나거든요. 다 잊어버리니까. 그러하니 어떻든지 공부는 해야 된다는 이유가 여기 있는 겁니다. 나는 그렇게 생각합니다.

그럼 이 생명, 어떠냐. 허공과 마찬가지로 끝이 없어. 허공이 끝도 없어. 가도 가도 끝 없어. 위도 없고 아래도 없어. 사실에 있어서 위아래 없습니다. 만약 태양 쪽을 위라 하면 낮에는 우리가 바로 서 있지만, 밤에는 우리가 거꾸로 서 있는 것 아니에요? 우리 지구 거꾸로. 태양쪽을 위라 하면 배도 거꾸로 가요. 물도 거꾸로 가요. 자동차도 거꾸로 가. 내가 지금 말하는 것도 거꾸로 서서 말하는 것이고 여러분도 거꾸로 앉아 있는 거예요. 그러나 저러나 위도 없고 아래도 없는 거예

214

요. 이거 묘한 거예요. 우리는 생각을 하기를 머리 쪽은 위다 발쪽은 아래다 이렇게 할 따름이지 위가 어디 있나요? 사실. 그러하니 끝없는 허공 이 자리와 이 몸뚱이를 끌고 다니는 이 자리가 딱 하나거든. 둘이 아니거든요.

만약 여기서 둘이라고 고집을 해도 좋아요. 그러면 내놓으라 말이지. 둘이라는 그 증거만 내 놓으면 나 절 백번 하죠. 내놓을 수가 없어. 허공, 빛깔도 소리도 냄새도 없어 그리고 산하대지가 여기서 나와. 여기서 지금 굴려지고 있어. 그러면 우리의 몸, 생각하는 이 자리, 빛깔도 소리도 냄새도 없는 이 자리, 이 자리가 들어서 내가 지금 얘기를 하고 있는 거예요. 이거 허공의 작용이에요. 일종의 작용이에요.

그러니 솔직한 말로 우리가 허공으로서의 내가 아니라 할지라도 그만이고, 아니라 해도 허공으로서의 나, 허공이 있기 때문에 내가 사는 것, 그 말씀 드리기 위해서 이 말 하는 겁니다. 좌우간 어쨌든지 허공을 떠나서는 일분 일초도 우리는 생존을 못합니다. 이 초목도 그렇습니다. 이것도 일분 일초도 생존 못하는 겁니다. 원리 원칙이 내 몸뚱이나 한가지이기 때문에 그렇습니다. 다만 모습이 달라서, 빛깔이 다르니까 성질이 다르고 다를지언정, 실에 있어서는 바탕으로 봐서는 어째 이거하고 나하고 둘로 보겠습니까? 여러분 생각해보세요.

그러하니 이번 이 기회에, "여러분들은 허공으로서의 여러분이다." 이거 결정해야 됩니다. 오늘 저녁 여러분이 결정이 안된다면 말이죠 공부하지 마세요.

그리고 이 허공을 여의어서는 내 몸뚱어리가 있을 수가 없어. 결국은 우리가 편의상 절대성이라 하는데 절대성하고 허공성하고 어떻게 둘로 갈라놓겠어요? 절대성자리가 있기 때문에 허공이 있는 것이거든요.

그러니 이전 어른들은 말씀하기를, 부처님의 말씀이에요, 이걸 전성체라고 했어요. 전성체. 그 말 아니에요? 전성체에서 법성신이 나왔어. 성품이라는 그 말 아니에요? "전성체에서 법성신이 나왔다. 나온 것이 아니라 전성체가 곧 법성신이다." 나는 그렇게 봅니다. 틀려도 좋아. 나는 그렇게 봐요. 경에 틀려도 좋아. "전성체, 곧 법성품의 몸이다." 이 말입니다. 법성신에서 법성토가 나온 겁니다.

이거 언뜻 생각하면 둘 같은데, 지구는 생긴 지가 오래고 우리는 난 지가 얼마 안되니까 그렇지 않다고 그러는데, 이

| 허공의 주인공 |

거 나고 안 나는 것이 문제 아닙니다. 사람이 법성신이 있기 때문에 법성토를 필요로 했어. 이걸 숫적으로 본다면 제 이차적으로 보는 것이 옳습니다. 왜 그러냐면 우리가 옷을 해 입는데 치수를 재서 옷 해 입은 거나 마찬가지에요.

그러하니 지금 내가 안심의 도리를 얻은 것이 뭣이냐 하면, 허공이 가도 가도 끝이 없어. 가도 가도 끝이 없으니까 허공은 있다 그 말 아닙니까? 그러면 우리의 절대성자리, 가도 가도 끝이 없어. 허공이나 한가지라. 그러면 죽지 않는다는 그 말 아닙니까? 그러면 우리가 죽는다 산다 하는 것은 뭣을 뜻하는 거냐. 색신을 뜻하는 것이거든. 색신 이건 문제가 달라. 색신은 뚝 떨어지면 그때는 생사 계속이에요.

요새는 의학이 발달되었기 때문에 이것이 증명이 되는데 세포, 이름을 세포라고 지었더구만요. 세포가 생겼다가 나중에 없어지고 새로 생기고 없어지고 3조(兆)라고 하든가 그렇습니다. 물론 그건 적혈구 백혈구 이건 자체성이 없는 거예요. 우리 몸뚱어리, 세포, 자체성이 없는 거예요. 그래서 생사 생사 생사, 지금 여러분들 여기까지 올 때 나고 죽고 나고 죽고, 수십 억 생사 생사 계속했을 거예요. 하루만 하더라도 생사 계속하는 것이, 법성신은 놔두고 우리 몸뚱어리만 하더라도 굉장히 생사 생사 계속할 거예요.

지금 내가 땀나는데 땀이 적혈구 백혈구 세포가 죽어서 나오는 것이거든. 그러니까 생사 그까짓 것이 문제가 아니라. 이걸 몽땅 가는 걸 죽음이라 해서 슬퍼하기도 하지만… 몽땅 가기 때문에 몽땅 또 다른 것으로 나는 것, 인연 지은대로 가서 나는 것이거든.

그러하기 때문에 죽을 수만 있다면 참 좋은 팔자라. 중생의 분수로서 미련한 생각에서 내가 하는 말이에요. 좋은 팔자라. 왜 그러냐. 좋다 나쁘다 생각을 안 하니까 그보다 더 좋은 것이 어디 있나요? 문제는 큰일 났다 말이여. 그러니까 죽지 못한 그대로 뭣을 해야 되겠느냐. 천상 공부를 해야 되겠다 이런 결론밖에 나는 것 아닙니다. 지금 종교가 많지 않아요? 전부가 상대성입니다. 불법은 이거 없어요. 그건 우리가 생각을 하기를 나한테 복을 주시고 어쩌고 이리 하는 건 말이지 부처님은 그거 없습니다. "전부가 절대성자리, 그대로 너도 부처다." 이랬어요.

이 말 하나 잘한 것 같다고 생각하는데 '초발심시변정각 (初發心時便正覺)', 참말로 초발심을 안다면 정각이지 뭣이에요? 불법은 깨닫는 것이거든요. 다 아는 겁니다. 그런데 '초발심시변정각'이라. 거 부처님 말씀인지 누구 말씀인지 모르겠는데 발심을 딱 했어. 알았어. 발심을 딱 했다면 말이죠 바로 발심하는 그 마음이거든.

그러니 나는 오늘 저녁 사랑방 얘기를 하는 것이 뜻이 있습니다. 나는 과학 이상의 과학이라 하고 있는데, 좌우간 어떻든지 불법 깨달은 자리거든. 깨닫는 건 뭣을 뜻하느냐. 불교 밖에 없습니다. 그러나 다른 종교는 전부 모습놀이거든. 모습놀이로서 잘 산다 못 산다, 모습, 전부 그거예요. 왜 그러냐 할 테면 이것이 아까와서 그래요. 이걸 진짜로 알기 때문에. 그러니까 이것이 진짜냐 아니냐 이것부터 우리가 생각해야 됩니다.

처음에 '허공으로서의 나'다 하는 것은 생각이 잘 안 간다 합시다. 그러면 안 가는 대로 제쳐두자 말이여. 그러면 이 몸뚱어리 이거 진짜냐? 진짜라 합시다. 진짜라 하면 어떻게 어머니 뱃속에서 뚝 떨어졌는데 어린애 그대로 가만있지 않고 이렇게 자라나는 거냐 이거에요. 변동이 있기 때문에 자라난 것 아니에요? 어머니 뱃속에서 뚝 떨어질 때는 이만 했거든. 그러면 그대로 지금까지 있어야 돼. 백년이 가든 천년이 가든지 그대로 있어야 돼. 변하기 때문에, 먼저 것은 없어지고 지금 것은 새로 난 것 아니에요? 변했다면 그건 진짜가 아니거든.

우리가 이 도리를 알려고 하면 알만한 재료가 얼마든지 있어요. 어릴 때 일을 생각 해봐. 지금 늙어가는 걸 생각해봐. 늙어가는 것 생각하면 더 그렇죠. 우리가 어머니 뱃속에서 떨어질 때 이렇게 늙었던가요? 어째 늙느냐 말이여. 원통해 죽겠다 말이여. 그리고 이거 내 말 듣느냐 말이여. 제일 내 말 안 듣는 놈이 이놈이여.

그래서 '새말귀'도 나오고 화두도 고쳐야 된다고 여러 가지 얘기가 나오는데. 이전 화두 좋아. 하지만 운전사가 가질 수 있는 화두라야 되지… 이것 내일쯤 얘기를 하겠습니다.

좌우간, 이 몸뚱어리가 실다운 것이 아니라는 걸 느끼는 방편은 얼마라도 있습니다. 숱한 욕심이, 탐욕이 왕좌에 딱 앉아서 자성을 괴롭히고 있어요. 실은 이 탐욕도 진심에서 오는 건 틀림없어요. 진심에서 오지만 결정을 짓기를 달리 결정을 지어버려. 결정을 짓기 때문에 결국 우리가 쓸데없는 인(因)을 심고 쓸데없는 과(果)를 낳아 놓았어. 그래서 죽네 사네 탄식을 하는 것, 그겁니다. 다른 것 아닙니다.

그러니까 오늘 저녁 여러분이 꼭 생각해야 될 것은 뭣이냐 하면, 좌우간 좋다 말이여. 우리가 고생을 해도 좋다 말이여. 축생이 되도 좋다 말이여. 그런데 나는 사람의 몸을 가졌다 말이여. 알고 보니 실로 이것 참 허공으로서의 나더라. 이 몸뚱어리도 가만 보니 허공성이라. 허공성이기 때문에 물렁물렁하니 잡아지는 거라. 만약 허공성이 아니라면 땡땡해서 이거 뭐 굉장할 거여. 또 허공성이기 때문에 이 모습은 이거 늙는 거라. 자꾸 변하는 거라. 늙는 것은 다시 말하자면 변하는 걸 뜻하는 것 아니겠습니까?

좌우간 어떻든지 나는 허공이라 말이여. 그러면 허공이 죽느냐 말이지. 허공이 죽는다 안 죽는다 이런 말 들어봤어요? 여러분의 절대성자리가 바로 허공성이라 하면 절대성자리는 죽는 것 아니거든요. 죽긴 뭘 죽어. 죽는 것 아니여.

그런데 거. 이상해요. 참 이거 이상한 일이에요. 우리 가만히 생각해 봅시다. 실은 허공으로서의 나라고 하는 것, 허공으로서의 나니까 허공은 아무 생각이 없어. 비가 오고 눈이 오고는 인연 관계고 우리 절대성자리도 역시 허공성인데 이건 생각하는 놈이 있거든. 그러면 아무리 생각해도 말이지, 이건 차별하는 건 아닌데 허공보다 내가 위라. 허공은 생각이 없어. 비가 오고 눈이 오고 벼락을 치는 것도 전부 인과관계거든. 우리처럼 생각이 없어요.

그러하기 때문에 같은 허공은 허공인데 우리는 허공의 주인공이에요 생각하는 것이 있기 때문에. 이 말이 어디 틀립니까?

이쪽에 한번 물어보죠. 어때요? 우리 김 선생 딸, 내 말이 거짓이가? 허공, 아무 생각이 없대요, 몰라. 내가 몰라서 그런지 몰라도 이것도 책잡힐 말이라. 허공이 아무 생각이 없다는 이 말, 책잡힐 말이겠지만 그렇게 말을 해도 돼. 그런데 이 절대성자리 이것은 확실하게 있거든. 이거 허공 아니라? 그러니까 허공의 주인공 아닌가 말이여. 어때요? 이해가 안 가나?

허공의 주인공이라는 것 이해가 안 가나? 그러면, 네 몸뚱어리의 주인공이다 하면 이해가 가나? 허공의 주인공이라면 이해가 안 가지? 너무 커서. 너무 커서 이해가 안 갈 겁니다. 실은 여러분들이 허공의 주인공입니다. 절대 과학적입니다.

그런데 이해가 가지 않기 때문에 그걸 부인해 버려. 이 몸뚱어리의 주인공이다 이러면 이건 이해가 갈 거여, 작기 때문에. 그러면 여러분들 가만히 생각해보세요. 허공에 대소가 있던가요? 크다 작다 하는 것도 중생들이 만들어 놓은 모습에 따른 이름자 아니에요? 허공에 크다 작다 이런 말이 붙질 않아. 가만히 생각을 해봐요. 바로 이거 생과 사를 판가름하는 길이에요. 죽느냐 사느냐 이걸 판가름하는 길이에요. 허공에 무슨 놈의 크다 작다가 있어요? 그럼 큰 허공도 있고 작은 허공도 있게? 허공이 조그만하다면 허공의 주인공이라고 이리 할 수가 있는데 너무 크기 때문에 그런 생각이 안 나는 겁니다. 사실은 허공에 크고 작은 것이 있나요? 크고 작은 것 없습니다.

이것은 크다 작다, 너무 크니까 이런 생각이 안 난다, 이러는 건 우리가 중생의 지견에 찌들려 있기 때문입니다. 우리가 고생을 해도 좋아. 고생을 해도 허공의 주인공으로서 고생을 하는 거여. 모습놀이 하는데, 모습을 두었으니까 그렇다 말이여. 영판 물에 거품이 나투듯이… 꼭 거품 나투는 것이나 한가지에요. 거품이라도 물 아닌 것은 아니거든. 거품은 거품인데 역시 물이 있기 때문에 일어난 것 아니에요?

그와 마찬가지에요, 우선 제일 크다면 허공이에요. 이건 틀림없어요. 우리는 이 자리에서 너무 크니, 크다는 말이 안 들어붙어. 엔간히 커야 크다는 말이 들어붙지 허공에 크다는 말이 어떻게 들어붙나요? 가만히 생각해보세요. 그러하니 크다 작다 이 생각도 할 필요가 없어요. 우리의 몸뚱어리가 허공성이다 이거 하나 아는 것이 견성이에요. 견성이 별 것이 견성입니까? 복이다 뭣이다 하는 이건 제삼 제사 문제에요. 그러니까 크다 작다 그 앞소식이거든요. 크다 작다는 건 모습에 따라서 나뉘는 겁니다. 시간이라든지 하는 건 모습에 따라서 나오는 문제이지 허공 자체에선 그런 말이 성립이 안 됩니다.

그러니까 허공이 만약 그렇다는 걸 안다면, 너무 크기 때문에 실감이 안 간다는 이런 말은 크다 적다는 말마디에 들어앉았기 때문에 그런 사고방식이 생기는 겁니다. 그러하니 벌써 크다 작다는 말마디에 들어앉는 그런 습성이라면 죽는다 산다는 데도 들어앉아야 돼. 죽는다 산다 이것도 말마디거든. 여기에 들어앉아 죽는다 산다에서 못 벗어나. 그러나 죽고 살고 할지언정… 참말로 알아서 속아 넘어가는 거예요. 내 꾀에 속아 넘어가는 거예요. 생사라는 것에 속아 넘어가는 거예요.

"그만 하십시오."(죽비 치는 소리)

나 안 들어갈랍니다. 오늘 저녁 결정해야 돼요. 허공에 크고 작은 것이 있나요? 절만 하면 제일 장사인가? 잠 안 자려고 애쓰지 마세요. 자려면 자거라 이리 하세요. 난 잠 안 자야 되겠다. 이런 기회에 아까와서 안되지. 이러하지 마세요. 그건 잠에 맡겨 버려요. 여러분들이 뭐하려고 잠하고 타협할 필요가 뭐 있나요? 나는 잠을 자겠다 하는 것은 잠하고 타협하는 거예요. 일절 타협하지 마세요. 가만 내버려 둬요. 지 맘대로 자든지 뭐하든지. 그렇게만 생각을 해요. 그러면 좀 다릅니다. 꾸뻑 졸리면 그때 한숨 잘 자는 거나 한가지에요.

앞으로도 백년 후, 천년 후, 만년 후에도 출가라는 법은 있을 겁니다. 그럼 출가 안 한 사람들은 어떻게 되겠느냐. 이것이 문제에요.

우리가 똑같은 중생인데 어떤 분은 머리를 깎고 산에 들어가서 팔자 좋게 공부를 해. 그러나 중생들은 팔자가 좋지 못합니다. 공부할 팔자가 없습니다. 없는데 하나의 고집을 가지고 하게 되는데 다 머리를 깎고 산에 들어가지는 못하는 것이거든요. 그러면 그 사람들은 포기를 해야 되느냐. 이거아닙니다. 부처님도 포기한 것 아닙니다.

일체중생(一切衆生)이 개유불성(皆有佛性)이라고 말했습니다. 부처님이 이 세상에 탄생한 지가 약 이천년, 삼천년이다 하는데 그동안에 중생들은 발전해 나가. 이걸 생각해 본다면 이전과 같이 그리 안 하더라 해도 공부를 할 수 있다고 나는 단언합니다. 부처님이 만약 요새 세상에 오셨다면 방편이 많이 달라졌을 것입니다. 부처님 당시에 방편, 하나도 없앨 것이 없다고 생각합니다. 또 지금도 만약 객관적 여건이 된다면 이전대로 하는 것도 좋습니다. 하지만 우리가 자성을 발견하기 위한 방편, 이것은 고칠 수 있으면 고쳐야 되지 않겠느냐는 이유가 여기에 있습니다. 그럼 어떻게 해야 되느냐.

우선 바탕부터 준비해야 됩니다. 바탕을 준비하는 것이 그렇게 어려운 것이 아닙니다. 아까 말한 거와 마찬가지로 자, 우리가 여기 앉은 그대로 온 누리의 사실을 엄숙하게 우리가 알거든요. 안다는 것은 허공성이라는 이 사실을 알아. 그렇게 간단하게 하는 말이라서 여러분이 어떻게 느꼈는지 모르지만, 여러분들이 "온 누리에 벌어진 일체만법이 다 허공성이라"고 이렇게 아는 것은 간단한 일이 아닙니다.

처음에는 허공성이라는 요 말마디만 알았어. 허공성이라

는 걸 딱 하게 알게 돼. 그래서 그 실감이 생겨. 다른 것이 실 감이 납니다. 그럼 솔직한 말로 우리가 공부하나 안 하나, 지 금 현재 미했다 할지라도, 온 누리가 허공성이라는 것, 태양 도 허공성, 달도 허공성, 별도 허공성. 그 국토에는 만약 다 른 세계에 초목이라든지 돌이라든지 있다면 그것마저 다 알 게 되는 것입니다. 그리고 태양은 태양계에 속해 천체 그 속 도 알아. 태양의 속이 어떻게 됐다는 것도 알아. 다시 말해서 이 누리가 있다면 누리의 속도 알아. 꿰뚫어버려. 이거 허공 성이라는 말은 그거 아닙니까?

이 말이 너무 간단하기 때문에 여러분이 이 말이 싱겁게 들릴지 모르지만 이거 싱거운 문제가 아닙니다. 이거 하나만 알아도 벌써 여러분은 부처의 씨가 있기 때문에 이걸 아는 겁니다. 만약 부처의 지견(知見)이 영 메말랐다면 이거 말은 그럴듯해도 곧이 들겨지질 안 해. 그러나 여러분들이 과학을 공부했기 때문에 안다 말이지. 과학적으로 딱 맞는 얘기를 거부할 필요는 뭐 있냐 말이여. 거부 안 하면 우리는 믿어야 된다 말이지.

부처님 가신 삼천년 후에 우리는 입산수도를 못해. 입산수

| 허공의 주인공 |

도를 못하면 못한 그대로 방편이 있기 마련입니다. 요것이 선지식의 책임입니다. 그러니까 우리는 업이 중했든지 어쨌든지 입산수도를 못했어. 가정을 가지게 됐어. 자손을 길러야 돼. 사회사업을 해야 돼. 참말로 결단심이 있는 분들은 머리털 깎아 버려. 이 까짓거 무슨 소용이 있느냐 말이여. 깎아 버려. 그래서 가족도 인연을 끊고 홀연히 말이지 출가를 할 수 있지만 그거 안되거든요. 그만큼 여러분들은 영웅적이 못 돼. 그러면 영웅적이 못 된다고 하여서 말이지 아야 하고 죽는 거만 기다리느냐 말이여.

여러분도 똑같이 성불을 해야 된다. 불도를 이루어야 된다. 이것이 부처님의 뜻일진대 그러면 이 책임은 누가 져야 되겠노. 선지식들이 져야 된다. 과거에 숱한 선지식들이 있었지만 요 문제에 있어서는 아직까지 외치는 사람이 없어. 다른 거야 삼계를 흔든 선지식들이 있었어.

그러기 때문에 여기서 반드시 선지식이 나와야 돼. 나와서 이 시절 이 인연에 맞는 수단과 방편을 세워야 된다고 나는 생각합니다. 스님네들은 이십사 시간 전부 공부하는 시간입니다. 우리가 스님과 같이 되는 것 아닙니다. 좌우간 요새는 부처님의 제자로서 요 시절에 맞는 이론과 방편, 시절인연에 맞는 방편을 내놔야 돼요. 천년이나 이천년 전, 백년이나 이백년 전에 쓰던 방편, 그 방편은 요새 안 맞는 것이 많습니다. 하나 예를 들어서 말하자면 이렇습니다. 화두. 화두 좋습니다. 지금 화두 가져야 돼. 그런데 요새 화두를 가진다는 건 죽 계속해서 앞으로도 변함이 없을 겁니다. 그러기 때문에 이 화두 갖는 거 나는 거부를 하지 않습니다. 가져야 됩니다. 가장 편한, 좋은 계기가 된다 말이죠.

그러나 이 시절 이 인연에 따라서 화두를 가진다는 건, 화두는 스님네들이 갖는 것입니다. 보통 사람들은 화두를 가지면 안돼. 왜 그러느냐. 화두는 스님네들처럼 이십사 시간 전부 가져야 되거든. 순일하게 가져야 되거든. 보통사람들은 회사 나가지, 농사짓지, 장사하지, 자식 키우지, 밥 지어야지 어떻게 합니까? 안되는 겁니다. 그러기 때문에 자꾸 시간이 끊어져. 그런데 요새 스님네들은 스님네 자기 공부하듯이 시키고 있다 말이죠. 이것이 안된다 말입니다. 조계사에서도 신도들에게 말한 일 있습니다. 그런데 어떤 스님이 와서 들었습니다. 그때 웃습디다. 그때 내 뭐라고 말했냐면, 스님네들 말 듣지 마소 이랬습니다. 스님네들은 스님네들을 위한 말이지 일반인들을 위한 말이 아니라 말이여. 일반인들을 위한 말이라 할 테면 뭣인가 달라야 돼. 또 이전과도 달라야 돼. 예를 들어서 화두도 스님네들이 가지고 있지 보통 사람들이 가지면 안된다 말이여. 그건 시간적으로 용납이 안돼. 이거 맞지 않습니까? 시간적으로 용납이 안돼. 운전수가 화두 가지면 되겠습니까? 그러면 안돼. 안된다면 운전수는 말이지 중생 아닌가? 은행에 다니는 사람 화두 가지면 되겠습니까? 은행에 다니는 사람들은 수판 놔야 되거든. 그러면 그 사람들은 말이지 중생 아닌가? 그 사람들은 인생문제 해결하지 말라는 법 있나요?

이러하기 때문에 화두는 불변의 이치인데, 가져야 되지만, 그 중생 근기에 따라서 중생들이 가질 수 있는 무엇이 방편이 새로 서야 됩니다. 나 이걸 주장하고 있습니다. 그래서 '새말귀'가 나온 겁니다. 새말귀라. '새 신(新)'자. 신화두(新話頭)라 그 말입니다. 화두라 하는 것은 말귀입니다. 처음에 내가 새말귀라고 하니까, 화두라고 하라는 사람도 있습니다. 그런데 어쩌다가 내 한국에 인연을 받았습니다. 인연을 받은 이 땅에서 이루어지는 말을 갖다 써 보려고 애를 쓰고 있습니다. 그러하기 때문에 말귀라고 했습니다. 그래서 새말귀라고 하면 통합니다.

운전수도, 은행에 다니는 사람도, 소를 잡는 사람도, 말을 잡는 사람도, 장사를 하는 사람도 가질 수 있는 것을 가르쳐 줘야 된다고 생각을 합니다. 이것이 선지식의 할 일이라고 생각을 합니다. 이전 화두, 좋습니다. 스님네들로서는 가장 적당합니다. 왜 그러느냐. 화두는 변소에 가서도 화두를 놓는 법이 아니거든요. 그러니까 스님네들은 만족해. 그걸 거부할 필요가 없어. 좋아. 그러나 신도들은 가질 수가 없어. 그런데 이걸 갖다 구태의연하게 신도들을 스님네들 취급을 하고 있다 말입니다. 그거 됩니까? 택도 없습니다. 그건 어딘가 자기 모순을 범하고 있는 겁니다. 성불이라는 말마디는 하나이지만 우리가 성불하는 길은, 거기에 올라가는 길은 천 가닥, 만 가닥 되는 겁니다.

그러하기 때문에 결국 이런 얘기가 나왔는데 여러분 생각해보십시오. 운전수는 운전수로서의 화두가 있어야 되고, 다른 사람은 다른 사람대로의 화두가 있어야 된다는 이건 명확한 일입니다.

그러면 새말귀란 뭣이냐? 이겁니다. 허공성이라. 태양도 허공성, 우리의 몸도 허공성… 일을 해. 아무 일을 하더라도 일을 잘하겠다는 이것이 화두입니다. 나는 일 잘하겠다. 나는 글씨를 잘 쓰겠다. 내가 밭을 가는 사람이라면 나는 밭을 잘 갈겠다. 이것이 화두인데, 이 화두는 가지기가 어렵습니다. 바탕을 알아야 돼. 바탕을.

　무슨 말이냐 하면 아까 말한 거와 마찬가지로 모든 것이 다 허공성이라 말이지. 나무도 허공성, 산도 허공성, 물도 허공성, 밉다 곱다 이것도 허공성, 심지어 내 몸뚱어리 이것도 허공성, 이러한 바탕을 알아야 됩니다. 이 바탕을 알기는 조금 시일이 걸리지만 알기가 수월합니다. 다시 말하면 절대성자리를 알아야 돼. 절대성자리.

　그러니까 몸은 상대성이다. 몸은 상대성인데 이건 자체성이 없다. 내가 이걸 가져도 손은 이걸 가진 줄 모릅니다. 내가 알지. 내가 안다면 내가 따로 있는 것 같습니다만 그거 아닙니다. 손에 자체성이 없거든. 이걸 확실히 알아버려야 돼. 우리가 어디 걸어다녀. 어디 걸어가. 발에 자체성이 없는 거예요. 발은 모르는 거예요. 발 뿐 아니라 몸뚱이 자체는 모르는 거예요. 아는 것은 빛깔도 소리도 냄새도 없는 그 자리가 아는 겁니다.

그러하니까 이러한 도리를 내가 알아. 이 도리를 알고 손을 움직거립니다. "손을 움직거려서 뭘 걷어잡는다, 눈으로 뭣을 본다, 귀로 소리를 듣는다. 이것은 빛깔도 소리도 냄새도 없는 그 자리, 내 성품자리, 내 법신자리, 이 자리가 그리하는 거다." 요걸 알아야 됩니다. 이걸 알면 이 화두가 곧 잡혀. 그러기 때문에 운전수도 돼.

왜 그러냐면 운전수는 핸들을 잡고 있지만 핸들 잡은 손은 이거 무정물이다, 아무 자체성이 없다. 빛깔도 소리도 냄새도 없는 이 자리가 이 내 손을 시켜서 핸들을 가지고 있다, 운전수가 이걸 알아야 되거든요. 그럼 "나는 주의해서 운전을 하겠다 하면, 요 손발을 가지고서 주의해서 운전을 하겠다 하면, 빛깔도 소리도 냄새도 없는 그 자리가 주의해서 운전을 하겠다." 그리 되는 겁니다.

그러니까 손이나 발로 기계를 밟고 손으로 핸들을 가졌다 말이죠. 그러나 손이나 발은 몰라. 다만 빛깔도 소리도 냄새도 없는 내 성품이 이 손으로 하여금 기계를 돌려. 그러니까

| 허공의 주인공 |

나는 기계를 잘 돌리겠다. 어찌하겠다… 이 생각만 놓치지 않으면 이것이 바로 화두라고 나는 생각합니다. 이거 내가 만들어 놓은 화두에요. 요걸 새말귀라고 하고 있습니다.

또 아침에 집을 나갈 때는 어떻게 하느냐 하면, 아 내가 자체성이 없는, 우리의 몸은 무정물이거든요, 자체성이 없는 몸뚱이를 끄집고 나가서 오늘 일 잘하겠다 이런 생각으로 나가. 또 일 다 마치면 자체성이 없는 이 몸뚱이를 끌고 나는 집에 들어간다.

결국 빛깔도 소리도 냄새도 없는 요게 중심이 되는 거라. 그래서 앉아. 참선을 해. 그러면 나중에 이거 다 놔야 됩니다.

다 놓아야 되지만 우선 처음에는 나는 비명비암(非明非暗), 밝은 것도 아니고 어두운 것도 아닌 이 자리를 나는 보리라. 왜 그러느냐. 환해. 이것도 본래 밝은 것이 아니여. 또 어두우면 캄캄해. 이거도 본래 어두운 것이 아니여. 비명, 밝은 것도 아니고 비암, 어두운 것도 아니기 때문에 밝은 것이 보여. 밝은 것도 아니고 어두운 것도 아니기 때문에 어두운 것이 보여. 그런데 이 말이 조금 이해하기가 곤란하지.

본래 그 자리가 밝은 것인데 밝은 것이 어떻게 보이나요?

뇌. 봤던 예사로 봐. 밝다는 이런 인식조차도 없어. 원래 밝은 것도 아니고 어두운 것도 아니기 때문에 밝은 것이 보여. 또 어두운 것이 보인다 말이지.

그러면 밝(지)도 않고 어둡(지)도 않은 이 자리가 진짜라 말이여. 앉을 때는 그걸 봐야 돼. 그걸 한번 보고 싶다. 이거 보입니다. 앉았어. 캄캄한데. 밝은 것도 아니고 어두운 것도 아닌 것을 이것을 한번 보리라 하면 나타나는 거여. 처음에 는 이거 나타나지 않습니다. 처음에는 조금 있으면 흑백으로 나타나. 그 다음에는 빛깔이 나타나. 광명도 보이고 빛깔도 나타나. 예수교 열심히 믿는 사람들에게는 예수님, 불교도 열심히 믿는 사람은 부처님이 나타납니다. 그 부처님이 어쨌 든지 역시 환상이거든요. 다 지가 만든 것이거든요. 예수가 나타나면 지가 만든 예수 아니에요? 꼭 한가지입니다.

그거 밝은 것도 아니고 어두운 것도 아닌 것이 환하게 나 타나. 산하대지가 환하게 봬. 어떨 땐 달도 뵈고 해도 뵈고 별도 봬. 그러나 그건 과정으로서 좋은 거예요. 그러나 나중 에는 그것도 아니라. 그것도 어려운 법이여. 그렇다고 해서 그걸 버릴 필요는 없어. 왜 그러느냐. 우선 여러분이 볼 때 여러분이 가지고 있는 몸뚱어리도 하나의 환상이거든. 그러

면 부처님이 나타났다 말이여. 그것도 환상 아닌가. 우리가
환상(幻相)을 구하는 것은 아니거든. 진상(眞相)을 구하는 것
이지.

그러하기 때문에 거기에 머물지 않는 거여. 비암비명(非暗
非明), 이것도 그대로 넘어가는 거라. 비암비명, 마지막 과정
으로서 좋은 과정이에요. 거부할 필요 없어. 나중에는 그대
로 넘어가. 그대로 넘어가도 비암비명을 내가 그대로 알아서
써. 그래서 밝은 것이 오면 밝은 것을 써. 어두운 것이 오면
어두운 것을 써.

이런 화두를 솔직한 말로 한 반년만 더 가져 보세요. 처음
에 알아. 이치상으로 알아. "내 손이 핸들을 가졌다. 내 손가
락이 주판을 놓는다. 잘 놓아야 되겠다. 잘 놓아야 되겠다는
요 생각 하나 뿐이여. 잘 놓아야 되겠다 하는 이건 성품이 없
는 거다. 잘 놓아야 되겠다고 이런 생각하는 자리는 빛깔도
소리도 냄새도 없는 자리이다." 이러한 생각을 미리 가져 놓
고 잘 놓아야 되겠다는 것은 간단한 거여.

나중에 생각만 "잘해야 되겠다." 하면 벌써 빛깔도 소리도
냄새도 없는 자리가 이걸 끌고 다닌다는 이걸 자꾸 재인식하

는 거라. 그러하지 않아요? 그리 되는 거여.

처음에는 잘 안돼. 싱거워. 또 안다 하더라도 구태여 그럴 필요가 없다 하는데, 글을 쓰든지 뭘 하든지 간에 자꾸 "내가 자체성이 없는 손을 가지고서 글씨를 잘 써야 되겠다, 주판을 잘 놓아야 되겠다, 밭을 잘 갈아야 되겠다, 운전을 잘해야 되겠다." 그러하면 "옳지 요것은 무정물이다, 이 몸뚱이는 무정물이다, 허공성이다, 그러나 이렇게 잘 놓아야 하겠다는 이 자리는 빛깔도 소리도 냄새도 없는 진짜 내다." 이것이 굳혀질 것 아니에요? 한 반년만 가져 보세요. 딱 굳혀질 겁니다. 딱 굳혀지면 빛깔도 소리도 냄새도 없는 허공 그 자체가 내 몸이라는 걸 느끼게 될 겁니다. 난 그런 생각도 합니다. 이 수밖에는 도리가 없어. 도리가 없어.

이래 되면 집에서라도 공부를 할 수 있는 거예요. 밥을 하면서 쌀을 씻으면서… 이건 자체성이 없다. 내가 쌀을 씻는다, 쌀을 잘 씻어야 되겠다. 불 잘 때야 되겠다, 밥해야 되겠다. 전부 우리는 아침부터 저녁때까지 이 빛깔도 소리도 냄새도 없는 진아(眞我)가, 진짜 내가, 참 내가, 지혜가 없는, 아는 것이 없는 이 손발을 움직여서 밥도 짓고 밭일도 하고 장사도 하고 회사도 나가고 하는 것 아니에요?

　　　　　　　　 | 허공의 주인공 |

그러니까 이건 사실을 사실대로 알자는 거예요. 다른 것 아무것도 아니에요. 여기 사실 아닌 것이 어디 있나요?

지금까지 우리가 생각을 하기를 요걸(몸) 나라고 봤단 말이에요. 물론 이거 내지. 내 관리물이니까 나라고 할 것 아니에요? 나지만 자체성이 없는 거라. 이걸 내라고 해서 엉뚱한 모습에 딱 들어앉았단 말이지. 들어앉았지만 이 모습은 자꾸 변하는 것 아니에요? 자꾸 변하는 거라. 그런 걸 믿어?

그러하기 때문에 이전 어른들도 화두를 내놓은 거라. 화두를 딱 줘서 다른 생각을 안 하도록, 다른 생각을 못하도록 해서 화두를 전념으로 하도록 만들어 놓는 거라 말이여. 그러나 우리 중생들은 이것이 안돼. 시간이 없어.

하지만, 새말귀를 할려면 시간이 필요 없어. 눈 딱 뜨면 내, 깼다. 내 자체성이 없는 이 몸뚱이가 깼다. 벌써 내다 하면 고런 뜻이 다 들어가. 내다 하면 빛깔도 소리도 냄새도 없는 그 자리를 뜻하는 것이거든. 변소 가더라도 아, 내가 변소 간다. 내가 세수한다. 세수 잘해야 되겠다. 밥 잘 먹어야 되겠다. 하루종일 화두에요. 새말귀는.

물론 스님네들이 하는 화두는 하루종일 하는 거라. 잠잘 때만 놓았다 뿐이지. 어떤 사람은 잠잘 때도 생각을 해. 잠잘 때도 생각을 한다면 하루종일 화두거든요. 중생도 내다. 내일 잘해야 되겠다. 하루종일 화두에요. 그럼 어쩌다 꿈에도 내다 이래져. 꿈에도 이래져. 하루종일 화두를 가지는 것은 스님네와 일반 중생과의 그 입처가 다를지언정 하루종일 화두를 가지는 것은 매일반이라 말이죠.

여러분 납득 갑니까? 이거 중요한 말이라고 난 생각합니다. 그러니까 스님네들이 하루종일 화두 가지는 것, 이 화두는 변소에서도 드는 것이거든요. 이 자체성이 없는, 지혜가 없는 몸뚱이로 하여서 일을 한다든지 뭘 걷어잡는다든지 어디 간다든지 하는 것은 빛깔도 소리도 냄새도 없는 내 성품, 진아, 참 진짜 내, 이것이 시키는 것이거든요. 그러니까 "내다" 하면 이 생각이 전부 나는 거라. 아침에 눈 딱 뜨면 "내가 일어났다." 벌써 화두 아닙니까? 어때요?

눈 딱 뜨면 "내다" 하면 화두 잡는 것 아닙니까? 어째, 알아들어요?

"예, 압니다."

스님네들 화두 갖는 것과 꼭 한가지라.

밥 먹을 때 세수할 때 이건(몸뚱이) 무정물, 아는 것이 아니니까 무정물이라 말이여. 그런데 이걸 "빛깔도 소리도 냄새도 없는 자리가 손으로 한다." 이렇게 장광설 할 필요가 없어. 요 도리 알아버리면 "내다. 잘한다. 하겠다." 그러면 화두거든. 운전 잘하겠다. 내 기계 잘 돌리겠다. 어느것 화두 아닌 것이 없어. 그러니까 스님네들이 가지는 화두나 우리가 가지는 화두나 원리는 꼭 한가지 아니에요?

그러하기 때문에 우리가 출가할 수 있는 팔자를 못 타고났다고 한탄할 것이 아니라 방편만 조금 고치면 우리도 화두를 가질 수 있다 말이여. 도리어 이 화두가 어떠한 면으로 봐서는 더 빠르지 않느냐. 이런 생각도 있어요. 물론 화두를 가지는 것이 이전 화두나 지금 화두나 빠르고 늦는 것이 있겠습니까만, 실에 있어서는 같은 도리이겠지만 이런 생각도 있습니다.

여러분이 내다, 너다 하는 그 성품자리가 확립이 돼. 딱 하게 잡혀. 잡혀 놓으면 참말로 겁난 자리가 된다고 생각합니다. 뜬금없는 여러분들이 생전 듣지도 보지도 못하던 일을 딱 당하더라도 거기서 해결점이 생겨.

전부 공성(空性)이라 말이여. 공성이라는 여기까지는 알아야 돼. 태양도 허공성이다. 지구도 허공성이다. 내 몸도 허공성이다. 머리털이다, 뼈다, 뭣이다, 이것도 허공성이다. 밉다곱다 이것도 허공성이다. 이것 다 알아야 됩니다.

그러나 여러분이 내 얘기를 듣는 것은 여러분의 귀를 통해서 여러분의 빛깔도 소리도 냄새도 없는 법신이 듣는 것이거든. 또 여러분이 내 얼굴을 보는 것도 여러분의 눈동자가 자체성이 없으니 뵈질 안 해. 그러나 내 얼굴이 여러분의 눈동자에 비쳤어. 비친 걸 아는 놈은 빛깔도 소리도 냄새도 없는 그 자리가 안단 말이여. 그 자리가 뭣이냐. 그 자리가 법신자리거든.

요 법신이 어찌 되냐면 색신에게 휘둘려버려. 경계에 휘둘려 버려. 색신에 휘둘리기 때문에 이적(理的)인 이 법신자리가 그만 희미해. 그리해서 그걸 모르는 거예요. 우리의 법신은 부처님의 법신하고 근본적으로 그 당처는 꼭같아요. 우리도 법신자리가 있지만은 우리는 법신자리가 희미해. 그러나 부처님의 법신자리는 도솔천에 계실 때의 그 법신이나 꼭 한가지라. 그렇다고 해서 도솔천 여읜 것도 아니지만 말이지. 허공으로서인 부처님이거든. 우리도 허공으로서인 우리거든. 부처님은 해말쑥해. 해말쑥하기 때문에 어떠한 몸을 나투어도 거기에 동요되지 안 해. 흔들리지가 안 해. 그러하기 때문에 그 정신 그대로 가지고 있어. 우리가 여러분들이 지금 공부하는 것은 우리도 부처님과 같이 될라고 공부하는 겁니다.

그대로 가지고 있기 때문에 말이지 주행칠보(周行七步) 얼마라도 할 수 있어. 왜 주행칠보를 하느냐. 이 육신을 시켜서 다리를 옮기고 손을 들고 하는 것은 법신자리의 뜻대로 되기 때문에 하는 말입니다. 가만히 여러분들 생각해보세요. 그러니까 부처님의 법신자리는 미하지 않기 때문에 뜻대로 돼. 그러기 때문에 일곱 자국을 거닐면서 눈으로는 사방을 돌아보셨어. 돌아보신 다음에는 한 손으로 하늘을 가리키고 한 손으로는 땅을 가리키면서 "하늘 위와 하늘 아래 오직 내 홀로 높다." 이렇게 말씀하셨거든. 부처님 말씀도 배워 본 일이 없거든. 그러나 우리가 미해서 그렇지, 미하지 않으면 우리도 그렇게 할 수가 있어요.

그러나 우리는 미해서 그것이 안돼. 말 다 잊어버렸어. 그러하니 우리가 법신자리가 그만큼 밝기 때문에 부처님께서는 하늘을 가리키고 땅을 가리키면서 오직 내 홀로 높다 이렇게 말씀했다고 우선 이렇게만 알아둡시다. 또 이것을 여러분들이 철저히 알아서 깨뜨리면은 이 자리에서 견성하는 겁니다. 견성이 별 거 아니에요. 그리 어려운 것 아니에요. 솔직한 말로. 그러나 너무 쉽기 때문에 너무 어려워. 이걸 갖다 내 몸에서 찾지 않고 내 몸 밖에서 찾아. 그러하기 때문에 천 년 해 봤든 그거 견성하는 것 아니거든. 부처님께서 '천상천하 유아독존(天上天下唯我獨尊)'했으니 그럼 여러분들은 어떻느냐 말이여. 여러분은 유아독존 아니에요? 부처님이 천상천하 유아독존이기 때문에 여러분도 유아독존이라 말이여. 일전에 내가 한 말이 그 말이에요. 병신이 되도 지멋이거든. 못살아도 지멋이거든. 잘 살아도 지멋이거든. 그 멋 자리가 천상천하 유아독존한 자리 아니에요? 이렇게 굴리나 저렇게 굴리나 굴리는 건 때에 따라서 다를지언정… 그러하니 이 말은 알아들으면 약이 되지만 못 알아들으면 그만 이것이 까마득해. 그러하기 때문에 우리는 불교공부를 하는 것은 왜 하느냐. 부처님이 그리 됐어. 성도를 했어. 나중에 가만히 보니 말이지 허공은 하나이니 지도리가 하나고, 진리가 하나이니 목숨도 하나라는 이 사실을 알아버렸어.

　나중에 보니 중국에도 아는 사람 하나 있데. 육조(六祖 : 혜

　　　　　| 허공의 주인공 |

능), 육조 대사. 못난이고 무식하고 멍텅구리고 그런데 이 양반이 길가에서 금강경 읽는 걸 떡 듣고 나서 '본래 무일물(本來無一物)'이라 말이여. 본래 한 물건도 없다 말이여. 그만 텅 빈 거라. 모두 산하니 대지니 나무니 돌이니 하는 것이 전부 허공성이란 걸 턱 알아버렸거든. 마찬가지로 본래 아무것도 없다는 이 사실을 알았어.

사람들이 이걸 갖다 깨달으려면 조금 어려운데 그만 이걸 내라 하기 때문에 어렵다 말이여. 이것이 어찌 내냐 말이여. 자꾸 변하는 것이 내여? 그러나 이 입을 빌어서 말하는 그 자리. 혀를 빌어서 말하는 그 자리, 빛깔도 소리도 냄새도 없는 그 자리의 내가 있어요. 또 눈이라는 기관을 통해서 뭘 보는 그 자리의 내가 있어요.

그러하니까 그 자리를 내가 딱하게 파악을 해버려. 파악을 해버리면, 육조가 말이지 설법 하나도 안 듣고 오조(伍祖)에게 법을 받아 육조가 됐는데, 육조만이, 혜능만이 그러라는 법이 어디 있나요? 여러분은 그리 못하겠어요? 혜능이 했으니 여러분도 할 수 있다 말이여. 부처님이 성도를 했으니 여러분도 할 수 있다 이렇게 돼야 돼. 왜 그러느냐. 부처님의 당처나 혜능의 당처나 여러분의 당처나 당처는 꼭 한가지거든. 다만 거기에 미하고 안 미한 이것이 있을 따름이여.

그러하기 때문에 일전에도 말했지만 여러분은 천상천하 유아독존이란 걸 잊어버리지 마시오 하는 겁니다. 부처님의 삼십이상 팔십종호, 그건 모습이에요. 그 모습이란 건 말이지 결국은 없어지는 거라. 또 모습은 없어져야 돼. 모습이 그대로 있으면 어떻게 되는 거죠? 참말로 큰일나게? 거, 자꾸 변하는 것, 변할 건 변해야 새로운 것이 나오고 그렇지 않아요? 그런데 그 부처님이 천상천하라고 부르짖은 그 자리는 꼭 여러분이나 나나 한가지입니다. 빛깔도 소리도 냄새도 없는 그 자리입니다. 그러니까 부처님께서 천상천하 유아독존이라고 말씀하신 것은 인생을 선언한 겁니다. 그러나 아무것도 모르는 사람들은 이거 부처님의 전유물로 안다 말이죠. 어째 천상천하 유아독존이 부처님의 전유물이냐 말이여. 그럴 수가 없어. 부처님은 이 도리를 갖다가 중생들에게 가르쳐 준 것이에요. 이러니라 하고 중생들에게 가르쳐 준 것이에요. 다른 것 아무것도 아닙니다.

어째서 새말귀를 갖다가 만들었느냐? 말귀라 하는 건, 화

| 허공의 주인공 |

두(話頭), 화두가 바로 말귀거든. '말 화'자하고 '머리 두'자하고 바로 말귀여. 그대로 번역을 하자면 말귀라고 번역을 해야 되거든. 새말귀, 신화두(新話頭)라. 이런 뜻에서 했는데이 말귀, 화두, 이걸 가만히 생각을 해보니 우리는 가질 수가 있어. 제일 머리에 떠오른 것이 운전수들은 화두 가져서는 안되거든. 이 화두법이 말이지 생긴 지가 한 천년 됐는가 이래요, 그전에는 없었어. 어느것 하나 말귀가 아닌 것이 없지만은 요새처럼 화두니 뭣이니 그 개념이 달라졌다 말이지. 이전과는 달라졌어. 부처님 당시와는 달라. 그만치 달라졌어. 개념이 달라졌다 그 말이거든.

그러면 운전수는 안된다 말이여. 그거 참 큰일났다 말이여. 그러면 법이 아니라 말이여. 그러면 불법 치워야 돼. 누구는 하고 누구는 안 하고 직업에 따라서. 또 사람은 직업이 있어야 된다 말이지. 밥 먹을 때 밥 먹을 줄 알아야 이거 직업이라. 잘 때 잘 줄 알아야 되거든. 이거 직업이라 비유해도 괜찮거든. 변소 갈 때 변소 갈 줄 알아야 된다 말이지. 그런데 운전수는 안된다 말이여. 왜 그러느냐. 벌써 문제가 다르거든. 그러하니 만약 이것이 사실이라면 불법, 이거 화두법 없애버려야 된다 말이여. 누구는 하고 누구는 안 하고, 물론 자기의 성의에 있어서 열심히 하는 사람도 있고 열심히 안하는 사람도 있지만, 우리가 하나의 사람으로서 본다 할 테면 이건 안됐다 말이여. 운전수도 할 수 있는 말귀가 있어야 되지 않겠나. 화두가 있어야 되지 않겠나. 이래서 새말귀를 만든 거여. 만들었는데 이걸 갖다가 새말귀라 신화두라. 신화두라 해야 납득이 가. 새말귀라 하면 납득 안 가는 줄도 내 알아.

지금 이거 만든 지가 한 십년 되는데, 나 이거 장차 오십년이나 백년 뒤의 사람들이 써먹도록 내가 만들어 놓은 거예요. 지금 사람들은 납득 안 갈 거여. 화두, 이거 말마디, 여기 꽉 찌달려 있거든. 화두라 해야 알아. 말귀라면 이상해. 그것도 내 알아. 그러면 왜 만들었느냐 말이여. 이거는 오십년이나 백년 후의 사람들을 위해서 내 만들어 놓은 거여. 불법을 믿는 불자라 하면 누구라도 할 수 있는 거라야 된다 말이지. 말귀를 만들어냈는데 누구라도 할 수 있는 말이 있다 말이여. 있어. 없는 것이 아니거든.

이거 여러분들 단단히 알아야 돼요. 이것만 여러분들이 알면 얘기가 좀 수월해. 우선 사람이 이걸 가지는데 사람 자체를 확실히 알아야 돼요. 확실히 모르고 화두를 가져봤자 소용이 없어. 그건 대오(大悟)를 못하는 법이여. 인간이란 어떻다, 육신이 어떻다, 어째서 육신이 생겼다. 어디서 왔다. 어떠한 작용을 한다는 거. 안이비설신의(眼耳鼻舌身意), 이거 전부하나의 기관이거든. 이런 기관을 둬서 일을 하고 모든 걸 다한다 말이여. 이걸 확실히 알아야 되거든. 이걸 확실히 아는 것이 불법이여. 다른 거 아무것도 아니여.

그러면 우선 이 육신을 확실히 알라 할 테면 육신, 이거 자체성 없는 거 알아야 돼. 성품 없어. 이거, 성품 없는 것이거든. 성품이 없으면 어떻게 되느냐. 본래 이거를 거느리는 슬기가 있어. 지혜가 있어. 철과 슬기가 있어. 철과 슬기가 들어서 손은 손대로 눈은 눈대로 귀는 귀대로 그래서 마음대로 쓰는 거여. 가만히 생각하면 과학적으로 그래 의학적으로도 그렇고. 그러면 철과 슬기는 어떤 거냐. 빛깔도 소리도 냄새도 없어. 그런데 눈은 눈대로 활동을 하고 귀는 귀대로 활동을 하고 입은 입대로 활동을 해. 발은 발대로 활동을 해. 하는 것 전부 뭐냐 할 테면 이 자체의 슬기가 있어서 그러는 건 아니거든. 자체는 몰라. 만약 불난 데로 뛰어든다 할 테면 이것도 뛰어들어. 자체 그것이 없으니까. 아이고 겁나서 안 된다 싶으면 이거 안 가거든. 순전히 하나의 사용기관에 지나지 못한 거여. 이걸 확실히 알아버리면 얼마라도 할 말이 있어.

그래서 이제 새말귀를 만들어 놓은 것은, 제일 첫째 운전하는 사람을 비유한다면, 핸들을 가져. 핸들을 가진다 할 테면 이 손이 가지거든. 손이 가진다 할지라도 손은 자체성이 없어 심부름꾼이라. 핸들을 가져야 되겠다 해야 가지는 것이거든. 그리고 이리 돌리고 저리 돌리고 하는 건 누가 그리 하느냐? 지혜가 그리 아는 거여. 그래서 이리 돌렸다 저리 돌렸다 지혜가 아는 것이거든.

손은 공연히 심부름에 지나지 못해. 만약 그렇다면 지혜의 놀음놀이지 손의 놀음놀이가 아니거든. 그러하기 때문에 나는 핸들을 잡고 운전을 잘해야 되겠다 해서 운전을 하고 간다 할 테면, 나는 핸들을 잡고 운전을 잘해야 되겠다 이것은 빛깔도 소리도 냄새도 없는 마음자리거든. 마음자리라. 그렇게 마음을 먹어 놓으면 이거 잡아도 그만이라. 이건 자체성 없는 그 자리니까. 그리 하면 벌써 화두거든. 이거 말귀라.

나는 빛깔도 소리도 냄새도 없는 이 자리가 이 손을 시켜서 손으로 하여금 운전을 한다. 그러니까 사고 안 나도록 내 운전을 잘해야 되겠다. 이렇게 생각을 가져. 늘 "나는, 내라는 것은 빛깔도 소리도 냄새도 없는 이 자리인데, 이 자체성이 없는 손으로 하여금 핸들을 돌리면서 사고 없이 가야 되겠다." 이러면 벌써 핸들을 딱 잡으면 손이 잡는 거 아니거든. 그러나 손이 잡지 않은 것도 아니라. 벌써 핸들을 딱 잡았다 하면 벌써 마음자리. 빛깔도 소리도 냄새도 없는 그 자리가 시켜서 이래 딱 잡는 것이거든.

또 밤에 잘 때는, 육신이 이 기관은 오늘 종일 이리 저리 다니다가 이 시간엔 일을 안한다, 마음자리에서 일을 시키지 않는다, 이런 식으로. 그래서 내 선(禪)을 한다. 얼마라도 선이 되거든. 나중에는 내가 시켰어. 이것도 하고 저것도 하고 시켰어. 이거 마음 나툼이라. 그래서 이제 손을 썼어, 다리도 썼어, 모든 걸 다 써. 그런데 밤 되면 쓰지 않거든. 쓰지 않고 그대로 방하착 해버린다 말이지. 해서 편안하게 오늘 선을 해도 좋고 뭣을 해도 좋고 이런데… 그러기 때문에 요 도리를 알아버리면 여러분들 참말로 견성하는 거 문제 아니에요.

신혼여행후 서울에 올라와 생활을 하면서 토요일이 되면 정릉 보림사에 올라가 철야정진을 했다. 어느 날은 혼자서도 하니 강혜(묵산) 스님께서 동참해 주시기도 했다. 그러다 보림사 일주일 철야정진에 참석 했던 한의사 한분의 소개로 동대문 이스톤호텔 옆 건물에 있는 선방을 빌릴 수 있게 되어 매주 토요일 도반들과 집사람과 함께 철야정진을 하였다. 어느 토요 철야정진 때인데 선방의 모습이 그대로 있는 가운데 선생님의 모습이 보였다. 그리고는 선생님이 우리가 철야정진 하는 것을 알고 마음을 나투시는 거라는 것을 즉각 알아차렸다. 비몽사몽간도 아닌데 보이는 것을 보고 과연 '허공으로서의 내가 되면 어디든지 나툴수 있다'는 말씀대로 선생님이 나투신다는 사실이 참으로 경이로웠다.

　서울에 있으면서도 토요일마다 철야정진은 물론이고 여름, 겨울 철야정진도 부산으로 내려가 집사람과 같이 참석하였다. 다음해 여름 철야정진을 하러 선원을 들어가다 문득 선원에 내려와 수위를 하더라도 선생님 곁에서 있어야

　허공의 주인공

겠다는 생각이 들었다. 마침 그 당시 선원 바로 옆 큰집에서 여러 개의 방을 나누어 한 칸씩 세를 주고 있었다. 그렇게 마음속으로 생각하고 선생님께는 말씀도 안 드렸는데 선생님은 이미 아시고 하루는 야청 선생님을 보고 "전군 처가 임신 8개월이야 자네가 책임지고 전군을 취직 시키라"고 말씀을 하셨다. 서울로 올라간 나는 장사를 정리하고 딸아이가 태어나자마자 이사하여 부산 선원 옆 방 한 칸에 전세를 들었다. 그리고 며칠 만에 야청 선생님이 다니시던 백화점에 취직하게 되었다. 새벽 4시에 일어나 예불을 드리고 출근 때 선생님께 인사를 드리고 선원에서 생활을 하다 보니 비록 낮에는 직장생활을 하고 있었지만 공부의 연속이었으며 선원의 모든 일에 참여 할 수가 있었다. 선생님을 자주 대하다 보니 여러 말씀이 계셨다. 그 중 하루는 이런 말씀을 하셨다. "공부하는 사람의 공부정도를 아내도 모르고 친구도 모르는 법이야."

❈ 평소 소탈하고 유머가 풍부했던 백봉 거사님.

허공이 내 마음에 의지하고 있다

하납니다 하나. 부처님의 진짜 고 자리도 하나 여기서 왔어. 여러분의 그 자리도 하나 여기서 왔어. 태고 때 이 지구의 횟수로 봐서 뭐 몇 천년 전, 몇 만년 전, 몇 억년 전 이러지만 결국 하납니다. 여기는 시간이 안 들어붙습니다. 여러분은 시간이 없는 수명을 가지고 있습니다. 시간이 없는 수명을 가지고 있기 때문에 시간이 있는 몸뚱어리를 가지고 있는 겁니다. 가만히 생각해보십시오. 이거 참 우리 생각할 문젭니다.

여러분은 남자도 여자도 아니기 때문에 남자 몸, 여자 몸

받는 겁니다. 요거 알면 대개 다른 것도 다 알아버립니다. 여러분은 시공간이 없어. 시공간이 없는 그 자리가, 빛깔도 소리도 냄새도 없는 이 자리가 있기 때문에 시공간이 있어. 오십 살 먹었다, 육십 살 먹었다, 팔십 살 먹었다, 이래서 죽어. 물론 이건 헛거죠. 본래로 실다운 자리가 있기 때문에 헛거를 나투게 되어 있는 겁니다. 이건 작용이거든요.

여러분은 하늘과 땅이 쪼개져도 까딱없는 자리가 있습니다. 그 마음자리 아닙니까? 우리가 너무 마음이라고 말을 많이 해. 마음이 착하다 마음이 나쁘다. 마음이란 말 하루에도 수천 번 쓸 겁니다. 한푼 어치 가치 없이 생각을 해서 그렇지 이 자리 이거 굉장한 겁니다. 굉장한 겁니다. 허공은 꼭 우리가 가지고 있는 마음자리나 한가지인데, 허공은 마음이 없습니다. 허공을 대로 해서 여러분들이 마음을 가지고 있습니다. 그러하기 때문에 여러분은 하늘과 땅이 쪼개져도 까딱없는 이 자리가 있다는… 이거는 죽어. 뭉개져. 이건 실다운 거 아니니까 뭉개지든 말든 내가 알 필요 뭐 있습니까?

이거 간단한 일입니다. 그런데 요걸 여러분들이 못 알아들어. 영원한 그 자리를 가지고 있다. 영원한 그 자리를 가지고 있기 때문에 시간에 굴리우는 이 육신을 가지고 있는 것이거든요. 파도치는 걸 한번 생각해보세요. 파도치는 물은 몇 억년 가더라도 여기 시간이 소용없습니다. 예를 들어서 하는 말입니다만. 그러나 파도 이것은 시간이 있어. 이거 올라가면, 거리가 얼마 정도 되면 떨어진다 이건 있습니다. 우리도 파도나 한가집니다. 이거 파도나 한가진데 그 절대성자리로 봐서. 좌우간 어쨌든지 그 절대성자리가 있음으로 하여서 상대성을 나툽니다. 아까 말한 대로, 원래 여러분은 남자도 아니고 여자도 아니기 때문에 인연에 따라서 남신을 받고 여신을 받은 겁니다.

그러면 어째서 남신을 받고 여신을 받느냐 이건 말이 좀 깁니다.

무명… 안 밝음, 무명이 우선 있어. 그 모습을 좋아해. 모습을 딱 탐착하면 말이지 이건 제이 문제가 됩니다. 또 모습놀이 있어야 되거든요. 그러나 참말로 도인들은 모습을 굴려도 그 모습에 들어앉지 않을 따름입니다. 그러나 보통 사람들은 전부 들어앉습니다. 이것이 인연이 돼서 자기 자신이 남신으로 나투고 여신으로 나투는 겁니다. 남신으로 나투고 여신으로 나투는 것은 어떤 부처님이 만든 것도 아니고 신이 만든 것도 아니고 전부 여러분 자신들이 만든 겁니다.

그러니까 이 세상에 와서 어떤 사람은 제왕의 집에 태어나. 이전 같으면 중국 천자, 우리 한국 같으면 왕실에 태어나. 그래서 잘 살아. 어떤 사람은 가난한 집에 태어나. 이거 누가 만든 거냐. 자기가 만들어서, 자기 업연이 만들어서 그래서 거기 태어난 거예요. 다른 것 아무것도 아닙니다. 그러니 요 도리를 알면 원래 부자다 가난하다 이거 없습니다. 빈부의 차가 없습니다. 설혹 빈부의 차는 있다 할지라도 전부 자기가 만들어서 자기가 받아. 자기가 받기 때문에 요 도리를 알면 말이죠 고생을 해도 좋아.

한데 고생을 하는 사람이 내가 참 고생을 한다, 어떤 사람은 잘 살고 어떤 사람은 잘못 사나, 이렇게 한탄할 필요가 하나도 없습니다. 내 업 관계로 인해 된 거예요. 업 관계로. 그래서 내가 만든 거예요. 어떤 사람은 임금의 집에 태어나지만 어떤 사람은 노동자 집에 태어난다 말이죠. 평상시에 자기가 만든 것 아닙니까? 자기의 업 관계로. 누구라도 임금의 집에 갈 수 있는 건데 그리 안되거든. 자기는 자기대로 취미, 인연에 따라서 가난한 집에 태어나게 되는 건데, 이것이 전

| 허공의 주인공 |

부 자기 자신이 만든 겁니다.

남자 몸 받는 것도 자기 자신, 여자 몸 받는 것도 자기 자신, 가난하게 사는 것도 자기 자신, 아주 잘 사는 것도 자기 자신. 거 참 가정을 이루고 아들 딸들 많아서 공부도 잘해, 잘 살아. 그거 자기 자신이 만든 것이거든요. 또 어떤 사람은 돈도 많고 이래도 공부를 시키는데 잘 안돼. 나중에 술이나 먹고 부모 애나 태워. 이거 자기 자신이 만든 것이거든. 그때는 받아버리는 겁니다. 받아버리는 거여. 좋은 건 좋은 것대로 받아버려. 나쁜 건 나쁜 것대로 받아버려. 그래 받아버리면 원망이 그리 있을 수가 없습니다. 인연관계에 있어서 좋게 살면 좋게 살고 가난하게 살면 가난하게 사는 이것이 다를지언정. 이거 전부 자기가 만든 겁니다.

그러니 자, 여러분 생각해보십시오. 사람이 사람을 죽여서 그대로 까딱 없다는 것은, 이거는 본래의 절대성자리를 몰라서 그렇습니다. 모습 이건 전부 상대성 아닙니까? 그거 절대성에서 나온 겁니다. 파도를 상대성이라면 물은 절대성이라 이리 볼 수가 있는데, 바닷물이 없는데 거품이 나올 수가 없습니다. 물이 있기 때문에 거품이 나오는 거예요. 그와 마찬가지로 절대성자리가 있어. 하늘과 땅을 앞한 절대성자리가 있어. 이러하기 때문에 상대성인 몸을 나툰 겁니다. 그러나 몸을 나투어 봤든 이건 헛것이거든요.

부처님이 이거를 아셨어요. 참 부처님 굉장한 분입니다. 이걸 아셨기 때문에 '범소유상 개시허망'이라 이렇게 말씀한 겁니다. 존경 안할 도리가 없습니다. 그 양반의 입도 있고 그런데 자기 자신을 '개시허망'으로 이래 봤어요. 그래서 이걸 알면은 '여래를 본다'. 여러분 생각해보세요. 하늘과 땅이 생기기 전에 생긴 뒤로 이런 말 한 분 누가 있습니까? 아무도 없어요. 부처님은 이 도리 알았거든요. 자기가 이 입을 빌어서 '범소유상 개시허망'이라 했지만 이건 요 입을 빌어서 말한다는 사실을 알았습니다.

부처님이 이 세상에 태어날 때에 '천상천하 유아독존'이라고 이랬습니다. 부처님의 모습 이걸 말한 것 아닙니다. 독존(獨尊)이 될 수가 없습니다. 삼십이상 팔십종호가 잘 갖추어졌다 하더라도 그건 모습으로서 잘 갖추어졌어요. 우리도 삼십이상 팔십종호가 있어요. 우리는 모습을 잘못 갖춘 나쁜 상이라요. 이거 전부 여러분들이 만든 겁니다. 천상천하 유아독존이라. 요 절대성자리 가리킨 겁니다. 요걸 깨쳐 알면은 여러분이 바로 허공의 주인공입니다.

왜 허공의 주인공이냐. 허공은 마음이 없습니다. 여러분은 마음이 있습니다. 그러니까 주인 안될래야 안될 도리가 없습니다. 나는 누리의 주인공 아니다. 삼계의 주인공이 아니다 여러분이 도망을 친다 합시다. 도망치는 고 자리가 바로 허공의 주인공이에요. 딴 거 아닙니다.

그러하니 여러분, 우리가 종교를 믿어야 되는데 어떤 종교를 믿어야 되느냐. 모습을 택하지 않은, 모습을 쓰긴 써. 아버지도 모습, 엄마도 모습, 할배도 모습, 모습 아닙니까? 존경해요. 모습으로서 존경하는 거예요. 그러나 그 당처는 아버지나 할배나 엄마나 꼭 하나거든. 그러기 때문에 종교를 믿는데 있어서 모습을 갖다가 잘 쓰기는 쓰는데 모습에 탐착하는 법이 아닙니다. 모습에 탐착하지 않는 까닭은 뭣이냐? 모습은 한정이 있어요. 크다 작다 한정이 있어. 그 모습이 다 해버리면 그건 없어져 버려. 그 공덕이 없어져 버려. 그러니까 모습에 따른 공덕은 한정이 있습니다.

그러나 모습을 따르지 않아. 나는 절대성자리다. 하늘과 땅이 생기기 전부터 하늘과 땅이 뭉개진 뒤라도, 그러니까 이 허공하고 수명이 꼭같습니다. 여러분의 마음자리, 이 자리는 이 허공하고 수명이 꼭같습니다. 허공을 있다 해도 좋고 없다 해도 좋고, 벌써 있다 없다는 말 떠난 자리거든요. 여러분의 마음도 있다 없다는 말 떠난 자리에요.

같기 때문에 여기에 대한 공덕을 이룬 분들은 허공하고 더불어서 꼭같습니다. 몰라. 허공이 없어질 때 여러분도 없어질는지 모릅니다. 그런데 허공 언제 없어지겠습니까? 없어질 것이 있어야 없어지겠죠?

어떻든지 자체성이 없는, 자체지가 없는 이 몸뚱어리 이걸 갖다가 이걸 쓰는 겁니다. 빌려 쓰는 겁니다. 그러기 때문에 빌려쓰더라도 이건 내 몸이 아닙니다. 내 몸 같으면 죽어요? 와 죽어요? 원통해서 어떻게. 내 관리물입니다. 내가 관리하다가 지는 지대로 가는 거이고, 나는 내대로 있는 겁니다. 물론 이건 절대성자리에서 온 거니까 하나는 하납니다. 이름은 다를지언정, 하나는 하나라 할지라도 모습에 탐착하는 사람들은 그만 이걸 둘로 봅니다.

불상은 어디까지라도 불상입니다. 부처님의 모습을 상징한 거니까 존경해야 됩니다. 아, 절해야 되죠. 염불해야 되죠.

이건 좋습니다. 좋은데 그걸 진짜로 믿거든요. 진짜로 믿는 것은 자기 스스로가 그 모습을 택한 것 아니에요? 자, 모습을 택한 거라 말이지. 허공을 보겠다고 애를 써. 허공에서 난데없는 구름이 일어났다 말이지. 그걸 허공으로 아는 거나 마찬가집니다. 그러면 허공에 나타난 구름은 어디까지라도 구름이지 허공은 아니거든요. 구름 해봤든 사실은 허공성입니다. 실은 허공성입니다. 허공성은 될지언정 허공은 아니거든요. 그러니까 여기에서 모습을 쫓으면 사도(邪道)라 하는 겁니다. 이걸 외도(外道)라 하는 겁니다.

모습을 쫓지 안 해. 절대성자리를 그대로 내가 가지고 있어. 그대로 가지고 있는 것이 아니라 그대로여. 그대로라. 이걸 갖다 승인을 안 해. 왜 그러냐. 빛깔도 소리도 냄새도 없으니까 그만 내버려. 그런데 모습 여기다 딱 탐착을 한다 말이여. 거 모습에는 좋은 것도 있고 나쁜 것도 있지 않아요? 그래서 여기서 파순이하고 부처하고 갈라지는 겁니다. 같은 값이면 모습을 잘하면 좋긴 좋은데, 그러나 저러나 공부를 할 것 같으면 허공으로 더불어서 영원히 살 도리를 생각을 해야지. 어째 꽃이 필 때는 좋고 꽃이 떨어질 때는 나빠. 그와 마찬가지로 그 모습 거기에 달려붙는 공부를 하겠느냐 이거에요. 이것이 내가 원통하다는 겁니다. 이래서는 누리의 주인공이 못되는 겁니다.

　지금 아침마다 여러분 예불할 때 여러분 자신이 누리의 주인공이라고 하지 않습니까? 이거 거짓말이 아닙니다. 만약 거짓말 같으면 내가 저런 걸 써붙일 리가 만무합니다. 그러하기 때문에 우리가 불교공부를 하더라도 모습을 부처님의 모습을 추앙해서 예를 극진히 다 하는 건 이건 당연한 일입니다. 아버지나 어머니의 사진을 딱 놓고 사모하는 것 이거 당연한 일입니다. 그렇게는 할지언정 사진 자체가 직접 아버지가 아니고 직접 어머니는 아니거든요. 벌써 그걸 갖다가 아버지로 보고 어머니로 본다면 이거 사도 아닙니까?

　그러하니 사실로 우리나라에 불교를 믿는 사람이 몇 천만 명이나 되는지 그건 내 잘 모르겠습니다만 참말로 모습놀이를 여읜 참말로 공부를 하는 사람들이 십분의 일이나 백분의 일이나 이렇습니다. 그러나 그건 어쩔 도리가 없고 우리가 전생부터 지혜를 잘 닦지 못했어. 그래서 그렇게 된다 할지라도 말이지, 여러분들은 달라야 되지 않습니까? 내가 어제 밤중에 서운 선생이 '팔풍부동 진공덕(八風不動眞功德 : 여덟 가지 경계에 흔들림이 없어야 참 공덕이다)'이란 이 설법하는 걸 내 들었습니다. 가만히 들으니 아, 여기 있는 분들은 팔자가 좋구나. 여러분 굉장한 인연을 맺고 있습니다. 지금 내가 이걸 버리면 나 다시 지구에 안 올 작정이에요. 참말로 죽을 수만 있으면, 죽는 건 아무것도 모르거든요. 그러니 아무것도 모르니 편치 않아요? 그러면 내가 죽음을 택하겠는데 죽어지질 안 해. 이 빛깔도 소리도 냄새도 없는 이 자리에 죽는단 말이 붙질 않습니다.

그러니까 이건 어쩔 도리가 없어. 죽어지질 않으니 어차피 살아야 되는데 살려면 좀 좋은 데 가서 살아야 되겠다. 하필 우리가 지구만을 애착할 필요가 없어. 그러면 어디로 가야 되겠느냐. 내 도솔천에 갈 작정이에요, 도솔천으로. 우리가 현대 과학을 빌어서 간다 하더라도 아마 빠른 비행기로 간다 하더라도 몇 억만 년 가야 거기까지 갈 겁니다. 일전에 신문을 보니 십억년 전의 별을 발견했다니까 십억년 전의 빛깔이 지구로 온 턱이거든요. 그러나 우리가 이 마음자리, 도솔천에 가려면 순간에 가버립니다. 실은 도솔천이 내 눈앞에 있어요. 이거 과학적이에요. 왜 그러느냐. 사실은 알고 보면 도솔천도 내 마음속에 있기 때문에 하는 말입니다.

내 마음의, 여러분 마음의, 여러분은 누리의 주인공이라 말이지. 있는 것도 아니고 없는 것도 아니라 하지만 있거든. 있기 때문에 이런 육신을, 색신을 나툰 것이거든.

크다 하면 허공을 싸고 있어. 허공을 싸고 있기 때문에 그렇다는 그거에요. 그렇다면 천당이든지 지옥이든지 전부 여러분의 마음속에 있습니다. 그렇기 때문에 지옥 갈라면 문제없습니다. 악한 일 하면 당장 지옥에 떨어집니다. 거 지옥까지 갈라면 굉장한 시일이 걸릴 겁니다. 몇 억만년 걸려야 될 겁니다. 하지만 순간에 가버립니다. 또 천당에 가더라도 순간에 가버립니다. 왜 그러느냐. 여러분의 마음이 허공을 싸고 있기 때문에 그렇습니다. 여러분 가만히 생각해보세요.

어느것 하나 이 우주 공간에 있어서, 저 은하계가 있는데 은하계가 남의 은하계입니까? 여러분의 은합니다. 허공이 내 허공이기 때문에 그렇습니다. 그러하기 때문에 내가 도솔천에 간다는 것입니다. 도솔천에 가면 공부를 하기 때문에 그렇습니다.

그러니 좌우간 어떻든지 이 사고방식이 틀리기 때문에, 상
대성은 절대성에서 왔다 말이지, 원래 그 바탕이 하나라 말
이지. 부처하고 중생까지 더불어서 그 바탕이 꼭 하나라 말
이지. 아, 부처님이 중생을 사랑하는 것, 와 그렇습니까? 한
집안 식구이기 때문에 사랑하는 것 아닙니까? 만일 한 집안
식구가 아닌데 부처님이 중생을 사랑한다 할 것 같으면 그건
변괴입니다. 변괴라. 한 집안 식구이기 때문에. 관세음보살하고
도 한 집안 식구거든. 어느 부처님이든지 남이 아닙니다.

　그런데 우리가 좀 더 고생을 한다면, 우리가 이러한 도리,
사람이란 건 뭣꼬. 사람이란 건 어디서 왔다는 이것쯤은 알
으켜줘야 되지 않습니까? 그러하니 여러분들 책임이 참 중
합니다. 여러분들 내 어제 생각에 참 굉장한 분들이라 말이
여. 이거 전부 다 내 생각에는 도솔천 생각이 듭디다. 아, 이
양반들이 전부 도솔천에 가서 날 인연을 이 자리에서 맺구
나. 내 이런 생각을 했습니다. 참 굉장한 인연, 굉장한 인연들
짓습니다. 아마 영원의 인연 짓는가배.

　실로 우리 인간이란 건 누구라도 막론하고 아무것도 아닌

것 같지만은 참 불가사의 한 겁니다. 인간이란 건 어찌 해서 참 특유한 자리가 하나 있습니다. 사람마다 그렇습니다. 잘나면 잘난 대로 못나면 못난 대로, 그런데 바꾸지 못하는 겁니다. 이것이 인자 뭣꼬? 딱 깨놓고 하는 말로 이 자리는 '하나의 마음'이라고 이렇게 볼 수가 있습니다. 그런데 이 마음자리 참 희한한 겁니다. 마음자리라고 하면 말이지 하늘과 땅이 생기기 전부터 있는 겁니다. 언제부터 이것이 있는지 모릅니다. 이렇게 말하면 얘기가 너무 크기 때문에 신용(신뢰)이 안 옵니다. 신용이 오나 안 오나 이건 사실이니까, 이거 어쩔 도리가 없죠. 언제부터 있는지 알 수가 없습니다. 죽어도 이 자리는 그대로 있어. 살아도 이 자리는 그대로 있어. 그런데 제일 하나 좀 알기 어려운 것이 이 자리가 있는지 모를 따름입니다. 다만 모를 따름입니다.

육신 같은 것도 말이지 우리가 숨을 거두어버리면 있으나 없으나 한가지입니다. 불 속에 집어넣어도 모른 것이고 다 그런 건데, 이 자리가 있는데 이 자리는 바로 허공하고 꼭 한가집니다. 허공하고 둘이 아닙니다. 둘이 아닌데 보통 사람들은 도대체 허공이라는 그 자체를 망각하고 있어요. 이 지구도 허공이 있기 때문에 있습니다. 우리의 몸뚱어리가 이 지구에 의지하고 있거든요. 지구는 허공 중에 빙빙 돌고 있어. 그러면 허공은 어디에 의지해가 있느냐. 이거 우선 알아야 됩니다.

누가 한번 말해 봐라. 허공은 어디에 의지해 있나? 허공은 여러분의 마음에 의지해 있습니다. 이렇게 말하면 어떻게 맞추어봐도 딱 맞는 말인데 마음에 의지해 있다는 얘기를 하면 그만 신용이 안 가. 여러분의 마음이 없다면 허공이 있을 수가 없습니다. 또 허공이 없다면 여러분의 마음이 있을 수가 없습니다.

허공은 여러분의 마음속에 있는 것입니다. 그러면 여러분은 허공을 전부 마시고 있어요. 마시고 있는 거나 꼭 한가지입니다. 다만 허공 역시 빛깔도 소리도 냄새도 없고 여러분의 마음 역시 빛깔도 소리도 냄새도 없기 때문에 그 있는 건지 없는 건지 도대체 분간이 안돼. 이것뿐이지 허공 즉 마음, 마음 곧 허공입니다.

그러면 자, 우리 허공을 한번 더듬어 봅시다. "우리 마음을 알려면 허공을 걷어잡아야 된다, 또 허공을 알려면 마음을 걷어잡아야 한다." 왜 그러느냐. 허공하고 마음하고 둘이 아니기 때문에 그런 결론이 있는 겁니다. 우선 하나의 방편으로서 해 봅시다. 어떻게 해야 허공을 알겠습니까. 이겁니다. 어떻게 해야 허공을 알겠느냐. 또 이 허공 자체는 시공이 딱 끊어진 자립니다. 모든 것이 딱 끊어진 자립니다. 허공 자체는.

그러니까 허공 자체는 시간과 공간이 끊어졌죠? 우리 중생계에서는 이제 우리의 육신, 생명이 있는 나를 바탕으로 하기 때문에 시간과 공간이 있습니다. 그러나 이 허공 자체는 시공이 딱 끊어진 자립니다. 시공이 끊어졌기 때문에 유무가 끊어졌습니다. 있다 없다 이거 다 끊어진 자립니다. 참말로 굉장합니다. 이걸 여러분들이 가지고 있기 때문에 여러분의 존재라는 건 참말로 희귀한 겁니다.

시공간이 끊어진 이 자리를 여러분이 가지고 있어. 있다 없다 이 자리, 이거 끊어졌어. 이걸 여러분들이 가지고 있어. 명암이 끊어졌어. 밝고 어둠이 끊어졌어. 그러니 허공에 대해서는 뭐라고 말을 할 수가 없어. 선악도 끊어져. 이 자리는 선이다 악이다 하는 거 끊어져. 명암이 끊어졌으니까 선이다 악이다 이것도 끊어져. 정도다 사도다 이거 끊어졌어. 모든

허공의 주인공

것 다 끊어졌습니다.

　그 다음에 우리가 중생으로서 말을 할 수 있는 자리는 선악이다 이건 제2 문젭니다. 명암이다 이것도 제2 문젭니다. 그러기 때문에 아까도 말한 남자다 여자다 라는 남녀의 상도 다 끊어진 자립니다.

　이걸 가만히 생각을 해본다면 우리는 참말로 거리마저 딱 끊어졌습니다. 있다 없다 멀다 가깝다, 거리마저 딱 끊어졌습니다. 비유해서 말을 하자면, 여러분, 사람마다 키는 다 있습니다. 머리로부터 발끝까지 몇 자면 몇 자 거리가 딱 있어. 그러나 아까 도솔천 할 테면 거리가 없습니다. 끊어진 곳이에요. 만약 거리를 갖다 그대로 둔다 할 것 같으면 몇 억만 년 가야 됩니다. 하지만 거리가 없어요. 왜 그러냐. 여러분의 키는 딱 서면 몇 자라는 것이 딱 있어요. 그런데 발을 다쳤어. 아파. 당장 그건 알게 됩니다. 여기서 발로부터 거리를 재서 아는 것 아니에요. 그만 알게 됩니다. 거 와 그럴꼬? 참 희한한 일이에요. 머리를 다치면 그만 당장 알아버려. 머리하고 발하고 거리가 있긴 있는데 말이지 거리가 끊어진 자리기 때문에 그만 알아버려. 이거 한가집니다. 여러분 아시겠습니까? 전부 끊어졌어. 그러기 때문에 이런 것이 다 제 2의 소식인데 인연 따라서 선악이다 명암이다 남녀다 뭐 유무다, 인연 따라서 그렇게 얘기를 하게 됩니다.

　제일 첫째 우리가 알아야 될 것은, 밝고 어두운 것을 여의는 까닭에 원래 명암이 없는 까닭에 명암을 둔 겁니다. 남자다 여자다 이것이 없어요. 그만 하나의 사람이에요. 없는 까닭에 남자다 여자다 두는 겁니다. 자기 분수에 따라서 인연에 따라서 남신이다 여신이다 이걸 두는 겁니다. 선이다 악이다, 이것이 없는 까닭에 선악을 두는 겁니다. 이거 전부 제 2의 소식입니다. 첫째 소식 아닙니다. 첫째 소식은 이것도 없고 저것도 없어요. 나중에 둘 수는 있어도, 없습니다. 그러기 때문에 선악도 없어. 명암도 없어. 이 명암, 밝은 것이 아니기 때문에 밝은 겁니다. 어두운 것이 아니기 때문에 어두운 겁니다. 여러분 가만히 생각해보세요.

　여러분 이제 낮 아니에요? 그런데 밝은 것이 아니기 때문에 밝은 겁니다. 또 밤에 어둡다 말이지 어두운 것이 아니기 때문에 어두운 겁니다. 그러면 밝은 성품과 어두운 성품이 꼭 하납니다. 이렇게 따져 들어갈 테면 선악도 다 그렇습니다. 선의 성품과 악의 성품이 하납니다. 여자의 성품과 남자의 성품이 하납니다. 물론 그 자리에 다 하나지만 말이지 그 당처가.

그러하기 때문에 우리가 입을 빌어서 무슨 말을 하는 것은 전부가 제2의 소식입니다. 제2의 소식이라는 걸 완전히 알려면 첫째 소식을 알아야 됩니다. 첫째 소식. 아니다 말이여. 명암이 아니기 때문에 명암이라 말이여. 남녀가 아니기 때문에 남녀상으로 나툰다 말이여. 선악이 아니기 때문에 선악이라 말이여. 이런 식으로 전부가 어떤 거라도….

원근, 원근이 아니기 때문에 원근을 둔다. 멀다 가깝다 이 말이죠. 이런 겁니다. 여러분 그렇게 한번 생각을 해보세요. 납득이 갈 것입니다.

제일 알아듣기 쉽게 말할 것 같으면, 명암이 아니기 때문에 밝고 어두운데 그 성품 가만히 생각해보십시오. 밝은 성품과 어두운 성품이 다르던가요? 밝은 성품과 어두운 성품이 만약 다르다면 큰일나. 밝을 때는 어떻게 무슨 일을 하더라도 어두울 때는 일 못해. 참말로 죽어. 꼭 한가집니다. 밝은 성품과 어두운 성품, 이렇게 생각하면 됩니다. 그렇기 때문에 남자나 여자나 하나 사람 아니에요? 남자의 성품이나 여자의 성품이나 둘 아닙니다. 쓰기는 이렇게 쓸지언정 둘 아니에요.

우리가 불교공부를 하는데 있어서, 제일 첫 문제를 알려 하는 것이 불교 문젭니다. 그런데 이 첫 문제를 아는 것은 이렇게 따져 들어가면 알기 쉽습니다. 이걸 논리적으로 이렇게 얘기를 할려면 참 어렵습니다. 뭐라고 말할 도리가 없는 겁니다. 우리가 밝은 이 자리에 앉아서 어두운 걸 한번 생각해 봅시다. 밝은 자리에 앉아서 어두운 걸 떡 생각하면, 어두운 건 성품 하나이기 때문에 어두운 걸 생각을 하면 밝은 것도 아니고 어두운 것도 아닌 이런 현상이 나. 어두울 때 밝은 걸 생각을 해 캄캄할 때 밝은 걸 생각해. 그러면 그 어둠은 어둠이 아니고 밝은 그런 현상이 나타나는 겁니다.

그런데 공부할 때 이런 현상이 많이 나타납니다. 참선할 때 광명이 나타날 수가 있어요. 광명이 턱 나타나요. 전깃불 하나 없어도 환해요. 거 참 희한한 겁니다. 산에 솔나무가 있어. 낮에도 솔나무가 있는 줄은 알아. 있지만 이래 턱 봐서는 잔잔한 이파리는 안 뵈죠. 그러나 밤에 나타나는 솔나무는 잔솔잎 전부 헤아릴 수가 있어. 어두운 밤이거든. 그러하

274

기 때문에 '비암비명(非暗非明)'이라는 말이 여기서 나온 겁니다. 이거 하나 풀리니까 다른 것 다 풀려 버리거든. 이 우주 공간은 '비암비명'이기 때문에 명암을 나투어. 밝은 걸 나투고 어두운 걸 나툰다 이런 결론이 나는 겁니다.

그러하니 가만 보니 사람도 그렇지 않습니까? 여러분들 생각해보세요. 남자도 아니고 여자도 아니라. 아니기 때문에 그 인연에 따라서 이거 제2의 소식이거든요. 인연은 누가 만드느냐. 자기 자신이 만드는 것이거든. 그래서 남신을 나투고 여신을 나투어. 잘 사고 못사는 것도 인연에 따라서 역시 자기 자신이 만들어서 잘살고 못살고… 이렇게 생각한다면 불평이라고는 있을 수가 없습니다. 도리어 어쩌다가 잘못 살아. 아이고 내가 와 이리 잘못 사는고 하기보다는 내가 잘못 사는 운명을 내가 지었구나 이렇게 생각을 해. 이렇게 생각을 하면 편하죠. 도리어 재미가 나죠. 그래서 그 업연관계 싹 벗어나면 잘 살게 되죠.

그런데 원래 잘 산다 못 산다는 말이 형상으로 나타난다 할지라도 그 성품에 있어서는 조금도 변하는 것이 없습니다. 우리가 잘나고 못나는 것, 똑똑하고. 원래 그거 없습니다. 없는데 보통 사람으로 봐서는 그거 있거든. 그거 전부 자기가 지은 겁니다. 자기가 지어서 자기가 받는 겁니다. 그렇기 때문에 이걸 생각하면 그만 받아버려. 남이 수모를 한다 할지라도 남이 꾸짖는다 할지라도 그만 받아버려. 고거 받아버리면 빚 갚아버리면 말이죠 그건 무슨 관계가 있거든. 그거 전부 자기가 지은 것이여. 갚아버리면 나중에는 그 사람한테 내가 수모 받을 일이 하나도 없어.

하나 또 여러분에게 말씀드릴 것은 요새 의술이 굉장히 발달 되지 않았습니까? 발달 됐는데 그 인연 관계 여기에 따라서 병원에 입원해서 팔다리를 잘라낸다든지 전부 이걸 바꿀 수가 있습니다. 심지어 눈도 바꿔. 혓바닥도 바꿔. 뭐 폐니 뭐니 다리니 뭣이니 싹 바꿔. 아마 앞으로는 그렇게 될 겁니다. 딱 바꿔도 어머니는 어머니고 아내는 아내고 자식은 자식이란 이 애깁니다. 그러나 사실은 싹 바꿔 놓고 보면 부모한테 받은 것 아무것도 없거든요. 머리털은 가발로 하고 눈은 원숭이나 개 눈깔로 하고 이런 것 전부 바꾸고, 어느것 하나 팔이니 뭣이니 오장육부 다 바꿨어. 그렇다면 부모가 낳아 준 것은 아무것도 없어.

우리가 부모 뱃속에 딱 떨어지면 몸뚱이가 자꾸 변하고 변해서 그 부모가 낳아 준 것이 저절로 없어지는 것입니다. 차차 여러 해에 걸쳐서 싹 바뀌었으면 부모는 부모 아니라고 해도 되지 않겠어요? 그러나 부모는 부모라요. 이런 관계가 있습니다. 이걸 내가 금강경에 써 놨습니다. 써 놨는데 좌우간 어떻든지 이 성품, 성품이 하나이기 때문에 어머니의 성품이든지 나의 성품이든지 아버지의 성품이든지 모든 인류의 성품이 하나이기 때문에 그런 결과를 가져오는 겁니다.

그러니 성품이 하나이기 때문에, 병원에 입원해서 수술해서 몸을 바꿨다 해도 그렇게 되는데 왜 그러느냐. 허공성이기 때문에 그렇습니다. 어느것 하나 허공성 아닌 것이 없습니다. 주야(晝夜)도 허공성, 선악도 허공성, 거리도 허공성. 우리가 허공성으로 이렇게 본다 할 것 같으면, 남이 아무도 없어요. 전부가 하나지. 그러하니 이걸 처음에 턱하게 알면 겁도 납니다. 겁도 나는데 든든합니다. 허공이… 그러기 때문에 허공으로서의 내다 하는 말이 그 말입니다. 이거는 없어질 거라. 그런데 우리 몸뚱어리 생각해 봅시다. 어릴 때 여러분들 부모한테 다 받았는데 지금 여러분들 부모한테 받은 것 아무것도 없습니다. 적혈구 백혈구라니 세포라니 전부 바꿔졌어요. 전부 바꿔졌어요. 그런데 부모는 부모거든. 허공성이기 때문에.

그러하니 이 허공성, 어느것 하나 이 허공을 여의는 것이 아무것도 없습니다. 너무 이 허공하고 친하기 때문에 이런 결과를 가져 왔는지도 모르겠습니다만도 좌우간 어떻든지 허공성 하나만 딱 여러분이 걷어잡아버리면 뭐 선악이라니, 명암이라니, 남녀라니, 뭐 부처다 중생이라니, 전부가 허공성의 그 놀음놀이 입니다. 제일 첫째 소식은 허공성이라고 이렇게 봐야 되겠습니다. 제일 첫째 소식.

그 다음에 우리가 입으로 말할 수 있는 것은 이거 모습입니다. 벌써, '착해야 되겠다.' 모습놀입니다. '악해야 되겠다.' 모습놀입니다. '남자다.' 모습놀이, '여자다.' 모습놀이 전부 모습놀입니다.

그런데 인자 우리는 알았거든요. 이 모습은 허망하다는 걸 여러분들이 알았어. 진짜가 아니다. 시작이 있으니 끝이 있다. 그런데 이 첫째 쪽은 이것이 시작이 없습니다. 시작이 없어. 허공 이거 시작 없습니다. 그러기 때문에 시공간을 떠난 자리입니다. 여러분의 마음, 시작이 없습니다. 어머니가 나를 낳아 주었기 때문에 그때부터 내 아닌가 하지만 그거 아닙니다. 벌써 이거는 본래의 그 소식이 어떤 인연을 가지고서 어머니의 배를 빌렸을 따름입니다. 그러나 빌어봤든 역시 허공놀이에요. 제일 첫째 문제의 놀음놀입니다. 작용입니다. 그거, 절대성자리의 작용입니다. 그래서 내가 사람으로 태어났어. 사람으로 태어나서 이런 일도 하고 저런 일도 하고 이건 제2의 소식입니다. 그러하기 때문에 여러분 하루에 한번이라도 첫째 소식을 놓치지 말아보세요. 그러하면 자연히 공부가 되는 겁니다.

그러기 때문에 여기 내가 화두를 새로 만들었습니다. 우리말로 하면 새말겁니다. 새말귀, 화두란 말귀입니다. 가만히 생각하면 참 쉽겠는데 또 어떻게 생각하니 좀 어렵게 생각이 됩니다. 무슨 일을 해. 하는데 있어서는 내가 내 법신이, 이렇게 말하는 것도 이상스럽습니다, 법신이 이 색신을 통해서 이 주장자를 가졌다. 이런 생각을 한다 말이죠. 밥을 지으면 내 법신이, 법신은 빛깔도 소리도 냄새도 없는 자리거든요. 법신이 이 색신의 손을 통해서 쌀을 씻는다. 그래서 밥을 앉혔다. 내 법신이 색신의 손을 통해서 연필을 가지고 사무를 본다. 이렇게 하면 쉬울 성 싶은데 가만히 생각하니 이 것이 어려와. 우선 법신을 알기가 어려와. 알기가 제일 쉬운데… 허공 속에 우리가 있으면서 허공을 모른 거나 마찬가집니다. 허공 속에 있어. 허공 속에 있는데 허공을 몰라. 꼭 그거 한가집니다.

그러하면 나의 법신이, '法身'(칠판에 쓰심) 이거 글을 이리 써도 말이죠 아무 형체가 없습니다. 그러나 법성신이, 이 자리는 빛깔도 소리도 냄새도 없는 자리거든요, 색상신을 통해서 일을 한다. 실은 여러분의 법성신이 있기 때문에 색상신이 있는 거예요. 법신이 색상신을 통해서 회사 나간다. 회사 나가서 일을 한다. 일을 하는 색상신 이건 자체 지혜가 없습니다. 전부 이 놀음놀입니다. 그러기 때문에 이 자리가 떠나버리면 화장을 해도 상관없고 매장을 해도 상관없고 그런 것 아니에요? 하지만, 이 자리는 이걸 따라서 죽는 거 아니거든요. 이 색상신을 걷어잡고 법을 굴릴 따름입니다.

그러기 때문에 이 법성신은 이 색상신을 통하도록 되어 있거든. 통하지 않으면 이 법성신이 있으나마나 한가지 아니에요? 더욱 우리가 다른 세계를 가. 다른 세계를 가서 나투는데

280

도 법성신이 가는 겁니다. 지금 우리가 사왕천에 가. 사왕천은 지구의 오십일이 거기 하룹니다. 지구의 오십일이 하루가 되는 세계가 있고 지구의 백일이 하루 되는 데가 있고 지구의 이백일이 하루 되는 데가 있고 지구의 사백일이 하루 되는 데가 있고. 도솔천이 아마 사백일이죠. 또 팔백일이 하루 되는 수가 있고 천 육백일이 하루 되는 수가 있습니다. 그러니까 벌써 사왕천에 가더라도 하루에 세 끼 먹는다 할테면 말이죠 지구의 오십일에 세 끼 먹는 턱이죠. 만약 도리천, 여기가 지구의 백일이 하룬데 백일 동안에 세 끼 먹는 턱이 되죠. 이백일 하면 마찬가지로 이백일이 하루니까 거기도 세 끼 먹는 턱이 되죠.

그러하기 때문에 시공간이란 건 있을 수가 없습니다. 참말로. 우리가 지구에 들어앉아서 색신을 본위로 하여서 시공간이 있는 것이거든요. 그러하니 이런 도리를 알아야 아까 말한 이 법성신이 이 색상신을 걷어잡고 이런 말귀나마 알게됩니다.

여래(如來)라 여래님. '같을 如'자, '올 來'자. 참 이거 좋은
말입니다. 팔만대장경을 그대로 쏟아놓은 소식입니다. 그러
나 이거 아는 사람이 별로 없습니다. '같을 여'자 '올 래'자,
"온 것 같다" 우리말로 하면 "온 듯 하다" 이 말이거든요.

'온 듯' 우리 말도 글자 두 개입니다. 어째서 팔만대장경을
글자 두 개에 다 넣어 놓았겠습니까? '온 듯.' 지구도 온 듯.
어째서 '온 듯'이지요? 그 성품이 허공성이든 아니든 그건
별 문제로 하고, 지구라면 하나의 모습입니다. 지구가 모습

이 있으니 요놈이 생긴 때가 있어. 지구가 생긴 지가 육십사억년 밖에는 안되거든요. 그러면 그전에는 없었으니 앞으로 육십사억년 더 있을는지, 육억년 더 있을는지 이건 미지수로 하고, 모습이 있으니 장차 없어질 건 사실 아니겠어요? 그러하니 '온 듯' 한 것 아니에요? 이거 납득 갑니까?

촛불이 지금 켜졌다 말이죠. 나중에 초가 다 하면 없어져. 촛불도 켜진 듯. 지금 밝지 않아요? '밝은 듯'이거든. 어느것 하나 '듯' 아닌 것이 없습니다.

구름이 가는 듯. 물이 흐르는 듯. 어떻습니까? 납득 안 갑니까? 웃는 듯, 기쁜 듯 슬픈 듯. 참말로 기쁘다는 건 대단히 좋은 거예요. 하지만 여러분이 하루종일 기뻐? 이틀이나 사흘이나 기뻐? 그 기쁨 그대로 가져집니까? 죽 계속해서 하루종일 이십사시간 기쁘다면 나중에 미쳐버립니다. 또 슬픈 일이 있어서 자꾸 울어 이십사시간 울어. 이십사시간 울면 그 사람 미쳐 버립니다. 그러니까 기쁜 것도 영속이 안돼. 영속되면 벌써 병이라. 슬픈 것도 영속이 안돼. 이것도 벌써 병이라. 슬픈 듯 기쁜 듯. 그럼 즐거운 것은 뭣이냐. 그만 편안해. 마음이 편안해서 그냥 즐거울 따름이라. 즐겁다는 표도 없어. 또 그대로 괴로운 것도 하나도 없어. 안심이 딱 돼. 이건 영속성입니다. 이건 벌써 적멸성에 속하는 문제입니다. 기쁘다는 것도 한시간이나 두시간 쯤 기쁘면 하하 웃고 이럴 수 있는데 하루종일 기뻐 놓으면 나중에 웃는 입이 다 아파. 나중에는 노이로제가 돼 버려.

기쁜 듯. 가만히 생각해보세요. 여러분이 '난 듯'. 여러분이 나도 난 것이 아니거든요. 그러나 안 난 것도 아니네 헛거라도. 그렇지 않아요? 우리의 법신이 나고 들어가는 것이 없거든요. 왜 그러느냐? 아무 빛깔도 소리도 냄새도 없으니 나고 들어갈 것이 없어. 그러나 이런 헛것을 나투었어. 이건 진짜가 아니라. 그러니 "난 듯."

또 젊은 분들이 있단 말이죠. 젊은 사람이 영원하다면 '듯'자 안 붙습니다. 만약 서른살 먹은 사람이 앞으로 서른 더 먹으면 우리처럼 돼버리거든. 그러니 젊은 듯이지… 아시겠죠? 우리가 늙었단 말이죠. 원래 그 법성자리가 참말로 늙은 것은 없지만 몸뚱이는 늙었거든요. 그러나 현재의 늙은 걸 영원히 가질 수가 없어. 잠깐 동안이거든. 늙은 듯…

기침을 하는 듯. 아까는 했지만 지금은 없잖아요? 전부

'듯'이에요. 어느것 하나 '듯'을 떠난 것이 없어요. 아픈 듯. 아픈 듯하기 때문에 병원에 가서 치료를 하면 낫거든. 그러니 아픈 듯이에요. 죽는 듯. 죽어도 참말로 죽는 것 아니거든요. 이 몸뚱이는 없어져. 이거는 불구덩이나 흙구덩이에 가기 전에도 산화돼서 없어지지만, 죽는 것은 나는 걸 전제로 하는 것이거든요. 법신이 다른 걸 나투어. 그러니 죽음이 죽음이 아니란 말이죠. 그러나 죽음 아닌 것도 아니네. 그러니 '죽는 듯' 한 거예요.

그럼 여러분이 가만히 생각해보십시오. 경계인 듯. 그 경계를 인식하면 성품 따로 없는 것이. 경계라는 건 산하대지인 듯이지 만약 산하대지가 '듯'이 아니고 진짜라면 하늘과 땅이 생기기전부터 주욱 계속해서 허공으로 더불어서 변하지 않아야 듯 자가 안 들어가는 거예요. 생겼다가 나중에 없어지는 거라 말이죠. 물론 그 자체가 허공성이니까 산하대지인 듯 아니에요? 우리의 몸뚱이도 난 듯, 젊은 듯, 늙은 듯, 죽는 듯, 가만히 생각해보세요. 전부 지금 '듯' 판에 노는 거예요. 내가 말하는 듯, 여러분이 설법 듣는 듯. 이거 아니에요?

보통사람들은 이 '듯'을 참으로 알고 있어요. 그래서 거기서 야단이 나. 야단이 야단난 듯이지 참은 아니거든. 야단이 영원히 계속되는 것은 아니거든. 야단하다가 없어지면 그대로 잊어버려. 딴 생각을 해. 그거 전부 '듯' 아니에요? 물론 이것도 전부 허공성이고.

　그러면 경계인 듯, 성품인 듯. 경계 역시 허공성. 성품 역시 허공성. 내가 있음으로서 경계도 인정이 되는 거라 말이죠. 또 경계 그 자체로 봐서도 전부 허공성이거든. 그래서 헛거 나툰 것이거든요. 우리의 몸뚱이도 헛거 나툰 거라. 그러면 이놈들이 다 어디서 왔느냐. 어디서 왔겠어요? 여러분의 심성에서 온 것 아니에요? 허공으로서인 여러분의 심성에서 말이여.

　전성체(全性體), '온전 全'자, '성품 性'자. 전성체에서 비로소 유정 무정이 갈라진 것이거든. 그러나 유정물들은 슬기가 있어. 전기, 저건 슬기가 없어. 그러나 결국 한가지여. 우리도 지금 슬기 없는 것을 가지고 있거든요. 머리털, 손톱이니 살이니 이거 성품이 없으니 슬기 없는 거예요. 다만 이걸 내가 거느리고 있기 때문에 이 몸뚱이를 유정물이라 할 따름이지

　　　　　　　　　| 허공의 주인공 |

실에 있어서는 이거 슬기 없는 거예요. 성품 없는 거예요.

성품이 있어야 비로소 슬기가 있는 것이거든요. 그러니까 내가 지금 설법하는 듯 하지만, 그건 '듯' 밖에 안되고, 또 내가 살아 있는 듯 하지만 사실에 있어서는 '듯' 밖에 안되는 겁니다. 그러니까 결국 우리가 '듯' 속에 놀고 있어요. 그러나 이 '듯'을 우리가 모를 따름입니다. 하지만 사람들은 이걸 참말로 알아서 여기서 생사결판이 나는 거라.

가만히 생각해보세요. 그러면 경계와 성품이 어떻지요? 둘인가 하나인가? 또 우리는 어떠한 마음 씀씀이를 가져야 되겠느냐 말이죠. 그 마음 씀씀이 역시 그것도 허공성이고 한번 '가져 보는 듯' 하는 거예요. 여기서 여러분의 화두가 막 쪼개져 나갑니다. '동산수상행(東山水上行)'이라. 동쪽 산이 물 위로 간다. 이거 참 어렵습니다. '다리는 흐르고 물은 안 흐른다'. 물이 흐르지 다리가 흐르는 법이 어디 있어요? 턱하니 한번씩 생각해보세요. 모든 것이 '듯'이다 말이야. 모든 게 듯이라. 내가 산 듯, 설법을 하는 듯, 설법을 듣는 듯, 아는 듯, 마는 듯.

그러면 이 '듯'을 굴리는 그 놈은 누구냐? 이거 못 찾아내. "다리는 흐르고 물은 안 흐른다"에 우리 '듯' 자 한번 놓아 볼까요? 그러나 여기에 속아 넘어가지는 마세요. 여러분을 계발하는 입장에서 내가 하는 말이니. 다리는 흐르는 듯 물은 안 흐르는 듯. 어떻습니까? '교류수불류(橋流水不流)', 이거 화두입니다. '동산수상행' 이것도 화두거든. 동산은 가는 듯, 물은 그대로 가만히 있는 듯.

진리란 것이 바로 캐고 들어가면 그렇게 어려운 것이 아닙니다. 그러나 모습놀이만 하던 우리의 분으로 봐서는 처음에 조금 납득이 안갑니다. 아마 처음 나온 분들은 처음 들을 겁니다. 전부 듯 아니에요? 우리가 시장에 가는 듯, 밥을 짓는 듯, 아이들을 학교에 보내는 듯. 우리가 살림살이를 이루어서 사는 듯. 솔직한 말로 사람이란 전부 '듯'입니다. 오늘 우리 손자가 인천 자기 할머니한테 갔는데, 나중에 삼십년이나 사십년 후에는 자기 엄마와도 갈라지고 이 녀석이 커서 어른이 돼서 딴 세상 만들어. 그래서 일가친척이 생기고 그래. 그러나 태어날 때 혼자 태어났거든. 나중에 갈 때도 또 불구덩이나 흙구덩이로 혼자 가. 그것 모두가 '듯' 아니에요? 그러

| 허공의 주인공 |

나 세상 사람들은 이걸 참말로 알아버리네. 그렇다고 해서 그걸 무가치하게 취급하라는 건 아니에요. 그 인연을 소중하게 취급해야 돼. 그러나 올 때는 자기 엄마 몸을 빌려서 혼자 왔다 말이야. 그래서 나중에 이렇게 어울려서 가족을 이루고 사랑도 받고 학교도 다니고 나중에 성년이 돼서 시집을 간다든지 장가를 간다든지 이렇게 하면, 생전 못 보던 사람하고 서로 어울려서 살아. 그래서 십명, 이십명, 삼십명 식구로서 살아. 살다가 나중에 갈 때는 불구덩이나 흙구덩이로 혼자 가네. 올 때 혼자 왔으니 갈 때 혼자 가는 건 사실 아니겠어요?

우리가 살림살이 하는 가정을 이루는 것도 '듯'이요 우리가 어떤 사업을 한다는 것도 '듯'이고, 전부 '듯'이에요. 우리 이렇게 한번 생각해 봅시다. 그러면 어느 놈이 진짜입니까? 전부 '듯'이니 우리는 진짜 찾아야 되지 않겠어요? 진짜를 찾으려면 어디서 찾아야 되느냐. 이건 두 말할 것 없이 내 자신에서 찾아야 되지, 내 몸 밖을 향해서는 찾을 곳이 없어.

그러하기 때문에 자, 허공은 하나거든요. 그러니 진리가 하나 아니에요? 이거 참 묘한 겁니다. 허공은 하나이니 진리가 하나에요. 진리가 하나인지 배가 고프면 자기가 먹어야 돼. 내가 배가 고픈데 다른 사람까지 배가 고프지는 않아. 내가 배가 부른데 다른 사람까지 배가 부르지는 않거든. 전부 자기 개인이라. 또 그리고 가족을 보더라도 나를 포함한 가족이지 나를 떠나서는 있을 수가 없거든. 그러니 하나 아니에요? 그러나 나중에 갈 때는 자기 혼자 가잖아요?

우리가 이런 가정을 이루고 사회를 이루기 때문에 전부 다 관련성이 있는 것 같지만 '듯'에 지나지 못한 거여. 그러하니 모든 것이, 차별현상으로 일어나는 일체 만법, 요샛말로 현실에 주저앉아서 이 야단법석들을 하지만 사실은 전부 '듯'이에요. 어느것 듯 아닌 것이 없어요. 그러하니 여러분들 이걸 깊이 생각하여 확답을 해야 비로소 견성을 하게 됩니다. 확답 못하면 견성 안됩니다. 좀 시일이 걸립니다.

경계하고 내 성품하고 둘이 아니다 따로 없다. 어째서 그러냐. 돌도 있고 나무도 있는데 어째 그 돌하고 나하고 성품이 한가지냐? 이거 의심나지 않습니까? 의심 나니까 이걸 하나로 생각해 보시란 말입니다. 이 공부는 보통 다른 공부하고는 달라서 어디까지라도 하나의 진리를 그대로 파헤치는 것입니다. 하나의 진리를 파헤쳐 놓으면 그 까짓거, 생사니 복이니 뭣이니 전부 그 속에 다 있는 거예요. 이거 별 거 아닙니다.

그러나 늘 오랫동안 모습놀이 하던 습성이 있으니 좀처럼 이 말이 곧이 안 들립니다. 아마 '듯'에 있어서는 다소 납득이 갈 겁니다. 우리가 생사문제를 해결하는데 있어서는, 우리가 알아야 되지 모르고 어떻게 해결이 될 겁니까? 왜 그러느냐. 죽어도 내가 죽고 살아도 내가 살기 때문에 하는 말이에요. 아무리 우리가 이 사회에서 굉장한 뭣을 하더라도 나중에 털털 털고 혼자 가는 것 아니에요? 별 도리가 없습니다. 그러하기 때문에 나를 믿어야 됩니다. 날 믿으라는 건 내 육신을 믿으라는 것이 아니라 내 성품을 믿는 겁니다.

물론 내 성품을 과학적으로 논리적으로 구체적으로 생각해보면 '허공으로서의 나'이니까 물론 믿겠지요? 여러분 가만히 생각해보세요. 자기를 믿지 않고 누구를 믿어야 되겠습니까? 그러나 자기의 망심을 믿어서는 안됩니다. 경계에 닿질려서 일어나는 망심 이건 전부 헛것입니다. 내 꾀에 내가 속아 넘어가는 거예요. 그러나 우리 본래의 그 청정심, 이거 믿을 수밖에는 다른 도리가 없습니다. 이 세상에서 믿을 것은 자기 밖에 없습니다. 내외간에 서로 믿고 의지하는 것, 그건 좋은 유종의 미를 거두기 위해서 듯 속에서 노는 거예요. 생사문제를 근본으로 파헤쳐 나가는 데는 나 밖에 믿을 사람이 없습니다. 왜 그러느냐. 허공은 하나이기 때문에, 진리는 하나이기 때문에 그렇습니다.

그러나 종교를 믿는 세상 사람들은 엉뚱한 것, 가장 믿어야 될 자기는 제쳐두고 자기의 성품, 자기 부처, 자기의 마음, 자기의 기미, 자기의 소식 그건 까맣게 망각해 놓고 다른 걸 믿으려 하니 될 턱이 있습니까? 절대로 안되는 겁니다.

그러하니 '듯'을 여러분들 잊어버리지 마십시오. 지금 부산이나 서울에서 《절대성 상대성》이 굉장히 유행되어 있습니다. 대전도 그렇고 천안도 그렇고 다 그렇습니다. 이제 '듯' 이 말이 유행될 겁니다. 여러분이 회사에 나가서 사무를 본다면 사무를 보는 듯입니다. 점심을 먹는 듯, 집으로 가는 듯, 직장으로 가는 듯, 어느것 하나 '듯' 빼놓은 것이 없어요. 일체처에 머물지 마시라는 말이 그 말이에요.

이 말 한마디만 가지고도 만약 궁리를 하실 수 있다면 가만히 생각해보십시오. '듯'을 굴리기를 누가 굴리느냐. 내가 굴리지 않아요? 여러분이 굴리지 않아요? 굴리는 진짜 그것이 여러분이거든. 여러분들이 여기서 이것을 파악하신다면 그만 인생문제가 해결되는 것 아니에요? '듯'을 누가 굴리느냐? 가는 듯 오는 듯 우는 듯 웃는 듯 잠을 자는 듯 밥을 하는 듯 친구하고 얘기를 하는 듯, 누가 굴리느냐 말이야. 여러분이 굴리지 않아요? 여러분이 굴려 봤든 찾아내지 못해요. 모습이 없으니 허공성이기 때문에. 이거 하나 여러분이 파악을 한다면 설법 더 들어서 뭐 하실 겁니까? 그만 인생문제 해결되는 것 아닙니까?

죽는 듯 사는 듯. 죽는 듯이에요. 죽는 것이 아니에요. 여러분도 수억 천만번 항하수 모래수의 몸을 받지 않았어요? 그런데 전생에는 경계에 닿질리는 그 마음 씀씀이를 했기 때문에 전생에 가졌던 안이비설신의, 이것이 뭉개어졌기 때문에 전생에 무슨 몸을 가졌다는 걸 까마득히 잊어버리고 있어요. 잊어버리는 것이 원칙입니다. 왜 그러느냐. 눈 귀 코 혀 몸, 이것이 경계하고 부딪치며, 눈 심부름, 코 심부름, 입 심부름, 전부 이 심부름만 했거든. 그것이 전부인 줄 알았단 말이지. 죽을 때는 그것이 전부 뭉개어 버리지 않았어요? 그러니 눈을 떠도 잘 안 보여. 귀가 있어도 잘 안 들려 평상시에는 잘 들리는데. 그 기관이 완전히 마비돼서 활동을 제지해 놓으니 거기서 일어나는 알음알이는 완전히 없어져 버렸거든. 완전히 없어져 버리니 알음알이로 알았던 내 전생사가 완전히 녹아나 버리는 거라. 그러니까 모르는 거 아니에요? 여러분이 청정본심을 그대로 썼더라면 알음알이가 아니라 이거 다 뭉개어진다 하더라도 청정본심은 그대로 살아 있거든. 그러기 때문에 나는 전생에 이렇구나 과거에 이렇구나 이걸 알게 되는 겁니다. 이거 과학적 아닙니까?

그러기 때문에 지금 여기 이루어진 사실, 태양이니 지구니 전부 '듯'이란 말이에요. 우리의 일상생활 전부 듯이야 '듯'. 전부 '듯'인데 이 듯에 여러분들 들어앉지 마세요. 여러분들이 듯을 굴리긴 굴리세요. 그래야 재미가 있지 않아요? 사는 듯, 어디 놀러 가는 듯, 친구를 만나는 듯.

　여러분이 이 세상에 몸을 나툰 것은 이 말 한마디 들으려고 몸을 나퉜다고 해도 과언이 아니라요. 설법이란 것은 여러분의 슬기에 따라서 가치가 결정이 되는 겁니다. 이 '듯'을 여러분이 단 십 원으로 받아들이는 수도 있을 것이고 천 원으로 받아들일 수도 있고 1억 원으로 받아들일 수도 있을 것입니다. 만약 여러분이 이 말에 실감이 가. 야, 이거 참 온누리가 그렇구나. 차별현상 전부가 '듯'이로구나. 내가 지금 하는 모든 행동 이것도 '듯'이로구나. 이거 여러분들이 철두철미하게 실감이 간다면… 깨치겠다 뭐하겠다 이거 다 소용없습니다. 미했다 그런 생각도 가지지 마십시오. 여러분이 미했더라도 '미한 듯' 한 겁니다. 여러분이 만일 깨쳤더라도 '깨친 듯' 한 겁니다. 미한 듯 깨친 듯, 그 까짓거 '듯'에 우리가 들어앉을 필요가 뭐 있습니까? 그만 그대로에요. 그만 그대로에요. 이렇게 여러분이 알아서 달려드는 것이 그대로 입지 성불하는 소식입니다.

⑧ 백봉 김기추 거사

이 세상에 왔노라

이 말 한마디 듣기 위해

역시 부처님 말씀인데, "꼭두[환상]를 알면 곧 여의는 거다 [知幻卽離]." 이랬거든요. 이건 무슨 말인가 하면, 산하대지가 다 꼭두라. 그리고 사람이나 뭣이나 할 것 없이 다 실다운 것이 아니다. 꼭두란 것은 '실다운 것이 아니다'라는 말입니다. 이 말을 알면 그만 꼭두도 다 여의는 거라. 여의려고 할 필요도 없어요 올바로 그대로 보면 되는 겁니다. 참말로 여러분들 어떻게 느낍니까? 우리가 공부하는 입장에서 본다면 우리가 이 세상에 사람의 몸을 나투어서 인생놀이를 하는데 이 말 한마디 듣기 위해서 이 세상에 왔다는 이런 생각이 납니다.

"모든 것이, 산하대지가 꼭두니까 사람이나 뭣이나 꼭두 아닐 수 없다." 이런 말인데. 허공 중에 이루어진 모든 사실이 실답지 안 해. 실답지 않다 하는 건 자체성이 없어. 사람의 몸뚱이는 자체성을 걷어잡았어. 그러기 때문에 굉장하다고 하는 것이거든요. 부처님도 자체성을 걷어잡았기 때문에 우리가 부처님을 존경하는 것인데. 그러나 지구나 나무나 돌이나 태양이나 이런 건 자체성이 없거든요. 누가 와서 도끼로 찍어도 모르죠. 자체성이 없으니까 아픈 줄도 모르고, 불을 놔도 뜨거운 줄도 모르고 전쟁 한다고 폭탄을 서로 던지고 이래도 아무것도 모르거든요. 그러하기 때문에 거 실다운 것이 아니거든요.

실다운 것은 뭣이냐? 우리가 냉정하게 생각해볼 때 실다운 것, 참말, 진짜, 이거는 빛깔도 소리도 냄새도 없는 이 '슬기' 하나뿐입니다. 부처님도 이 색신, 무정물인 색신을 통해서 슬기자리를 잘 굴리기 때문에 부처님이라 하는 거예요. 보살님도 그 빛깔도 소리도 냄새도 없는 그 슬기자리를 잘 굴리기 때문에 보살님이라 하는 거예요. 그러나 우리 중생들은 이걸 굴릴 줄을 몰라. 중생들은 꼭두인 줄 몰라. 설혹 안다 해도 실감이 안 가. 그러하기 때문에 중생이란 말을 듣는 건데…

　아까도 말한 바와 마찬가지로 사실로 요 말 한마디 듣기 위해서 여러분들이 이 세상에 왔습니다. 여러분들이 이런 말씀을 듣기 전에는 어찌 우리가 지구니 태양이니 이것이 실다운 것이 아니라, 꼭두라 생각 했겠습니까? 전부가 참으로만 생각했거든요. 태양이니 지구니 이걸 참으로만 생각을 했기 때문에 내 몸뚱이도 참으로만 생각을 했다 말이죠. 그래서 '내 몸뚱이가 참이다' 하는 생각을 바탕으로 모든 철학 모든 문학, 모든 종교가 거기서 세워진 거 아니에요? 그러니까 내가 참이다, 하늘도 영원이다, 땅도 영원이다 이런 식이라. 거기 쩌들어졌어. '이건 내다' 하는데 쩌들어졌기 때문에 이걸 바탕으로 하여서 모든 사고방식이 다 이루어지거든요. 이전 성현들도 전부 그겁니다. 그러니까 '상대성' 이걸 바탕으로 했어. 물론 상대성을 바탕으로 해서 이루어진 모든 살림살이 세간사를 아름답게 만들라고 하는 건 고마운 일이에요. 이 지구 덩어리 하나만을 전 세계로 알고 이걸 미화시킬려고 한 것은 좋지만, 지구가 어디서 왔다는 거, 어디에 의지하고 있다는 거, 이건 전혀 몰라. 모른 게 아니라 그걸 생각할 필요까지 느끼지 않았어. 그러니까 이것이 지견이며, 지견으로서는 이래서 한정이 있다는 말입니다.

그런데 어쩌다가 석가세존이 지구도 치고 태양도 치고 다 쳐버려. 자기 몸도 다 쳐버렸어. 쳤다 했자 그걸 없앤다는 말도 아닙니다. 그걸 그대로 실다운 걸로 인정을 안 했어. 지구도 실다운 걸로 인정을 안 해. 태양도 실다운 걸로 인정을 안 했어. 그러니까 내 몸뚱어리도 실다운 걸로 인정을 안 했거든. 이 양반 하나가 들어서 이런 생각을 다했다 말이지. 다시 말하자면 절대성자리 딱 생각했어. 다른 성현들 절대성자리, 생각한 사람 누가 있습니까. 그런데 부처님께서 이 세상에 와가지고 엉뚱한 말을 했다 말이여. 전부 모두 환(幻)이다. 꼭두다. 누가 믿습니까. 참말로 슬기가 날카로운 사람 아니면 이거 못 믿어집니다.

"너의 몸뚱이도 꼭두다. 여러분의 몸뚱이가 여러분의 몸뚱이가 아니다. 소유물이 아니다 관리물이다."

이 말 누가 믿겠습니까. 그러나 참말로 날카로운 사람들은 "한살 때 두살 때 몸도 없어졌어. 열살 스무살 때 몸도 없어졌어. 내년이 가면 이 몸뚱이가 전부 바꿔져." 이걸 알아. 요새는 의학이 굉장히 발달했어. 의학이 발달됐기 때문에 다 알거든.

만약 상대성을 바탕으로 했어. 모든 것이 꼭두를 바탕으로 했어. 이건 하늘이다, 이건 땅이다. 이런 식으로만 알아. 그걸 바탕으로 한 종교가 나왔다 하면 그 종교는 상대성에 속하는 종교에 지나지 못해. 이 상대성은 자꾸 변합니다. 여러분들이 낙동강 모래알을 다 모아도 똑같은 것이 없다는 이 사실을 깨달아 알면, 변한다는 것을 알게 됩니다. 낙동강 모래알을 예로 안 들어도, 내 몸뚱이만 봐도 변하는 건 알아. 이건 우리가 무관심 했거든 늘 자라났다 이런 식이라. 자라난다는 건 자꾸 변하는 거 아니에요?

이걸 알려면 여러분이 나한테 와서 물을 것이 아니라. 의사한테 쫓아가서 물으면 당장 아는 거예요. 과학적으로 딱딱 맞아.

부처님이 "모든 게 꼭두다. 이건 법성신이 나투는 광영이다. 빛깔이요 그림자다." 이런 식으로 나와. 사실 지구도 법성신의 빛깔이요 그림자에 속하거든. 태양도 그렇고 우리의 몸뚱이도 사실 그런데 이거 우리가 알아들어도 좀체 실감이 잘 안 와요. 그러면 우리가 설법을 한다는 건 될 수 있으면 실감이 갈 수 있도록, 이런 방편 저런 방편 들어서 설명 하는 겁니다. 그래서 부처님도 꼭 한가지 말씀을 하는데도 때와 장소에 따라서 여긴 이 말씀하고 저긴 저 말씀을 했어. 그러니까 우린 부처님의 말씀을 바탕으로 해서 모든 문제를 해결할 수 있는 건 사실이지만, 이만큼 과학이 발달됐으니 딱 하나 걸어잡아.

"아, 이거 내 몸뚱어리 이거 자체성이 없구나."

이거쯤이야 우리가 알 수 있잖아요? 자체성이 없어. 일분 일초를 그대로 있는 것이 아니니까 이 몸뚱이가 실다운 것이 아니라는 결론이 나오고, 실다운 것이 아니니까 꼭두다 이런 결론이 딱 나오는 겁니다.

이제 설법 그만하고 나 들어갈라요. 이 이상 알 것이 없다 말이지. 누리의 지도리. 다 알아버렸어. 일체만법이, 별이나 태양이나 나무나 돌이나 할 거 없이 사람의 몸뚱이조차도 자체성이 없다. 그런데 빛깔도 소리도 냄새도 없는 자리, 마음

| 허공의 주인공 |

이라 해도 좋아요. 성품이라 해도 좋아요. 기미라 해도 좋아요. 경우에 따라서 뭐라고 이름 붙여도 좋아요. 그 자리는 이름을 붙일 수가 없어. 이름을 붙일 수가 없기 때문에 경우에 따라서 무슨 이름을 붙여도 돼. 그 자리가 빛깔도 소리도 냄새도 없는 자리다. 그 자리는 착한 자리도 아니고 악한 자리도 아니다. 착한 자리도 아니고 악한 자리도 아니기 때문에 착한 일 하려면 착한 일 하고 악한 일 하려면 악한 일 해도 돼요. 아는 것도 아니고 모르는 것도 아니다. 아는 것도 아니고 모르는 것도 아니기 때문에 알라면 알고 모를라면 잠잘 때는 모르는 것이거든. 그 자리가 바로 천당도 만들어 내고 지옥도 만들어 내는 거예요. 그 자리, 천당 누가 만드는 줄 압니까. 극락세계 누가 만드는 줄 압니까. 도대체가. 지옥 누가 만드는 줄 압니까. 여러분이 만들지 아니면 만들 사람이 없어.

여러분이 착한 마음을 먹어. 그러면 사도로 흐르지 말고 정도로 가. 모습놀이 하는 데 떨어지지 말고, 정도로 가면서 착한 일을 해. 그 다음에 극락세계 안 가고 어디로 간답디까. 또 여러분이 사도를 행해. 사도를 믿어. 그러하면서 탐심을 일으켜. 이거를 위해서 이것만이 제일이다 이래 해. 그러면 그 사람 지옥 안 가고 어디 가겠습니까. 그러하기 때문에 지옥도 내가 만들고 천당도 내가 만든다는 그 말이 그 말 아니에요? 이거 참 이론이 정연한 얘기에요. 이건 관념으로 내가 하는 말이 아니에요.

천당 지옥 만드는 자체의 성품을 여러분이 가지고 있거든. 이 사실을 안다면 다시 설법 할 것도 없습니다. 아 내가 안다면, 내가 착한 마음을 가져 착한 일을 해. 더욱 더 정도로 나가면 그 자리가 바로 천당이지. 극락세계밖에는 갈 곳이 없어. 그러나 내가 설혹 모습놀이를 해. 모습놀이를 한다 할지라도 좋은 일을 하면 좋은 모습도 받게 되는 거예요. 또 모습놀이를 하면서 마음 씀씀이도 잘못 그릇된 사심을 가져. 자기가 생각해서 그래 하는 건데 그대로 물이 높은 데서 낮은 데로 흐르는 거나 한가지에요. 그러기 때문에 극락세계를 만드는 거 참 과학적이라 말이죠. 머리카락 하나 안 틀려. 지옥도 자기가 만들어서 자기가 가는 것도 머리카락 하나 안 틀려. 참 과학적이에요. 어디 남이 만들어 놓은 데 턱 가는 거 아니에요. 남이 만들어 놓은 극락세계 가는 거 아니에요.

| 허공의 주인공 |

그러하기 때문에 내가 하는 말이 그 말입니다. 극락세계는 아미타불이 마흔여덟 가지의 원을 세웠어. 그래서 세운 게 극락세계라. 여러분들이 극락세계를 소원해. 그럼 갔다 합시다. 있든 없든 갔다고 하면 아미타불을 큰방에서 쫓아내고 여러분들이 큰방에 턱 앉아 지겠어요? 택도 없는 소립니다. 참 이거 불법은 과학적입니다. 그러면 설혹 갔다 하더라도 아미타불을 큰방에서 쫓아내지 못해. 자기가 세운 거니까 집 주인이라. 천상 셋방살이 밖에 못합니다. 아, 여러분들 셋방살라고 극락세계 간다고 하고 있어요? 여러분의 극락세계는 여러분이 만들었어. 아미타불하고 같이 소를 타고 같이 갈지 언정 남이 만들어 놓은 집에 쑥 가는 법이 없어. 그리고 아미타불이 손님들 오면 귀찮게 생각할는지도 몰라요. 여러분의 극락세계는 여러분이 짓는 거라.

　지으면 어디서 짓느냐? 이 세상에서 짓는 겁니다. 지금 현재 짓고 있어요. 거 기와장 하나는 빛깔도 소리도 냄새도 없는 기와장, 기둥 나무도 빛깔도 소리도 냄새도 없는 기둥 나무, 빛깔도 소리도 냄새도 없으면서 경우에 따라서 문도 되고 기둥나무도 되고 기와장도 되고 창문도 되는 겁니다. 그거는 지금 여러분이 이 세상에서 짓는 것이거든. 그러기 때문에 극히 좋은 일을 해. 견성은 안된다 할지라도. 극히 좋은 일을 한 분 같으면 평상시에 사십구일 재(齋) 지낼 여가가 없어요. 바로 하늘에 가. 이거 부처님 말씀입니다. 목이 마르면 그만 독에 가서 물 떠 마시는 이것이 진리에요. 그와 마찬가지로 좋은 일을 하면 숨 딱 거두면 사십구재 지낼 여가가 없습니다. 그대로 가는 겁니다. 그러나 그 반대로 극히 악한 일을 해. 악한 일도 자기가 좋아서 하는 거지 자기가 싫어서 하는 건 아닙니다. 악한 일도 자기가 좋아서 하고 좋은 일도 자기가 좋아서 하는 거예요. 누가 권한다 해서 하는 거 아니에요. 부처님이 권해도 안돼. 부처님이 어디 누가 악한 일을 하라 해서 하나요. 하지 마라 해도 지가 좋아서 악한 일을 하는데 역시 사십구일 재 지낼 여가가 없습니다. 숨 딱 떨어지면 지옥으로 직행하는 거라. 왜 그러느냐. 자기가 소원하는 자리라. 자기의 평상시의 생각이 쌓이고 쌓여서 고것이 그대로 직행이 됩니다.

그러니까 자기 나름대로의 지옥이 따로 있어. 자기 나름대로의 극락세계가 있어. 그러니까 지금 우리가 여기서 극락세계를 구할 필요가 없다는 것은 지금 극락세계를 우리가 만들고 있거든. 평상시에 내가 착하고, 더욱 더 부처님의 말씀마따나 이런 말씀을 이해해서 참말로 무상을 느껴. 그러면서 모습이 있는 것은 전부가 꼭두각시다 이런 식으로 알아. 내 몸뚱이도 그렇고 너도 그렇다 말이여. 이런 줄 알면서 일을 해.

그렇기 때문에 금강경에 "금강경을 보고 다른 사람을 위해서 그것을 써서 남을 위해서 말을 해준다면 그 복덕은 허공으로 더불은다." 이랬어요. 지구나 이런 데 비교가 안됩니다. 이거 부처님 말씀입니다. 아침에 항하사 모래수의 몸을 사르고 낮에 항하사 모래수의 몸을 사르고 저녁때 항하사 모래수의 몸을 사루어서 부처님에게 공양을 한다 할지라도, 밥 한 술 뜨는 사이에 또 이 경을 갖다가 베껴서 남에게 말을 해주는 그 공덕만치 못하다 했어요.

그러니 우리는 두말할 것이 없습니다. 오늘 우리가 결정하고 들어가야 되는 것이, 미한 중생들의 세간에서는 견성이란 말을 많이 하는데 글자로 봐서는 '성품을 본다' 요 말인데 뭣이냐? 자신 딱 가지세요. 이 몸뚱어리 이거 자체성이 없다.

몸뚱어리뿐 아니라 이 부처님 말씀에 의해서 지구도 자체성이 없다. 나무도 자체성이 없다. 돌도 자체성이 없다. 자체성 없으니 이거는 꼭두다.

그러기 때문에 났다 하는 것도 꼭두놀이요. 죽었다 하는 것도 꼭두놀이다. 이 도리를 알면 나고 죽는 거, 생사를 굴리는 법입니다. 사람이 미련한 사람들은 생사에 쓰이여. 조금 아는 사람은 생사와 같이 가. 그러나 철저히 잘 아는 사람은 생사를 마음대로 쓰는 거예요. 그러나 중생들은 전부 생사에 쓰이거든요. 그러하니 생사, 이것도 꼭두다. 남자 여자 이것도 꼭두놀이다. 젊었다 늙었다 이것도 꼭두놀이다. 부처님 말씀 따라서 이렇게 알아버려. 그러면 나는 뭣꼬? 도대체가 꼭두라고 생각을 하고 말하는 놈은 뭣꼬? 찾아봤자 없거든. 그만 빛깔도 소리도 냄새도 없는 그 자리다. 이렇게 여러분들이 생각을 해서 굳혀. 이것이 견성 아니면 이 이상 무슨 놈의 견성 찾을 거여. 이것이 '부모 미생전(父母未生前)의 면목(面目)' 아니에요? 이것이 '뿌리 없는 나무' 아니에요? 이것이 '밑빠진 배' 아니에요?

부모미생전의 소식, '이뭣고'가 그것이거든. 이뭣고. 부모

미생전의 면목이거든. 부모에게서 나기 전의 면목이 사실 이 몸뚱어리 끌고 다니는 그 자리 아니여? 이 무정물, 이걸 끌고 다니는 그 자리. 요 자리에서 하늘과 땅이 생겼거든요. 이 이상 무슨 견성 한다 말이요. 다만 우리가 이 부처님의 말씀을 그대로 느껴지느냐 못 느껴지느냐 이거뿐이에요. 물론 우리가 처음에 중생이라는 모습놀이에 찌달렸어. 그러기 때문에 좀체 이것이 벗겨지질 안 해. 이것도 우리가 이해를 해요. 그러나 가만히 생각할 때, 이것이 옳다. 그렇게 생각하고 그걸 알아. 알아서 하나 둘 자꾸 실행을 해나가면 나중에는 참 아닌 게 아니라 부처님이 말씀한 이외의 말씀도 내가 깨달을 수가 있는 것이거든.

　

　내가 저 종소리 듣고, "홀문종성 하처래(忽聞鐘聲何處來) 요요장천 시오가(廖廖長天是吳家)"라. 그때 참 아닌 게 아니라 허공 하나라. 내 집이라 했지만 요요장천 시오신이라 이렇게 할려다가 '신(身)'보다 '가(家)'가 낫겠어. 그래서 '가' 자를 놓았어요. 가 자 놓으나 신 자 놓으나 한가지 아니에요? 요요장천 시오가라.
　'일구탐진 삼천계(一口呑盡三千界)'. 한입으로 삼천계를 마셔버렸어. 가만 보니 산이니 뭣이니 이름자뿐이라. 부처님도 이름자뿐이라. 나라는 것도 이름자뿐이라. 그런데 이거 참인지 거짓인지 그걸 몰랐어요. 그러면서 그래 좋아. 그런데 우스워. 가만 보니 전부 산이다 물이다 이 지구다 뭣이다 하는 것이 가만 보니 내 눈섶 밑에서 뱅뱅 돌아. 이거 진짜 아니거든. 요런 느낌을 내가 가졌어요.

그러하니 부처님의 말씀대로, 모든 것이 전부 다 환(幻)이다. 환인 줄 알면 저절로 여의어져. 환이니 난 여의겠다 할 필요가 없어. 아, 환이구나. 이걸 딱 알아버리면 그만 그대로가 나의 빛깔도 소리도 냄새도 없는 스스로의 나의 법신자리가 오똑하니 나타나. 나타나지 말라 해도 나타나는 거여. 찾을 필요가 없어. 벌써 찾는다는 것이 하나의 망상에 지나지 못하는 거여. 뭣을 찾느냐 말이여 찾을 것이 없어. 허공에 앉아서 허공을 찾나요? 원래 그 자리가 빛깔도 소리도 냄새도 없는 자리인데 뭣을 또 찾나요? 또 설혹 빛깔도 소리도 냄새도 없는 자리가 빛깔도 소리도 없는 자리를 찾는다 합시다. 어떻게 찾아질 거여. 그러나 처음에 공부하는 분들은 노력해야겠죠. 이거는 어쩔 도리가 없어. 지금 이 자리의 설법은 한 고비 넘은 사람들을 위해서 하는 얘깁니다.

여러분이 앞으로 견성하겠다는 생각 치워요. 그러면 "옳지. 이 자체성이 있는지 없는지 이걸 더 알아봐야 되겠다." 이 지구도 자체성이 있어서 사람과 같이 미워할 줄도 좋아할 줄도 아는지, 태양도 좋아할 줄도 알고 미워할 줄도 아는지 이걸 알아보는 건 좋은데, 만약 태양이든지 지구든지 나무든지 돌이든지 우리의 몸뚱이든지 참말로 자체성이 있나 없나 이건 여러분들이 알아보세요. 알아보면서 의사하고도 문의를 해보는 건 좋아요. 그러나 일체만법이 전부 다 모습 있는 것은 자체성이 없거든. 슬기가 없어.

또 여러분은 여러분의 몸뚱어리를 여러분의 소유물로 생각하고 있지만 그건 천부당 만부당한 말이에요. 몸뚱어리는 나의 말을 듣지 않기 때문에 나의 것이 아니라 말이죠. 내 것이 아니지만 내가 관리하고 있다 이런 식으로 생각을 하세요. 생각을 하면 그때 가서는 "옳지 진짜 나는 빛깔도 소리도 냄새도 없는 그 자리가 오똑하구나. 이 자리는 죽을래야 죽을 것이 없어. 날래야 날 것도 없어. 불에 들어가도 타지 안해. 물에 들어가도 젖도 안 해." 이걸 여러분들이 알면 그때 인생문제 해결되는 겁니다. 그것이 견성입니다. 그러니까 이제는 애당초 견성하겠다는 생각 치워요. 치우고 그것부터 알아보세요. 여러분들이 견성을 하고 나면 할 얘기가 또 있어. 이제는 법을 굴려. 아시겠지요.

그리고 언젠가부터 선생님은 나를 보고 "공부하는 사람은 고생이 많은 법이야. 하지만 대도를 이루려면 그만한 고생은 각오를 해야 한다, 영원한 문제를 해결하기 위하여 공부하는 사람은 지옥에도 가는 법이야."라고 하셨다. 그때마다 선생님의 말씀은 한번도 그냥 하는 법이 없는 것을 아는 나지만, 아무리 생각해봐도 내 자신이 크게 잘못될 것 같은 생각이 안 들었다. 그 당시 생각에 돈을 벌려고 욕심 낼 것도 아니고 오로지 불교공부만 하고 불교에 관한 일만 하겠다고 마음먹고 있는데 그런 일이 생길수가 없을텐데 왜 그러실까 의아해 했다. 그러나 돌아가시고 10년 후 잠깐사이에 큰 곤경에 빠지는 상상도 못했던 사실이 생기고 말았다. 또 그것이 다시 공부를 진작시키게 된 계기가 되었다.

드디어 산청으로 선원장소를 정하고 공사가 시작되었다. 법당과 요사채가 거의 다 되어 갈 무렵, 공사 진행 상태를

| 허공의 주인공 |

보러 서운 선생님, 구 거사와 함께 산청으로 가서 아랫마을에서 잠을 자고 새벽 4시쯤 선원으로 올라갔다. 올라가는 길에 하늘을 보니 별들이 얼마나 성성한지 마치 하늘에서 별이 쏟아져 내려올 것만 같아 발을 디딜 수가 없었다.

그뒤 건물이 거의 다되어 이사를 시작했다. 마지막 이삿짐을 싣는 날 아침, 선생님이 나를 부르시더니 "법당에 불상을 네가 모셔다 차에 실어라." 하셔서 차에 싣고 나니 다시 부르셨다. 선생님 방문 위에 걸려 있던 관세음보살상 액자를 집에 가져다 보관하라고 주셨다. 그 액자는 지금도 철야 정진 하는 곳이면 어디나 가지고 다니면서 모셔 놓고 있다.

산청으로 선원이 이사한 뒤로 부산에서는 한달에 한번씩 25인승 버스를 빌려 법회를 하러 갔었다. 여름 철야정진을 한두 달 남겨 놓고 김거사 부부와 우리 부부는 산청을 내려가 선생님을 뵈었다. 갈 때 선생님께 인사를 드리자 선생님께서 마당에 나오셔서 배웅을 하셨는데 표정이 평소와 다르시다는 것을 느꼈다. 마당에 서서서 한참동안 꼼짝 안 하고 계셨는데 우리가 산모퉁이를 돌아 보이지 않을 때까지서 계셨다. 무엇인가 '말없는 말씀'을 하고 계시다는 것을 느꼈다. 그리고 그 말씀은 그치질 않으셨다. 나도 모퉁이를 완전히 돌때까지 끝까지 계속 듣고 있었다. 그 당시는 말씀을 못 알아들었지만 언젠가는 반드시 정확히 알 수 있으리라는 생각이 저절로 들었다.

며칠 후 선생님을 모신 마지막 여름 철야정진이 시작될 무렵 나는 다니고 있는 직장인 백화점 매장을 돌아보다가 여름 하얀 모시옷이 눈에 띄었다. 문득 올 여름에는 이 옷을 입고 철야를 해야겠다 생각이 들어 옷을 샀다. 그것이 상복일 줄이야 그 당시는 몰랐던 것이다.

부처행동 그대로 하라
허공이 바로 '나'니

　　23회 철야정진(백봉 선생님 생존시 마지막 회)을 위해서 한 마디 말씀을 드리겠습니다. 실은 이거 다 쓸데없는 말이지만 중생계에서는 말마디가 중요한 거예요. 여러분들이 잘나나, 공부를 하든 안 했든 간에 여기까지 오는 인연이 있거든요. 물론 공부하는 인연이겠죠. 어떻든지 하나라도 알아야 되겠다. 이 생각에서 오신 것만은 사실입니다만, 여기 오신 여러분들 중에서 어떻든지 아까 백우 선생님 말씀과 마찬가지로 한번 이 자리 일대 개혁을 일으켜야 된다 이겁니다. 그런데 이것이 안되는 거냐면 안되는 거 아니거든요. 이전 식으로 말하자면 견성이라고 이래 하는데, 견성 그리 어렵냐. 사실로 견성 어려운 거여. 어렵게 보니 어려울 수밖에 더 있나요?

견성이란 건 말이지, 이 허공 중에 우주가 생기고 숱한 우주가 있는데, 이 우주에서 천체가 생겼다 말이지 또 우리 같은 몸도 나투고… 이걸 사실 그대로 봐 버리면 따로 견성이라고 할 것이 없겠는데, 이걸 그대로 안 보고 딴 걸로 보거든. 그러하기 때문에 일대 개혁을 일으켜야 되겠다 이것이에요. 이것은 서로 인연관계에요.

그러니까 말씀드리는데, 요새는 과학이 발달 됐거든요. 요번 설법은 어떻든지 과학적으로… 이전에 우주가 생긴 도리 몰랐습니다. 이전 어른들 참 애먹었을 겁니다. 요새는 학교서 배우거든요. 과학적으로 우주가 나온 도리, 우리가 나온 도리, 생사문제 해결한다든지 이런 도리, 과학적으로 딱 되어 있어요. 생이 생 아니거든. 생은 생이 아니기 때문에 죽음은 죽음이 아니거든. 이렇게 우리가 생각을 해 들어간다 할 것 같으면 인생문제가 그대로 해결이 돼. 해결한다는 것이 벌써 우스워.

물론 우리 육신, 색신을 나뒀지만 나툴만한 그것이 있으니 나툰 것 아닙니까? 바다에 물거품이 일어나. 물거품이 일어날 수 있는 물이 있기 때문에 거품이 일어나는 것이거든요. 생은 생이 아니다, 사는 사가 아니다. 좌우간 어떻든지 이것만 여러분 확실히 알아버리면 가장 중요한 생사문제가 그대로 해결이 되지 않습니까? 부처님도 여기에 대해서 말씀을 많이 했지만, 그만 어렵다고만 생각합니다. 그러나 나는 어렵다고만 생각하고 싶지 않습니다. 좌우간 견성하는 것은 가장 쉽다고 나는 이래 봐집니다. 이전 어른들은 어렵다고 했지만 가장 쉽다고 생각합니다. 우리 공리(空理)를 알면 되지 않습니까? 그런데 한가지 이 기회에 말씀드려야 할 것은 우리 불자들이 부처님 말씀 잘 안 믿습니다. 부처님 말씀 잘 안 믿어. 또 조사님네들.

이전에 그런 일이 있지 않아요? 어떤 조사가 그리 했습니다.

"아, 스님 내한테 한마디 일러 주시오. 아, 어찌 하면 공부가 되겠습니까?"

"내가 말을 하면 좋은데 자네가 믿지 않는다."

"믿겠습니다. 왜 안 믿겠습니까? 스님의 말씀을 어찌 제가

317

안 믿겠습니까?"

"그래? 꼭 믿을래?"

"꼭 믿겠습니다."

"니 마음이 부처다."

이런 일이 있습니다. 백우 선생 그런 일이 있지?

"황벽 선사도 그런 말씀을 하시고…"

"니 마음이 부처다." 이런 말씀 했습니다. 그런데 안 믿어. 벌써 여러분의 마음자리 이것은 아무것도 없습니다. 마음이라 해봤든 아무것도 없습니다. 그러나 있어. 보고 듣고 하는 놈이 있어. 이거 내 가만히 생각하니 참 기가 막혀. 아니, 죽을래야 죽을 것이 없어. 날래야 날 것이 없어. 갈래야 갈 것이 없어. 그런데 눈으로 본다든지 귀로 듣는다든지 이걸 하고 있거든. 그러니까 이놈이 있긴 있어. 뭣인가 있긴 있어. 그러니까 눈으로 봐. 귀로 들어. 입으로 이런 말도 해. 이걸 없다 하겠나요? 참말로 이걸 없다 하겠나요? 있어. 그러나 아무것도 없어. 걷어잡을 수가 없어. 요것만 여러분들이 이해가 되면 그대로 성불하고도 남는 겁니다.

그런데 이것이 와 안되는지 모르겠어. 자기가 쓰면서 자기 눈으로 저 산을 보면서 그걸 안 본다 이래 할까? 그거 잘못

아닐까? 자기 귀로 무슨 얘길 들어. 듣고도 말이지 그걸 안 듣는다 이러할까? 내 참말로 우리가 이러한 점, 각자 알아야 될 문제인데 이런 점을 여러분들이 확실히 알아버리면 지금까지 공부한다는 거, 철야 한다는 거 헛수고에요. 그걸 우리가 알 수가 있는 거예요. 나는 그래도, 우리가 이거 좀 어려워. 어려우니까 요번 기회에 해야 된다 이런 생각입니다.

앞으로 십년이 가나 백년이 가나 이 말입니다. 이 말을 떠나서 다른 것이 없습니다. 물론 부처님께서 금강경을 통해, 유마경을 통해 하실 말씀 다 하셨지만, 부처님도 말 다 못했습니다. 유마거사도 말 다 못했습니다. 그러나 말을 떠나서 생각한다 할 것 같으면 부처님 말씀 다 했고 유마거사도 다 했습니다.

그런데 나는 부처님이나 유마거사 이런 어른들을 들어가면서 말하는 게 죄송스러운 점도 있습니다만 내 말이 또 있습니다. 금강경 하면 최고 설법입니다. 근본 문제를 말씀하셨고 유마경 역시 그렇습니다. 유마거사도 하실 말씀 다 했습니다. 나는 나대로의 금강경이 있고 나대로의 유마경이 있습니다. 여러분들 경을 많이 보신 줄 알고 있습니다, 여러분이 부처님이 말씀한 금강경을 본다 할지라도 여러분의 금강경을 본 것입니다. 여러분의 금강경을 통해서 부처님의 금강경을 보고 있습니다. 여러분의 유마경을 통해서 유마거사의 유마경을 갖다 보고 있습니다. 이건 절대 틀림없습니다.

그러하기 때문에 나의 금강경이다, 나의 유마경이다 얘기하는 이유가 여기에 있습니다. 그런데 우리가 제일 여기서 생각할 것은 모든 중생으로 더불어서 일시 성불을 한다 성불도라. 도를 이룬다 이런 말이 있습니다. 부처님의 말입니다. '자타 일시성불도(自他一時成佛道)', 거 있을 수 없는 일 아닙니까? 우리가 견성을 한다, 도를 이룬다 하는 것은 대단히 어렵다 말이죠. 공부를 하겠다는 사람도 있고 공부를 안 하겠다는 사람도 있어, 중생들이 전부 공부를 해야 되겠다 이것도 어려운 일인데, 그 중에 모습놀이 요것만 딱 쳐다보고 요것이 전부다 하고 공부 안 하는 사람도 있거든요. 그런데 어떻게 '일시성불도'가 되느냐 말이에요. 부처님 참 이거 망령 아니신가. 그렇다고 해서 우리가 부처님 말씀을 곧이 안 들을 수가 없어. 한데 이런 말씀을 했으니 아마 중생들이 어리석기 때문에 중생들의 마음을 돌려놓을라고 이렇게 말씀하신 것 아닌가 난 이렇게 생각했습니다.

그 다음에 또 생각한 것은 내 공부하기 전입니다. 지구는 말이지 그때는 다른 천체가 있다는 건 생각도 안 했습니다. 지구가 둥근 줄 내가 알아. 아, 이상하다 말이여. 그건 학교서 배웠어요. 이 지구가 둥글고 비행기로 가면 얼마면 돌고 이런 걸 어릴 때 배웠습니다. 태양까지는 거리가 얼마고 또 화성이니 수성이니 거리가 얼마고, 이걸 우리가 배웠거든요. 좌우간 어떻든지 지구가 둥근 건 알았거든요. 이 둥근 지구가 어디 있는지 그것도 몰랐어요. 허공에 있다 하더라도 허공에 떠 있다 이런 걸 듣긴 들어도 아, 이 무거운 것이 허공에 떠가 있는 건 몰랐거든요. 모른 것이 아니라 그러니까 그건 아무것도 아니죠. 지구가 허공에 떠 있는 건 여러분들 잘 알고 있거든요. 잘 알고 있어도 실감이 안 나요. 그러하기 때문에 이 지구가 허공 중에 떠 있다 말이죠. 떠 있는데 지구가 이거 모습이니까 한번 와지끈 하고 부서지는 생각을 해 봤어요. 모르면은 참 답답합니다. 그런데 일시에 성불을 한다 이 말이 아무래도 믿어지질 안 해. 그렇다면 말이지 부처님도 중생을 위해서 걱성을 한 나머지 거짓말을 했구나. 안심시킬라고 거짓말을 했구나 이런 생각을 가진 일이 있습니다.

아, 나중에 알고 보니 '일시성불도'란 말이 과학적이라요. 과학적. 오늘 이 자리에서 말씀드립니다만 공부 안 해도 돼. 부처님 보고 욕을 해도 돼. 억지 말이라고 이래 할 수 있겠지만 우리가 사는 이 지구 허공 중에 떠 있다는 거 내가 알거든. 허공 중에 떠 있다 말이지 그래서 숱한 세계가 있다는 걸 나중에 알게 됐어요. 이 허공이 얼마나 끝이 없느냐 말이에요. 가도 가도 끝이 없어. 일초 동안에 비행기가 천만리 억만리 간다 할지라도 끝이 없어요. 왜 그러느냐. 모습이 없기 때문에. 모양, 이건 모습이니까 크나 작으나 끝이 있는 거예요. 그러나 허공은 모습이 없어. 억만리를 가더라도 이 허공, 억만리를 안 가더라도 이 허공. 가만히 생각을 해보니 그런 줄 알아. 아는데 실감이 안 나거든 지금 이 자리에서 여러분들 생각해보세요.

지구가 떠 있습니다. 지구가 돌고 있어. 이거 과학적으로 딱 증명이 되는 겁니다. 돌고 있어도 하나도 위가 변하는 거 아니고 아래가 변하는 거 아니고 좌우가 변하는 거 아니고 어디까지 내 허공이라요. 자기 본위라요. 떠 있으면서 아무 그것이 없어. 우리 중생의 분수로 봐서 말이지 이거 위다 아래다 이거뿐입니다. 그런데 실은 여러분들도 지구가 허공 중에 떠 있다는 사실을 알긴 알아도 실감이 오느냐 안 오느냐 이것이 문젭니다. 그래 지구가 허공 중에 떠있다는 건 틀림이 없어. 그런데 우리가 실감이 오지 안 해. 지구가 허공 중에 떠 있어. 허공을 여윈 지구가 없어요. 천당도 그렇고 지옥도 그렇고 다 그렇습니다. 허공을 여윈 그것이 없어요.

그러면 바로 지구는 하나의 허공 속에 존재하고 있어요. 허공성이라. 지구는 지구라도 그 성품이 허공성이거든요. 허공성이기 때문에 굴도 파고 뭣도 하고 이래 하긴 하지만 지구의 살림살이 이거 전부 허공성이라. 나중에 알고 보니, 머리칼도 허공성 코도 허공성 입도 허공성 전부 허공성이라. 이러하니 허공하고 우리하고 관계를 끊을래야 끊을 수가 없어.

바로 허공이 있기 때문에 우리가 있다 이렇게도 생각할 수가 있어요. 허공이 있기 때문에 지구가 있어. 틀림없어. 허공성이기 때문에 흙도 파지고 하는 것 아니에요? 틀림없는 허공성이여. 가만 보니 나도 허공성이여. 사람도 허공성이라.

그러기 때문에 허공성으로서인 사람이거든요. 허공성으로서인 지구라. "허공은 뭣인고?" 이렇게 말할 필요가 없어. 이 허공, 이것이 바로 직접 주인공이에요. 빛깔도 소리도 냄새도 없는 이 허공이거든요. 그 중에 아마 다른 천체에도 사람과 같은 뭐가 있을 겁니다. 우리가 이 지구만 빤히 쳐다봐서 그렇지 다른 천체가 없을 수가 없거든. 사람이 나중에 있느냐 지금 있느냐 이건 별문제지만.

그런데 이런 도리를 우리가 안다면 어찌 되겠습니까? 아, 지구는 허공에 떠 있다. 이전 어른들, 백년이나 이백년 전의 어른들 참 대오견성 하기 전에는 이거 몰랐습니다. 그러나 우리는 지금 알아요. 실감이 안 난다 뿐이지 우리 집의 세광이, 내 손자. 다 알아. 이놈이 알긴 아는데 실감이 안 난다 이런 생각을 해 봤어요. 그러니 전부 허공성 놀이라. 산하대지가 다. 사람도 허공성, 돌멩이도 허공성, 나무도 허공성, 어느것 허공성 아닌 것이 없어요. 그렇다면 문제가 달라져. 그런데 우리는 생각을 하기를 '아 이것이 내다. 이거 죽으면 그만이다.' 이렇게 생각을 하니까 그렇지 사실은 진짜 내라고 말하는, 말하는 내라고 하는 자리가 따로 있는 겁니다. 빛깔도 소리도 냄새도 없는 그 자리가 있어요. 그걸 갖다가 영(靈)이라고도 하고 또 자성(自性)이라고도 하고 이런데, 그런데 그 자성이니 뭣이니 하는 이 자리는 빛깔도 소리도 냄새도 없어요.

| 허공의 주인공 |

허공 이거 어떻게 생겼는지 모르겠어요. 아, 그런데 지구 같은 것이 이루어져 있어. 이와 마찬가지로 그만 이거 내 손이다. 이거 진짜다. 내 손 틀림없어요. 그러하기 때문에 내 손 틀림없는데 실은 하나의 무정물에 지나지 못해. 이 손은 누구의 심부름을 하느냐. 본래의 나의 자성, 자성 심부름 하는 거에 지나지 않아요. 자성이 어떻게 생겼는지 이거 알 필요 없어요. 원래 빛깔도 소리도 냄새도 없으니까 어떻게 생겼다고 말할 수가 없어요. 허공을 우리가 비유해서 말한다 해도 허공, 빛깔도 소리도 냄새도 없어. 아무것도 없어. 그러나 허공이 있기 때문에 지구가 있고 이런 거 아니겠어요? 허공과 같은 이놈이 있어. 빛깔도 소리도 냄새도 없는 이 자리가 있어. 이 자리가 있기 때문에 이놈을 써. 돌을 옮겨서 탑을 쌓아야 되겠다. 밥을 해야 되겠다. 빨래를 해야 되겠다. 빨래하고 밥하고 뭐하고 하는 이 자리는 무정물입니다. 손이 이거 아는 거 아니거든요. 무정물이니까. 이 무정물을 시켜서 온갖 것을 다 해.

　그러하니 자, 본래 이거 빛깔도 소리도 냄새도 없는 이 자리가 있는데, 틀림없이 있어. 있기 때문에 눈이라는 기관을 통해서 보기도 하고 귀라는 기관을 통해서 듣기도 하고 입이라는 기관을 통해서 말도 하고 하는데, 이런 말을 할 수 있는 요 자리는 빛깔도 소리도 냄새도 없는 자리거든요. 사람이 세상을 살다가 나이가 많으면 죽는다 말이죠. 무엇이 죽느냐. 본래 빛깔도 소리도 냄새도 없어. 본래 이 수족을 쓰는 이 자리는 없어. 이 자리가 아니라. 그만 손 발 몸 할 것 없이 이것이 나중에 그대로 죽는 것이지, 다른 건 죽을래야 죽을 것이 없어. 왜? 빛깔도 소리도 냄새도 없는데 뭣이 죽는다고 말하겠어요?

아무것도 없습니다.

그러니까 이 자리는 그대로 있거든. 다만 그 모습이 없기 때문에 그대로 있건만은 말이지. 하지만 이것(육신)은 모습이 있어. 이건 상대성에 속한 것이기 때문에 모습을 둬. 이건 모습이 있기 때문에 없어지는 거예요.

본래 모습이 없는 이 자리. 절대성자리라고 이랬는데 이 자리는 죽을래야 죽을 것이 없어. 가만히 생각해보세요. 나는 이렇게 생각합니다. 죽을 걸 내가 가지고 있었다면 나는 아주 만족합니다. 내가 죽을 수가 있다면 내 죽겠어요. 죽을 수가 없어. 이건 모습이니까 한도가 있으니까. 이걸 갖다 쓰

| 허공의 주인공 |

는 이 자리, 빛깔도 소리도 냄새도 없다 말이지. 이 자리는 죽을래야 죽을 것이 없어. 그러니까 요거 생명이 어떻게 되냐 할 것 같으면 허공하고 꼭같아요. 허공하고 다르다고 증명할 그것이 없어. 과학이 어떻게 하더라도 석가세존도 증명이 안돼. 석가세존이 이 자리를 말씀한 거라고 나는 이렇게 생각합니다. 그래서 처음에는 일시성불도 이걸 이리도 해석하고 저리도 해석하고 가만히 생각을 해보니 과연 부처님이에요. 금시 말한 대로 이 허공 중에 지구가 떠 있다든지 이 사실을 아는 것, 그러기 때문에 사실을 사실대로 아는 것이 성도(成道)입니다. 그것이 견성입니다. 사실을 사실대로 아는 것이.

그러나 사람들은 사실을 사실대로 모릅니다. 자꾸 착각을 해. 그러면 나중에 있어서 공부가 많이 된단 말이죠. 무슨 공부든지 공부를 해. 이러한 도리를 완전히 안다면 말이죠. 우리가 지구가 허공에 떠가 있다는 이 사실을 안 지가 얼마 안 될 겁니다. 한 백년 될까? 이 정도 되는데 이런 걸 다 알아. 이 몸뚱이 이것도 허공성이다 이것도 알아버려. 없어진다 해 봤든 그거 이름뿐이지 참말로 없어지냐 말이여. 참말로 없어질래야 없어질 것이 없다 말이여. 없어질 것이 있으면 없어진다고 봐야 그것이 옳습니다. 허나 지금 내가 말하는 이 자리를 갖다가 이거 빛깔도 소리도 냄새도 없는데 없어질래야 없어질 것이 없어. 하니까 죽음이란 것이 있을 수가 없어요. 인자 생은 생이 아니다. 이런 말 해쌌는 것은 부처님도 이 말씀 했습니다. 이것이 있기 때문에 이걸 갖다 대변하는 이 말씀으로 보는 것이 옳습니다.

그러나 저러나 좌우간 어쨌든지 허공 이거 없어질래야 없어질 것 없어. 그러나 허공이 있기 때문에 숱한 세계가, 가도 가도 끝없는 세계가 있는 것과 마찬가지로, 우리도 없어질래야 없어질 것이 없어. 없어질 것이 있으면 반드시 없어져야 돼. 없어질 것이 없어. 그러나 이거는 본래 우리가 속아 넘어가는 거예요. 그러기 때문에 이전부터도 사찰도 있고 한데, 사찰이라면 인생의 도리를 거 하는 데가 아닙니까? 그만 이거다 말이여. 지금 요새 학교 공부, 모습 이걸 위한 공부입니다. 다른 공부가 아닙니다. 공산주의 사회에서, 레닌이니 뭣이니 사람들 그 이론이 이거를 바탕으로 하는 이론이에요. 그러나 이것을 바탕으로 할라면, 참말로 이것이 아닌 그 빛

| 허공의 주인공 |

깔도 소리도 냄새도 없는 그 절대성자리를 알아야 이걸 참말로 알게 됩니다. 절대성자리를 확연히 모르고 상대성을 안다는 건 있을 수 없는 일입니다. 완전히 절대성자리를 알려면 완전히 상대성을 알아야 됩니다. 또 상대성을 완전히 알아야 절대성을 알게 된다는 의미가 여기 있습니다.

그러면 여러분들 전부 절대성이 있기 때문에 상대성인 몸을 나퉈. 남자 여자 몸을 나퉈. 이건 인연을 좇아서 이리 된 거라고 그렇게 알면 됩니다. 절대성과 상대성 둘이 아니라. 여러분들이 눈을 통해서 뭘 보고, 귀를 통해서 뭘 듣는 이 자리는 절대성이라. 그러기 때문에 여러분은 생일이 언제냐 할테면 여러분의 생일, 생일이라는 말도 우습지. 원래 생일이라는 것이 있을 수가 없습니다. 벌써 이 지구가 생기기 전부터 여러분의 그 자리가 있는 겁니다.

지금 이 육신을 통해서 본다 할 것 하면 살았다 죽었다 이러지만 원래 여러분은 생사가 없습니다. 뛰어넘어 가 있습니다. 생사를 뛰어넘어 있기 때문에 '생'이라고도 하고 '사'라고도 하고 이럽니다. 그러하기 때문에 오늘 이 말 하지만 내일도 이 말 하겠다 말이여. 모래도 명년(내년)도 십년 후에도 백년 후에도 천년 후에도 하겠다는 말이 이 말입니다. 이거는 어쩔 도리가 없습니다. 부처님께서 이걸 아셨던 모양입니다. 그러하니까 자타일시성불도(自他一時成佛道)라. 아하.

앞으로 지금 불교도 또 다릅니다. 요새는 말이죠. 대개 서울 대학생들 많이 오는데 다른 대학생들도 오고, 영 절대성 상대성 죽 얘기하면 그만 알아챕니다. 그만 알아채고 그걸 다로 생각합니다. 그게 다가 아닌데 이렇게 생각하는 것도 좋죠. 그러니까 여러분 죽을래야 죽지 못합니다. 잘나도 그렇고 못나도 그렇습니다. 잘났다 못났다 이건 내가 생각을 잘하느냐 못 하느냐 여기서 차이가 있지만, 참 죽을래야 죽을 것이 없습니다. 그만 여러분의 생명은 허공에다 비하면 될 겁니다. 이것이 바로 과학입니다. 나 그래서 석가모니부처님 굉장한 과학자라고 존경하는 건 그 때문에 존경을 합니다.

그러나 저러나 여러분 가만히 생각해보십시오. 이 자리에서 죽는다 하더라도 여러분 죽는 것 아닙니다. 그러면 이것이 있지 않느냐 말이여. 이것은 상대성, 하나의 모습이라. 모습은 모습이기 때문에 변하는 거예요. 변하기 때문에 어린

　　　　　　　　| 허공의 주인공 |

몸이 이만큼 자라난 것 아니에요? 그러기 때문에 나중에는 가는 거라. 그러나 이건 실다운 것 아니거든. 실다운 것 아닌 걸 걸어잡고 죽네 사네 탄식할 필요가 뭐 있느냐 말이여. 지금까지 쓰던 것이 그만 이렇게 다 죽어. 딴 데 가서 다른 몸 받는다는 것. 아깝기야 아깝죠. 하지만 이 도리를 안다면 아까울 것이 하나도 없습니다. 그러하니 내 생사에 대해서, 도리어 속히 가야 안되겠나 이런 생각이 있습니다. 이걸 잘못 쓰기 때문에, 이거 뭐 재미가 없어. 하기 때문에 이런 생각도 있는데, 오래 산다는 거 꿈에도 없습니다. 왜 그러냐. 내 생각이나 여러분의 생각이나 꼭 한가지일 겁니다. 죽지 않기 때문에 지금 현재 산 거 아니에요? 만약 여러분들이 죽는 몸이라 할 테면 이렇게 만나도 모를 겁니다.

그러나 본래의 그 자리, 본래의 그 자리는 이 지구와 하늘 · 땅, 마 하늘땅이라고 합시다, 하늘 · 땅의 앞소식을 여러분들이 가지고 있습니다. 그러면 하늘 · 땅이 어디서 왔느냐. 여러분한테서 온 겁니다. 여러분이 생각하는 자리, 이렇다 저렇다 생각하는 자리, 좋다 나쁘다 생각하는 자리. 이것이 우주의 주인공입니다. 그래서 이걸 누리의 주인공이라고

해 놓은 겁니다. 다른 거 아무것도 아닙니다. 절대 이거 과학
적입니다.

그러면 여러분이 이걸 알았어. 여러분의 손자들, 여러분의
아들들, 딸들 다 압니다. 학교 다니는 아(이)들, 다 압니다.
그러나 우리가 실감이 안 간다 이거뿐인데 지금 오늘부터 실
감이 가고 안 가고 없습니다. 실감 간다 해서 달라지는 것이
있고 안 간다 해서 달라지는 것이 있나요? 없습니다. 그러면
이 자리가 바로 어떤 자리냐면, 이 자리가 바로 부처자립니
다. 그렇다면 여러분들 그만 이 자리에서 부처가 되는 겁니
다. 부처 안될래야 안될 도리가 없습니다. 부처가 안될 도리
가 있다 하면 여러분들 부처보다 더 훌륭한 분들입니다. 허
나 안될 도리가 없습니다. 파순이가 있잖아요? 그것도 모습
놀이 하기 때문에 파순이라는 말하는 겁니다. 파순이도 바로
부첩니다. 파순이도 모습놀이 하다 하다가 안되서… 모습놀
이 이거는 끝이 있는 것이거든요. 뭣이라도 괜찮습니다. 공
부를 해도 좋고 안 해도 좋다. 가만히 생각을 하는 것. 요걸
아는 것. 저절로 알게 됩니다. 마지막에 다 알게 됩니다. 전부
공성이로구나. 아, 우리 몸뚱이도 공성이구나. 또 욕심을 내.
가만 보니 그것도 공성이로구나. 다 알아버려. 다 알아버리

| 허공의 주인공 |

❀ 85년 3월 부산에서 온 도반들과 함께 산청에서.

면. 인자 문화가 발달됐기 때문에 이걸 알 수가 있다는 겁니다. 다 알아버리면 거기서 무슨 공부할 겁니까? 공성을 공부할 거예요? 다 알아버렸다 말이죠.

그러나 우리가 아직까지는 과학적이나 뭣이나 잘 모르기 때문에 공부를 하지 않습니까? 공부하는 건 당연하죠. 공부하는 거 나쁘다는 말도 아닙니다. 이거 다 알아버려. 지구도 허공성이라 말이지. 사람 같은 것도 그렇다. 일체만법도 그렇다. 다른 천체 천당이니 지옥이니 역시 다 그렇다 말이여. 그러나 저러나 허공은 끝이 없다 말이여. 허공은 가도 가도 끝이 없어. 가도 가도 끝이 없어. 그러니 내가 생각을 하고 안하고 답이 없어. 하나도 피로를 느끼지 안 해. 숱한 생각을 한다 해도.

이와 마찬가지로 바로 허공이 내로구나. 이 허공 바로 내로구나. 허공은 생각을 못해. 몰라. 생각할는지 모르죠. 그러나 나는 생각을 할 수 있거든. 나는 생각을 할 수 있어. 생각이 잘됐든 못됐든. 하기 때문에 까딱하면 이 허공보다 내가 위에 선다 말이여. 물론 그 자리에 위고 아래고 없습니다. 모습을 떠난 자리니까. 이건 틀림없습니다. 그러면 여러분들 오늘부터 어떻게 행동을 취하느냐 부처 행동 그대로 하는 겁

| 허공의 주인공 |

니다. 부처 행동 그대로 하면은 이렇게 한 일년 지난다면 성불한다고 이래 봐집니다.

도솔천 왕생 인연
일주일 철야정진과

여러분, 여기에 한 일주일 지내셨다 말이죠. 벌써 이건 말이죠 내가 생각하기엔 인연관계가 있습니다. 도솔천으로 갈 수 있는 길을 닦고 있습니다. 어떻든지 그 잠을 무릅쓰면서도 일주일 지낸다는 것은 인연은 인연대로 맺지만, 그 씨가 그야말로 불교식으로 말한다 할 것 같으면 대승도리 아닙니까? 대승법인데 허공에서 한 구절 오는 소식 아닙니까? 이 소식이.

허공에서 한 구절 오는 소식을 여러분이 알고 모르고는 별문제입니다. 이거 간단합니다. 간단한데 그건 별 문제로 하

| 허공의 주인공 |

고 좌우간 어떻든지 이 공부를 하기 위한 씨를 심는다는 것은 무섭습니다.

그러니까 여러분에게 말이죠, 내 그걸로 봐서는 박수 치면서 춤이라도 치면서 고맙습니다… 실로 내 심정이 그렇습니다. 오늘 아침에도 또 시냇가에 가서 자갈도 주워왔다 말이죠, 그래서 저 탑… 저 탑은 역시 땅에 묻힌 걸 유마탑이라고 만든 겁니다. 유마탑이 됐습니다. 명명을 했으니까 유마탑입니다. 유마거사가 어떤 거사인지 그건 또 별문제로 합시다. 그건 또 나중에 도솔천에서 만나서 서로 또 얘기하기로 하고. 거기 다 여러분들이 인연을 맺었습니다. 조그만 돌 하나 갖다가 던져도 좋아요. 인연 맺었거든. 어느것 하나 인연 안 맺는 것 없습니다. 내가 이리 떡 하면(주장자 치는 소리), 이것도 이 소리가 삼천 대천 세계에 번지는 겁니다. 이거. 우리가 몰라서 그렇지. 이리 인연을 맺는 건데…

유마거사란 분은 어떤 분이냐 할 것 같으면 여러분 아시다시피 굉장한 분입니다. 참 굉장한 분입니다. 문수보살이 숱한 소인들을 데리고 갔는데 점심시간에 점심을 했습니다. 사람을 보냈어. 그런데 요새 그 사회에는 낮과 밤이 없습니다. 우리가 지구에 있으니까 이건 낮이다 이건 밤이다 이렇지 그 사회에는 없습니다. 부처님 시키는 대로 그리 했습니다. 사람을 보냈습니다. 아마 요새 제일 빠른 비행기가 한 시간에 지구를 한바퀴 돈다는 이런 말도 있는데 그 속력이라도 몇천만년 가야 될 거립니다. 잠깐 사이에 갔어요. 사람을 만들었어. 그렇다면 앞으로 의술이 발달되면 어떻게 되는지 모르겠습니다. 사람을 만들었어. 그래서 사자를 만들었다 말이죠. 유마거사의 심부름 하는 것. 그래서 그 세계에 가서 인사하고 빵도 전하고 유마거사의 안부를 전했습니다. 안부를 전하고 밥 한 그릇을 얻어 왔습니다. 그 밥 한 그릇이 삼천 대천 세계의 사람들이 다 먹어도 남을 밥입니다. 꿈같은 일입니다.

그러기 때문에 부처님도 그랬습니다. 대승 설법을 할지언정 말이지 함부로… 천기누설이니 뭣이니 이런 말이 있잖아요? 천기누설 해서는 안된다고 부처님께서도 걱정하신 것이 그겁니다. 좌우간 어쨌든지 밥 한 그릇 얻어왔어요. 한 그릇 가지고서 여기 있는 삼천 대천 세계, 무수의 삼천 대천 세계가 있습니다. 왜 그러느냐. 이 허공이 가도 가도 끝이 없기 때문에 그런 거예요. 가도 가도 끝이 없다고 하면 조금 섭섭 할지 모르지만 섭섭해도 어쩔 도리가 없습니다. 무수한 삼천 대천 세계가 있습니다. 그래서 먹은 일이 있습니다. 먹은 일이 있는 그런 기량을 가지고 있는 분입니다. 굉장합니다.

그리고 유위 세계, 한 세계를 갖다가 가만히 앉았어. 손가락 하나 까딱 안 하고 가만히 앉아서 옮기고 그런 분입니다. 아, 거짓말이다 참말이다 이렇게 판단하지 마세요. 아 그런가 보다 그런 일이 있을 수 있다. 사실은 말이죠 허공 중에 떡 앉아서 안될 것이 뭐 있습니까. 허공에 걸거칠 것이 어디 있습니까? 딱 깨놓고 말해서. 우리는 안돼. 재주가 모자라.

그런데 우선 여러분들 허공이란 가도 가도 끝없다는 이것만 알아두세요. 가도 가도 끝없다. 빠른 비행기를 가지고서 몇 천억만리 가더라도 뭣이 있을 거라 말이여. 가정을 합시다. 뭣이 있으면 또 이걸 떨어져 봅시다. 떨어져 보면 허공밖에 나올 것이 또 있나요? 그것 참 이상스럽습니다. 가도 가도 우리는 끝없는 이 세계에 앉아가 있습니다. 그런데 요 도리를 여러분이 알면 허공을 여러분들이 쓰는 겁니다. 이 도리를 모르면 허공에 쓰이는 거라. 여러분들은 허공에 쓰이는 사람이 돼서는 안돼요. 쓰는 사람하고 쓰이는 사람하고 한가지는 한가지라도 그 느끼는 것이 그 괴로운 것이 천차만별입니다.

그러하니 자, 여러분들 두말할 것 없이 요 기회에 씨는 심
어났습니다. 옷을 만드는데, 극락세계 옷을 만드는 것도 좋
고 지옥의 옷을 만들어도 좋습니다. 자기 마음대로 지옥도
한번 가볼 줄 알아야 됩니다. 가보는 것도 좋습니다. 옷감은
사놓았고. 치수대로 재봉만 하면 됩니다. 그러니 아까 돌 가
져 온 것, 탑 어째 여러분들 말이죠. 유마거사 명명인데 어느
것 명명 아닌 것이 어디 있습니까? 유마거사 탑하고 인연을
맺을 줄 누가 알았습니까? 참, 희한한 일입니다. 유마거사 탑
으로 명명하는데 있어서 반대하는 사람이 없습니다. 내가 가
장 사랑하는 사람이에요. 굉장한 어른인데 말이지 몇천만원
준비해서 탑을 세우지 않고 땅에서 뽑아낸 돌을 갖다 일로
절로 놓아서 유마거사 탑이라고 했는데 이것입니다. 여러분
들 유마거사 탑과 여러분들 인연을 맺었어.

"선생님 고만 하시죠."

그래서 나는 요번에 유마거사 탑을 조성하는 것… 진주나
어디 알아봐서 돌에다 유마탑이라고 (글씨를) 팝니다. 만
약 이걸 파게 되면은 이걸 만든 분들도 있고 대장이 있습니

다. 이 대장이 있으니까 이 대장을 고대로 새로 해 가지고서, 그대로 이것도 형식입니다. 벌써 다 묻혔습니다.

어떻든지 이렇습니다. 우리가 죽게 되면, 숨을 거두게 되면 이놈의 여김이 어디로 갈란지 그건 모르겠습니다. 알 수가 있어야죠. 말로 이리 하다가도 내 자신도 모를 일이거든요. 그러나 저러나 고 씨, 천. 옷을 만드는데 그 천을 떠다 놓은 것만은 틀림이 없습니다. 만약 그 씨가 여기 묻히어지지 않는다면 여러분들이 요번에 보림선원에 와서 일주일 철야한 것, 그건 공이라고 칩시다. 그러면 다른 것이, 이전 생각을 한다든지, 그것도 인연이 되거든요. 별별 것 다 많습니다. 그런데 같은 값이면 좋은 씨 묻혀지는 것이 좋지 않습니까 여러분들. 나쁜 씨 묻혀지는 것 좋을 것 뭐 있습니까? 같은 값이면 좋은 씨 묻혀지는 것이 좋아. 그러기 때문에 이거 한 것은 말이지 대승 도리로 말이지 한 분만이 아니라 같이… 든든하죠. 지금 우리가 나는 이렇고 너는 이렇다 나는 힘도 세다 너는 약하다 이렇지만 거기에 강약이 없습니다. 빈부가 있는 것이 아니고 강약이 있는 것이 아닙니다.

또 설법시간이 되자 몇몇 사람을 정하여 설법을 시키면서 전군(청봉 거사) 너도 나가서 설법을 하라 하셨다. 그러나 나가서 할 말이 없어 나는 나가지 않았다. 철야기간동안에는 평소처럼 참선 시간에 서서 죽비를 들고 대중들의 입승 소임을 맡았는데, 어느 시간에는 선생님이 법상에 앉으셔서 방으로 들어가지 않으시고 참선을 하고 있는 도반들과 죽비를 잡고 서있는 나를 물끄러미 바라보고만 계셨다. 어느 때와 다르다는 생각이 들었다. 참선이 끝나자 그 당시 입주 해 있던 학인들이 철야기간 중에 동참하지 않고 자꾸 빠지는 것을 보고 '이 학인들은 다 어디 갔노?'하고 계속 찾으셨다.

지나고 나서 생각이지만 돌아가실 때가 다 되었는데 학인들에게 조금이라도 더 공부 시키시려는 생각이신데, 그 뜻을 모르고 철야에 참석하지 않고 있는 도반들이 안타까우셨으리라 생각이 들었다.

| 허공의 주인공 |

중생불

‘중생불(衆生佛)’이라는 이런 말 했습니다. ‘중생부처’다. 중생불이란 이런 말… 나는 조금도 의심을 안 합니다. 지금 여러분들이 부처가 아니면 어찌 이 몸을 나투었겠습니까? 부처이기 때문에 또 중간에 우리가 잘못 생각해서 무명이나 고생도 하고 이러지만 말이죠. 앞으로 있어서 차차차차 하나 둘 아는 것이 바로 부첩니다. 알면 그만입니다. 공부 안 하더라도 그대로 성불하는 겁니다.

성불한다는 건 공리(空理)에 요달해 버려. 이 공리. 전부 내 몸뚱어리도 허공성이다. 다 허공성이다. 어느것 허공성 아닌 것이 없다. 인연관계 전부 허공성입니다. 욕심을 부린다 하는 것, 허공성 아닌 것이 어디 있습니까. 나중에 가서는 말이지 전부… 이걸 알게 됩니다. 이 또 빛깔도 소리도 냄새도 없는 이 자리가 바로 '누리의 주인공'이라는 이걸 알게 되는 겁니다. 이거 알아버리면 문제사 다 해결되는 것 아닙니까?

서산 대사가 닭 울음소리 듣고 깨쳤는데, "내가 장부라 말이지 남자라 말이지. 모든 일을 다 해서 끝이 났다." 이런 글이 있습니다. 그와 마찬가지로 여러분, 금시 제가 힘이 없어 말 잘못하지만 말이죠, 이거 사실입니다. 과학적입니다. 사실을 사실대로 보는 것이 공부 아닙니까? 여러분이 딱 곧이들으시고 부산서 여기까지, 서울서 여기까지 오시는데 차비 많이 들지 않았습니까? 안 와도 좋습니다. 벌써 내가 부처다 말이여. 나는 부처 일 한다는 이런 생각을 가지시면 절에 갈 필요도 없습니다. 여기 올 필요도 없습니다.

어떻든지 제일 하나 부탁은 여러분들이 바로 부처다 말이지, 우리가 몰라서 그렇지. 그러나 지금 행은 부처행을 못해. 못하는 것이 많아. 중생의 행을 하거든요. 그건 몰라서 그런 것이고, 차차차차 알고 보면 "내가 부처로구나 내가 부처이기 때문에 이 중생이라는 몸도 갖고 이런 저런 일을 하는 거구나." 아시고 부처행을 그대로 해버리세요. 의심할 여지가 없습니다.

어쩌다가 어디 가서 불도에 어긋난 일을 하는 수가 있지 않아요?

그땐 아이고 그건 내가 몰라서 하는 건데 아이고 내가 몰라서 그랬구나. 이래 하면 그만입니다. 어떻든지 여러분은 바로 부처입니다. 여기서 조금이라도 거짓말이 있다면 그건 내가 책임집니다. 그대로 부처 행을 해버리는 거예요. 그런데 이것이 부처행이냐… 이런 생각을 하면 저절로 행해집니다. 난 특히 보살들에게 강조합니다. 바로 여러분이 부처입니다. 여러분이 부처니까 부처행 그대로 해야 됩니다. 하면은 차차차차 알아집니다. 어려운 것도 아닙니다. 저절로 그리 됩니다.

하니까 그리 아시고 딱딱딱!(죽비치는 소리) 자꾸 죽비를 쳐쌓기 때문에 내 들어갈 겁니다. 실은 공부할 것이 없습니다. 여러분이 부처지요. 그대로 행을 그리 하면 되니까, 공부할 것이 뭐 있습니까?

철야정진 회향 이틀 전인 7월 31일, 이번 철야에는 직장에서 1주일 휴가를 다 얻지 못하여 출근을 하기 위하여 부산으로 내려가야겠다고 마음을 먹고 있을 때였다. 마침 철야정진에 오신 교장선생님이 먼저 가신다고 선생님께 인사를 하자 선생님께서는 부축을 받으시고 선원 입구까지 나가셔서 배웅하시었다. 우리도 모두 따라 나섰다. 입구에서 교장선생님은 선생님께 "겨울 철야정진 때 다시 오겠습니다." 하자 백봉 선생님은 "겨울 철야정진 때는 못 볼 것 같습니다" 하셨다. 나는 속으로 교장선생님이 연로 하시어 금년을 못 넘기시려나 보다 생각이 들었다. 그리고 조금 있다 '나도 인사를 드리고 출발해야겠다'고 생각하고 있는데 그 자리에서 바로 나를 쳐다보시고는 "전군! 내가 요즘 유마탑 앞에를 못가 봤다" 하셨다. 나보고 같이 가시자는 의미를 알아차렸지만 걷지를 못하시는 선생님을 유마탑까지 모셔야 되는데 내 힘으로는 선생님을 업고 갈 수가 없었다. 마침 옆에 윤 거사가 있어 선생님을 업고 유마탑 앞으로 같이 모시고 갔다. 유마탑 앞에 오시자 선생님은 문득 "전군! 니가 여기를 들어와야겠다." 말씀 하셨다. 그러자 나는 "예 들어오겠습니다."하고 대답했다. 유마탑 앞에서 마지막으

| 허공의 주인공 |

로 그 말씀 한마디를 하시기 위해서 내려오시자고 한 것이었다. 그리고 다른 말씀이 없으셔서 다시 위로 함께 모셔드리고는 잠시 후 출발 할 때 인사를 드리고 부산으로 내려왔다.

그리고 이틀 후 갑작스러운 연락이 왔다. 선생님이 돌아가셨다는 것이다. 선생님이 돌아가신다는 생각은 평소 해 보지 않았던 터라 처음에는 믿기지 않았다. 산청으로 가서 도반들과 함께 선생님 장례를 치루고 부산으로 내려왔다. 그러나 그 이후에도 선생님이 돌아가셨다는 생각은 들지 않았다. 항상 선생님을 법신으로서의 선생님으로 대해 왔기 때문이리라. 부산으로 내려오는 길에 언젠가 하신 법문이 되살아났다.

달을 얻으리오
어찌 천강에
공중에 달이 없다면

애오라지 부처님이 법의(法衣)를 입으심은 참으로 입으심일까? 그러나 법의를 입으시지 않음도 아니며, 바리(바루)를 드심은 참으로 드심일까? 그러나 바리를 드시지 않음도 아니며, 사위의 큰 성안으로 들어가심은 들어가심일까? 그러나 사위의 큰 성안으로 들어가시지 않음도 아니고, 그러나 밥을 비심은 참으로 비심일까?

참! 이 점 이 알아야 됩니다. 그러나 밥을 비시지 않음도 아니고 본곳[本處]으로 돌아오심은 참말로 돌아오심일까? 그러나 본곳으로 돌아 오시지 않음도 아니고, 진지를 마치

| 허공의 주인공 |

심은 참으로 마치심일까? 그러나 진지를 마치시지 않음도
아니며, 의발을 걷으심은 참말로 걷으심일까? 그러나 의발
을 걷으시지 않음도 아니며, 발을 씻으심은 참으로 씻으심일
까? 그러나 발을 씻으시지 않음도 아니며, 자리를 베풀어 앉
으심은 참으로 앉으심일까? 그러나 자리를 베풀어 앉으시지
않음도 아님이로다.

여러분! 여러분들이 나를 보시는데 참으로 나를 보시나요.
그러나 보지 않음도 아니에요. 여기 한마디 합니다.

약무공중월(若無空中月)이면
만약 공중에 달이 없다면,
안득천강월(安得千江月)이리요
어찌 천강에 달을 얻으리오!

여러분이 참말로 여러분의 그 자리를 본다 할 것 같으면
참이니 뭣이니 이거 다 없습니다. 안다 모른다 이거 다 없습
니다. 사실 우리의 참말로 본래의 소식자리, 그건 사람의 마
음입니다. 별 거 아닙니다. 이것이 겁나다면 굉장히 겁난 것

입니다만 늘 쓰고 있거든요. 늘 쓰고 있어. 그리고 본래 그 자리가 있기 때문에 다른 것도 씁니다.

본래 그 자리가 없으면 다른 것도 써지질 안 해. 알아지질 안 해. 본래의 그 자리기 때문에 그런 건데, 본래의 그 자리로 본다면 한 십분 잠을 자도 한 천년이나 만년 잔 거나 한가지, 여기서 주무신 거 한 십분 정도… 왜 그러느냐? 잠을 자도 내가 자는 것이고 잠을 안 자도 내가 안 자는 것이거든요. 그러니까 이렇게 말을 할 수가 있는데 참말로 본래의 소식을 확실히 알아낸다는 것은 아마 좀 어려운 거 같습니다. 실은 어려운 것이 아닌데 의심이 있기 때문에 어려운 거라요. 더 알라고 하기 때문에 어려운 거라요. 더 알아야 되겠다. 그러면 어려운 거 아니겠어요? 만약 더 안다면, 더 알았다 합시다. 또 그 앞소식이 있어. 이 자리는 이거다 저거다 언사가 딱 끊어진 자립니다.

그런데 여러분들 보림선원에 와서 참선을 하신 것. 모든 것 사량분별이 딱 끊어진 자리를 알기 위해서 고생을 하신 거 아닙니까? 실은 참선에 대해서 책도 있고 여러 가지 많습니다. 좋은 책들 많지 않습니까? 실은 이거 문자로서 해결되는 거 아닙니다, 문자로서. 그러니까 여러분들은 공부하는 중의 공부하는 분들이에요. 공부하는 중의 공부하는 분으로서 이런 말을 하게 됩니다. 이거 문자 떠난 자리에 있습니다. 별별 문자 있다 하더라도 그건 어디까지라도 문자지 다른 건 아니거든요. 그러니까 모든 문자를 떠난 소식을 여러분들 한 가지씩 가져야 되겠다, 이렇게만 생각하면 됩니다. 그러하기 때문에 "허공으로서의 내다." 이 말입니다. 허공, 아무것도 없습니다. 그러나 명자(名字)는 있어. 그건 중생들이 붙인 명자지 허공 자체가 붙인 것도 아닙니다.

허공 그 자체. 여러분의 앞소식 본래의 소식, 앞소식 본래의 소식, 이건 내 말입니다. 다른 거 말할 그것이 없어. 이전 어른들도 여기에 대해서 말을 많이 했습니다. 헌데 제일 알아듣기 쉽게 말하자면 모든 것의 앞소식, 허공의 앞소식, 지혜 하면 지혜의 앞소식. 그러기 때문에 이것이 본래의 소식이다, 이런 말 붙여 봅니다. 이런 말 붙여보는데 본래의 그 당처, 인간의 그 앞소식, 진짜 나의 소식은, 나는 할 수 없이 소식이란 말 붙인 겁니다. 나중에 습관이 됐습니다, 이거 찾아내라면 못 찾습니다. 못 찾는데 못 찾으니까 찾고도 남은 것이 있어. 이걸 내 여러분에게 말씀드리겠습니다. 어렵다 말이죠.

본래의 소식, 본래의 뭐. 본래의 뭐, 좌우간 있기 때문에 여러분이 눈이라는 기관을 통해서 다른 걸 보기도 하고 귀라는 기관을 통해서 다른 걸 듣기도 하고 입이라는 기관을 통해서 말도 하고 이런 것 아니겠습니까?

싸움도 하고 속기도 하고 춤도 추고 이런 것 아니겠습니까? 확실히 있는데 이걸 찾을려고 하니, 천년 만년 찾아도 안 되는 겁니다. 찾을래도 찾아지는 것이 아닙니다. 왜 그러느냐. 빛깔도 소리도 냄새도 없기 때문에 찾아지는 것이 아닙니다. 그만 그대로 인정하고 들어가는 겁니다.

보림선원의 거사풍(居士風)
예불송(禮佛頌)

세 줄의 공덕 [自性三歸依]

나의 바른 깨침을 드높입니다
나의 바른 슬기를 드높입니다
나의 바른 거님을 드높입니다.

네 가지 나의 소임

나의 색신은 모든 부처의 위의를 들내는 대행기관입니다

나의 색신은 모든 부처의 슬기를 세우는 대행기관입니다

나의 색신은 모든 부처의 솜씨를 굴리는 대행기관입니다

나의 색신은 모든 부처의 자비를 베푸는 대행기관입니다.

염불송

부처님 거울속의 제자의 몸은

제자의 거울속의 부처님에게

되돌아 귀의하는 이치를 알면

부처가 부처이름 밝히심이네

십자송(十字頌)

一切衆生本來佛 일체중생본래불

二見着相落鬼窟 이견착상낙귀굴

三世出沒是妙用　삼세출몰시묘용

四種異類隨緣成　사종이류수연성

伍蘊豈非淸淨身　오온기비청정신

六度萬行無關事　육도만행무관사

七寶布施其利多　칠보보시기리다

八風不動眞功德　팔풍부동진공덕

九宵靈知勿汝疑　구소영지물여의

十方沙界心中明　시방사계심중명

온갖 중생은 본래로 부처러니

둘로 보아서 모습에 붙이이면 도깨비굴에 떨어진다

삼세로 낳고 꺼짐이라서 이 묘한 씀이러니

네 가지 갈래는 연을 따라 이뤄지네

다섯쌓임이 어찌 해맑은 몸이 아니리요

육도만행도 문턱은 아니어늘

칠보의 보시는 그 이익이 많기는 하나

팔풍이 움직이지 아니해야 참으로 공덕이니라

누리의 영특스런 앎을 너는 의심치 말지니

시방의 숱한 세계는 마음 가운데 밝더구나.

십물계(十勿戒)

雖藉心身勿忘本尊　수자심신물망본존

雖有妻子勿墮愛見　수유처자물타애견

雖承家業勿貪非利　수승가업물탐비리

雖與世典勿捨大道　수여세전물사대도

雖遊天下勿壞法性　수유천하물괴법성

雖伴緣起勿容惡根　수반연기물용악근

雖種無相勿怠種德　수종무상물태종덕

雖在三昧勿立禪想　수재삼매물립선상

雖欣止觀勿入永滅　수흔지관물입영멸

雖用生死勿爲汚行　수용생사물위오행

비록 마음과 몸을 빌었어도 본래의 드높은 자리임을 잊지
말라

비록 처자를 두었으나 쏠려봄에 떨어지지 말라

비록 가업을 이으나 삿된 이익을 탐하지 말라

비록 세상법으로 더불어도 큰 도를 버리지 말라

비록 천하에 노니나 법성품을 뭉개지 말라

비록 인연 일어남을 짝하나 악한 뿌리를 용납지 말라

비록 모습없음을 마루하나 덕 심기를 게을리 말라

비록 삼매에 있으나 선의 새김을 세우지 말라

비록 지관을 즐기나 길이 사그라짐에 들지 말라

비록 낳고 죽음을 쓰나 더러운 거님을 하지 말라.

동업보살의 서원

우리는 옛적부터 비로자나 법신이나

변하는 모습따라 뒤바뀌는 여김으로

갈팡질팡 생사해에 뜨잠기는 중생이니

좋은인연 그늘밑에 동업보살 되고지고

괴로운 첫울음은 인생살이 시작이요

서글픈 끝놀람은 이세상을 등짐이니

들뜬마음 가라앉혀 보리도를 밝혀내고

부처땅에 들어가는 동업보살 되고지고

원을 세우는 말귀

원을 크게 세웁니다 (삼창)
비로자나 자성불이 노사나 수용불로 이름세워 나투신 삼
계도사 석가모니불과 무루지혜 유마거사를 정법으로 받드
옵고 마음속에 깊이새겨 지극정진 하오리다.

좋은나라 세우시는 아미타불
널리사랑 하옵시는 관세음보살
삼도지옥 여의시는 대세지보살
묘한솜씨 펴옵시는 문수보살
덕과목숨 이으시는 보현보살
선정해탈 하옵시는 지장보살
다음오실 교주이신 미륵보살

제불보살 마하살은 이내몸의 참면목을
하루속히 되밝혀서 견성성도 하게스리
가피력을 베푸소서. (삼창)

| 허공의 주인공 |

누리의 주인공

해말쑥한 성품중에 산하대지 이루우고
또한몸도 나투어서 울고웃고 가노매라
당장의 마음이라 하늘땅의 임자인걸
멍청한 사람들은 몸밖에서 찾는고야

보림삼강

우리는 불도를 바탕으로 인생의 존엄성을 선양한다.
우리는 삼계의 주인공임을 자부하고 만법을 굴린다
우리는 대승의 범부는 될지언정 소승의 성과는 탐하지 않
는다.

네 가지 큰 다짐

가없는 중생을 기어이 건지리다
끝없는 번뇌를 기어이 끊으리다
한없는 법문을 기어이 배우리다
위없는 불도를 기어이 이루리다.

| 허공의 주인공 |